中国银行卡产业发展蓝皮书

中国银行业协会银行卡专业委员会

BLUE BOOK
ON THE DEVELOPMENT OF CHINA'S
BANK CARD INDUSTRY

2017

中国金融出版社

责任编辑：王素娟
责任校对：张志文
责任印制：张也男

图书在版编目(CIP)数据

中国银行卡产业发展蓝皮书（2017）(Zhongguo Yinhangka Chanye Fazhan Lanpishu 2017) / 中国银行业协会银行卡专业委员会编著 . — 北京: 中国金融出版社，2017.8

ISBN 978-7-5049-9174-4

Ⅰ. ①中… Ⅱ. ①中… Ⅲ. ①银行卡业务 — 研究报告 — 中国 — 2017 Ⅳ. ①F832.24

中国版本图书馆CIP数据核字 (2017) 第218450号

出版发行 中国金融出版社
社址 北京市丰台区益泽路2号
市场开发部 (010) 63266347，63805472，63439533 (传真)
网上书店 http://www.chinafph.com
(010) 63286832，63365686 (传真)
读者服务部 (010) 66070833，62568380
邮编 100071
经销 新华书店
印刷 北京侨友印刷有限公司
装订 平阳装订厂
尺寸 169毫米×239毫米
印张 17.25
字数 276千
版次 2017年8月第1版
印次 2017年8月第1次印刷
定价 80.00元
ISBN 978-7-5049-9174-4

编委会名单

主　　编： 潘光伟

副 主 编： 黄润中　李　杰

编　　委： 胡忠福　张　芳　白瑞明　张　亮　古　瑞　郭三野　赵　濛　金淑英

执行主编（按姓氏笔画排序）：

丁　蔚　王　罡　王卫东　王都富　亢　健　邓　刚
叶　翔　吕天贵　吕克胜　任西明　庄东燕　刘　琨
刘伟杰　刘志军　刘现民　刘显峰　刘瑜晓　安文梅
孙　娜　孙　健　孙思亮　李迎春　杨　嵘　杨巨人
肖　箭　汪　宇　沈振海　张　东　张　华　陆　勇
陈　玲　陈大鹏　陈晓辉　邵　霞　林一诚　林德明
赵彤玮　胡浩中　钟琳娜　柴洪峰　徐　春　徐　瀚
陶　嵘　黄　晓　梅振坤　董玉华　曾宽扬　谢立英
廖石坚　霍金桂　冀乃暹　魏春旗

编写组组长： 吴载斌　马　丽

编写组成员（按姓氏笔画排序）：

马　龙　孔　京　叶　军　史永婷　祁洋洋　孙丽娅
苏　艳　杜美霖　杨晓燕　何开宇　张云鹤　周　伟
周维希　赵红佳　赵俊泽　郝文静　胡冰心　施欣雯
桓雅琦　夏　雁　曹　妍　曾　婧　薛　成　戴佳丽

序　一

2016年，面对复杂多变的外部形势，我国经济总体形势缓中趋稳、稳中向好，经济运行保持在了合理区间，经济社会保持平稳健康发展，实现了“十三五”的良好开局。这一年，由习近平总书记提出的“一带一路”倡议正式写入联合国决议，得到193个会员国的一致赞同，“一带一路”建设持续推进，有100多个国家和地区参与其中。“金融是现代经济的血液”，中国正同“一带一路”建设参与国开展多种形式的金融合作，在这其中，银行卡作为最重要的非现金支付工具，也是必不可少的一环。

“一带一路”倡议旨在同沿线各国分享中国式发展机遇，实现共同繁荣，目标是共同发展，理念是合作共赢，涵盖政策沟通、设施联通、贸易畅通、资金融通、民心相通五项重点内容。从《推动共建丝绸之路经济带和21世纪海上丝绸之路的愿景与行动》不难看出，五项重点工作的实现都离不开金融支持。明大势才能谋大局，观长远方可绘蓝图。银行卡作为金融支付的天然载体，以及最贴近老百姓日常生活的金融工具，在“一带一路”建设中，必将成为推进战略实施的前哨和重要支撑。同时，“一带一路”建设也为银行卡产业“走出去”提供了契机，为我国银行卡产业发展带来新机遇。

一是“一带一路”沿线国家和地区在政治、经济、人文等多个领域的合作加深将促使跨境旅游、商务洽谈、留学等不断增多，这其中都离不开金融消费。国家旅游局预计，“十三五”时期，中国将为“一带一路”沿线国家输送 1.5 亿人次中国游客、2 000 亿美元中国游客的旅游消费；同时，还将吸引沿线国家 8 500 万人次游客来华旅游，拉动旅游消费市场约 1 100 亿美元。银行卡，尤其是信用卡，经过三十余年的发展，各发卡行均与银联及国际各大卡组织建立了合作关系，借助其遍布全球的银行卡受理网络，我国的银行卡能够在世界各地顺利完成各项支付结算活动。“一带一路”战略实施后，我国与沿线国家及地区间跨境商务、消费等的日益扩大，将推动我国银行卡跨境业务快速增长。

二是“一带一路”沿线国家和地区内的金融机构将进一步发展，从而带动我国银行卡境外产业的发展壮大。截至 2016 年末，约 22 家中资银行开设了 1 353 家海外分支机构，覆盖全球 63 个国家和地区；在“一带一路”沿线，共有 9 家中资银行在 26 个国家设立了 62 家一级分支机构，并正陆续开展银行卡相关业务。“一带一路”沿线国家和地区内中国商业银行的加紧布局，将促使中国银行卡产业技术和标准在“一带一路”区域内加速落地，发卡、收单、清算等相关业务也将得到快速发展。随着“一带一路”战略的不断推进，我们欣喜地看到，截至 2016 年末，我国银行业累计发行各类银行卡达 63.7 亿张，人均持有银行卡 4.62 张，渗透率高达 48.5%，同时，境外已有 40 多个国家和地区发行了银联卡，累计发行超过 7 000 万张，同比增长近 35%。中国银联跨境受理网络已遍布全球 160 个国家和地区，在“一带一路”沿线 80% 以上国家和地区实现了银联卡的受理。

作为银行业自律组织，中国银行业协会高度重视银行业金融机构在践行和服务国家战略方面的推动和引领工作，已向 620 家中外银行会员单位发出了《中国银行业服务“一带一路”倡议书》，引领银行业从优化海外布局、促进产融结合、强化金融合作等多方面服务“一带一路”国家战略，并致力于各项行业规范和先进案例宣传工作，力争做好银行业机构服务“一带一路”等国家战略的“理念引导者”“标准制定者”和“资源整合者”。作为扩大消费、拉动内需和服务民生的重要力量，中国银行卡产业唯有践行和服务好国家战略，方能大有作为。值此“十三五”重要战略机遇期，中国银行业协会以《蓝皮书》为载体，详细记录了2016年我国银行卡产业发展变迁之路，未来，中国银行业协会将与银行卡产业各方主体携手并进，在政府和监管部门的指导下，抓住机遇，共同促进银行卡产业的稳健发展！

中国银行业协会专职副会长

序　二

2016年，是我国银行卡产业厚积薄发、蓄势谋远之年。时值我国“十三五”规划开局之年，国家以推进供给侧结构性改革为主线，加快建立扩大消费需求长效机制，深入实施创新驱动发展战略，大力推进金融市场化改革，为银行卡产业的战略转型升级提供了坚实的政策基础。以此为石，踏阶而上，银行卡产业大力推进业务创新变革，提升产业核心竞争力，在各方面取得了长足的发展。

截至2016年末，银行卡发卡规模平稳增长，累计发卡量63.7亿张，同比增长13.5%；活卡量稳步提升，达41.8亿张，同比增长13.3%，活卡率达65%；交易规模进一步扩大，交易笔数和交易金额分别达1 154.7亿笔和743.6万亿元，同比增幅分别为35.5%和20.9%；受理环境持续改善，境内和境外受理商户分别达2 067.2万户和2 020万户；风险水平平稳可控，信用卡延滞账户透支余额增速1.6%，增幅较上年减少60.3个百分点。在业务规模快速增长的同时，银行卡产业融于大势，抢抓机遇，在产品设计、支付结算、市场营销、客户服务、风险管理与法律规制等方面持续发力，创新变革，向着多元化、个性化、智能化等方向大步迈进，释放出蓬勃的生命力。

穷则独善其身，达则兼济天下。作为金融领域的核心产业之一，在谋求自身发展的同时，银行卡产业始终坚持心系天下，勇于担当，在拉动居民消费、促进经济转型、加快信用体系建设、推动社会和谐等方面努力贡献着自己的力量，坚持尽一己之责，回馈社会，体现出一个产业的勇气和担当。

积跬步，至千里。历经三十余年的发展，我国银行卡产业发展环境逐步改善，产业链条不断延伸，产业规模日益扩大，已经奠定了坚实的市场基础。但同时我们也应该看到，外部宏观环境错综复杂，市场同业竞争愈演愈烈，传统业务改革迫在眉睫。诸多的变化需要银行卡产业在未来的前进道路上迅速调整，快速出击，加速发展。

一是拓宽业务的广度。近年来，我国普惠金融发展呈现出服务主体多元、服务覆盖面较广、移动互联网支付使用率较高的特点。习近平总书记多次强调：要提升金融服务的覆盖率、可得性和满意度，满足人民群众日益增长的金融需求。银行卡产业要把握住国家大力推动普惠金融的发展战略机遇期，在国家政策支持大、市场需求庞大的大背景下，全面推动普惠金融进程，不断提高普惠金融水平，助力“普惠中国”“绿色中国”建设。

二是增加业务的深度。金融科技大潮的磅礴来袭，以“互联网+”模式和传统行业深度融合、迅速崛起，不断创造金融新业态，促进产业转型、市场重塑和消费升级。以科技创新带动服务创新已经成为业界“新常态”。银行卡产业要加强人工智能、区块链等前沿技术的研究，高度重视用户体验，在产品完善、客户营销、风险管控等方面持续改进，以更具科技内涵的服务满足消费者在方便快捷、安全支付等方面的需求。

三是提升业务的精度。随着银行分类账户管理办法的逐步落地，对银行卡业务的多元化、个性化、精细化提出了更高的要求。未来银行卡产业要在服务国家战略的大格局中不断加强专业化经营和精细化管理水平，将产品思维转化为用户思维，在精准定位目标客户、明确客群需求、提高活卡率、提升交易强度上聚集更大的力量，推动银行卡产业精细化发展。

今年是协会连续第八年向社会发布《蓝皮书》，也是第二年从整个银行卡角度出发进行研究。本书从银行卡产业整体角度出发，结合 2016 年市场及政策环境，分析产业运营状况，借鉴境外先进经验，吸收业界百家之言，展望未来发展之路。希望本书能够引发社会各界对银行卡产业的关注，成为社会各界了解银行卡产业发展的高端、专业窗口平台，从而带动各方力量，共同推动银行卡产业稳定健康发展。

中国银行业协会第四届银行卡专业委员会主任

中国光大银行副行长

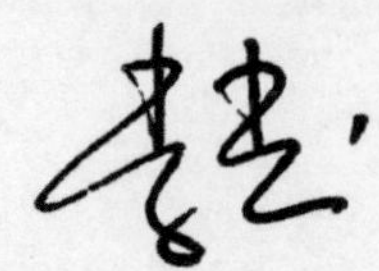

前　言

2016年是我国“十三五”的开局之年，各项改革措施走向深化，多项监管政策陆续出台，在宏观经济稳中有进的大背景下，我国银行卡产业整体保持了良好的发展态势。

一是发卡规模稳健增长。截至2016年末，银行卡累计发卡量63.7亿张，同比增长13.5%。其中，借记卡累计发卡量57.4亿张，信用卡累计发卡量6.3亿张，同比增长分别为12.8%和18.9%。二是交易规模持续扩大。截至2016年末，银行卡交易笔数达1 154.7亿笔，交易金额达743.6万亿元，同比增长分别达35.5%和20.9%。银行卡交易占社会消费品零售总额比重为48.5%，较上一年又提升0.5个百分点，继续保持对消费的促进作用。三是受理环境进一步改善。截至2016年末，我国境内受理商户2 067.2万户，POS机终端累计2 453.5万台，规模持续扩大，但增速有所放缓。四是风险水平平稳可控。截至2016年末，信用卡延滞账户透支余额同比增幅1.6%，增幅较上一年降低60.3个百分点。

在业务规模飞速发展的同时，银行卡产业在产品设计、支付结算、市场营销、客户服务、风险管理与法律规制等方面都实现了新的突破，向着多元化、个性化、智能化等方向不断发展。一是产品设计独具匠心。银行卡产品创新更加注重外部资源的跨界联合及服务平台的体系搭建，通过多样化的场景融合和一体化的配套服务为持卡人带来良好的用卡体验。二是创新支付迅猛发展。伴随着监管日趋明朗，各商业银行专注于“互联网＋”下的金融创新，推出更便捷化、智能化、新颖化的支付结算方式，促使创新支付行业高速发展。三是市场营销精耕细作。从注重“量变”转变为注重“质变”，形成传统网点、社区银行、电话营销、互联网新渠道、新兴支付渠道客户拓展和经营合力，开创了立体式营销的客户发展新模式。四是智慧客服渐成体系。各商业银行深入推进智慧客服平台建设，有效提升了服务的流程化、平台化、网络化、自助化、智能化和数据化水平。五是风险管控步步为营。产业各方积极应对新形势下的风险挑战，监管机构完善制度体系，行业协会落实自律规范，发卡行加强风险联防联控、创新风险管理手段，共同努力打造健康规范的市场环境。六是政策监管逐步完善。调整刷卡手续费率、推进利率市场化改革、促进清算市场开放、实行账户分类管理、整顿非银支付机构……人民银行、银监会等监管部门加快了监管制度的建设步伐，规范了银行卡产业的发展走向，提升了银行卡产业的经营活力。

聚焦境外发展市场，银行卡产业也同样交出了一份令人满意的答卷。2016 年，我国银行卡跨境业务规模和范围持续扩大，营销推广活动取得了良好的效果。境外有 40 多个国家和地区发行了银联卡，累计发行超过 7 000 万张，同比增长近 35%。我国银行卡在境外受理网络延伸到 160 个国家和地区，境外受理商户累计超过 2 000 万户，受理 ATM 超过 130 万台。同时，我国银行卡产业抓住境外支付产业升级发展机遇，积极推动具有自主知识产权的金融技术标准在境外落地。新加坡、泰国、韩国、马来西亚等多个国家的主流转接网络将银联芯片卡标准作为受理、发卡业务的技术标准。

经过多年的不懈努力，我国银行卡产业渐趋成熟，成为我国居民消费时使用最频繁的非现金支付工具。在追求合规、稳健、可持续发展的同时，我国银行卡产业不断夯实服务管理体系建设，持续进行公众宣传教育，着力开展消费者权益保护工作，积极组织爱心公益活动，努力践行社会责任，在推动国家经济发展的同时，给人民生活消费带来更多的便捷和实惠，为和谐社会的建设贡献了自己的一份力量。

放眼当前，普惠金融吹响时代的号角，消费金融迎来绚烂的春天，科技金融掀起喷涌的浪潮，这既是重塑全新市场格局的起点，也是参与主体跨越发展的转折点。银行卡产业的监管者、经营者、参与者都应当积极融入其中，大力推进技术升级，积极探索管理创新，努力搭建合作平台，勇于革命、拥抱改变、竞合发展，共同书写银行卡产业转型发展的新篇章。

《中国银行卡产业发展蓝皮书（2017）》是中国银行业协会银行卡专业委员会第八年向社会发布的产业性发展报告，同时，也是站在银行卡高度进行产业发展情况总结的第二年。与往届相比，本年度蓝皮书加大了对中国银行卡产业创新变革、国际银行卡产业发展状况等内容的阐述，增加了产业合作各方主体对银行卡产业的解读，同时将过去蓝皮书中机构篇调整为银行卡产业大事记，记录产业及各商业银行的重要事件。

本书在编写过程中得到中国人民银行、中国银监会、中国银行业协会、中国银联及银行卡专业委员会全体成员单位的大力支持，在此表示衷心感谢。受时间和编写人员能力所限，本书仍有诸多进一步改善的空间，诚盼有识之士指正。

《中国银行卡产业发展蓝皮书（2017）》课题组

目录 Contents

1 第一章
回望过去：
2016 年中国银行卡产业发展状况

第一节 发卡规模 3

第二节 交易状况 13

第三节 受理市场状况 18

第四节 风险管理状况 22

业界聚焦
银联数据：客户银行 2016 年信用卡经营情况分析 26

37 第二章
转型升级：
2016 年中国银行卡产业创新改革

第一节 产品设计 39

第二节 支付结算 46

第三节 市场营销 54

第四节 客户服务 60

第五节 风险管控 69

第六节 法制建设 77

业界聚焦

IBM：2016 年信用卡支付科技创新回顾与展望 85

91 **第三章**

不忘初心：
2016 年中国银行卡产业的责任与贡献

第一节 消费者权益保护 93

第二节 公众宣传与教育 99

第三节 社会公益 105

第四节 社会贡献 114

第五节 自律规范 119

业界聚焦

鸿联九五：信用卡客服中心服务模式创新与发展趋势分析 122

129 **第四章**

跨境突围：
2016 年中国银行卡产业的国际化征程

第一节　跨境业务发展状况　131

第二节　国际银行卡市场发展借鉴　140

第三节　银行卡产业国际化展望　150

业界聚焦

银联智策：银行卡数说我国春节假日消费　153

163　第五章

他山之石：
聆听业界的百家之言

第一节　捷德（中国）：银行 IC 卡制造创新与发展趋势　165

第二节　通联支付：2016 年银行卡受理市场发展分析　174

第三节　华拓金服：银行卡服务外包产业发展现状与趋势　183

第四节　Talking Data: 信用卡移动化发展趋势分析　192

第五节　天云融创：Fintech 参与重塑银行信用卡业务　200

209　第六章

展望未来：
我国银行卡产业的前方之路

第一节　FICO：以大数据和云计算为
依托发展核心竞争力　211

第二节　传承与创新：携手共筑信用卡发展新愿景　217

第三节　消费金融的春天　223

231 **附件**

附表一：我国银行卡业务数据 232

附表二：2016 年我国银行卡产业大事记 234

附表三：国外银行卡业务数据 251

（第一章）

回望过去：

2016 年中国银行卡产业发展状况

2016年是我国“十三五”的开局之年，各项改革措施走向深化，在整体宏观环境趋稳的背景下，银行卡产业继续保持了良好的发展状态，在发卡、交易、受理三个方面均保持了稳健增长，整体风险平稳可控。

第一节　发卡规模

2016 年，银行卡发卡规模增长平稳，活卡量、人均持卡量持续稳步提升。从发卡银行结构来看，五大商业银行的总发卡规模依旧最高，占据我国银行卡发卡市场的半壁江山；邮储银行、地方性商业银行及外资银行占将近四成的借记卡发卡市场份额；股份制银行占将近 1/3 的信用卡发卡市场份额。

一、发卡量

截至2016年末，银行卡累计发卡量63.7亿张，当年新增发卡量7.6亿张，同比增长13.5%（见图1-1）。

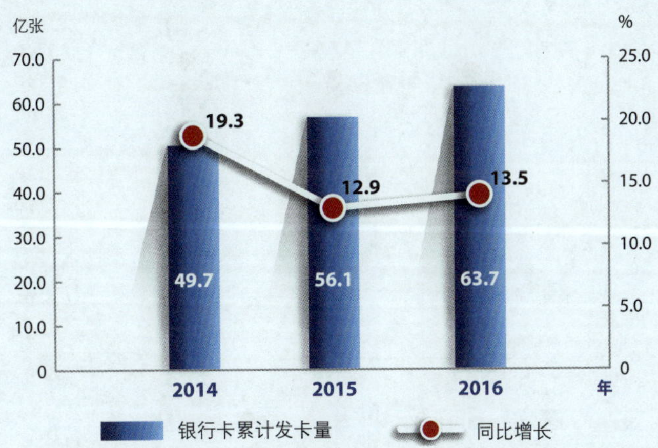

资料来源：中国银行业监督管理委员会。

图 1-1　2014—2016 年银行卡累计发卡量及增长率

截至2016年末，借记卡累计发卡量57.4亿张，当年新增发卡量6.5亿张，同比增长12.8%（见图1-2）。

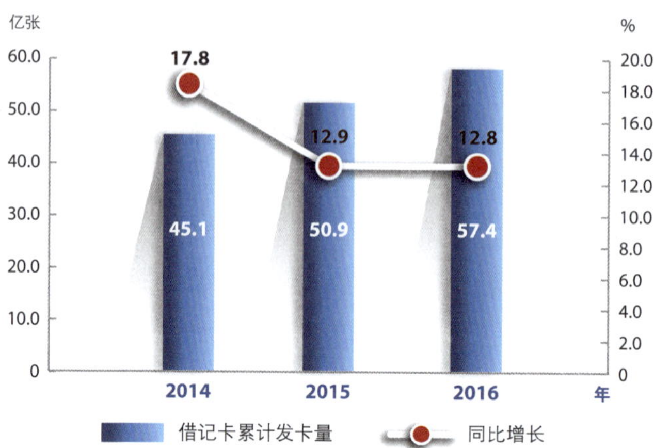

资料来源：中国银行业监督管理委员会。

图 1-2　2014—2016 年借记卡累计发卡量及增长率

截至2016年末，信用卡①累计发卡量6.3亿张，当年新增发卡量1.0亿张，同比增长18.9%（见图1-3）。

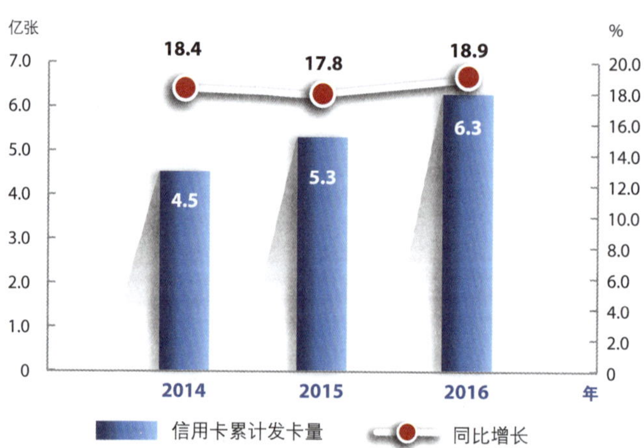

资料来源：中国银行业监督管理委员会。

图 1-3　2014—2016 年信用卡累计发卡量及增长率

① 包括贷记卡和准贷记卡。

二、活卡量

截至2016年末，银行卡累计活卡量[①]达41.8亿张，其中，当年新增4.9亿张，同比增长13.3%（见图1-4）。

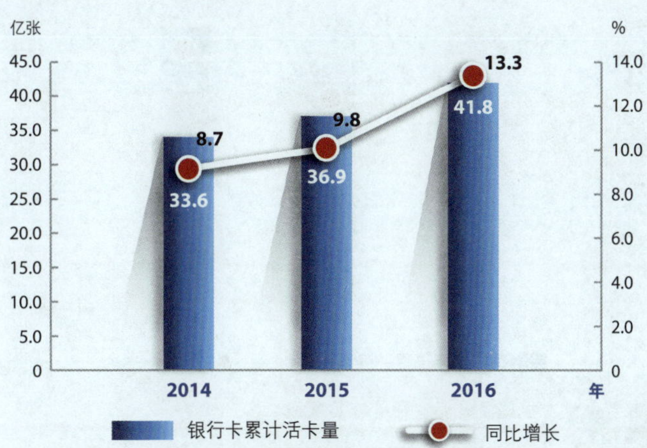

资料来源：中国银行业监督管理委员会。

图1-4　2014—2016年银行卡累计活卡量及增长率

截至2016年末，借记卡累计活卡量达37.3亿张，其中，当年新增4.0亿张，同比增长12.0%（见图1-5）。

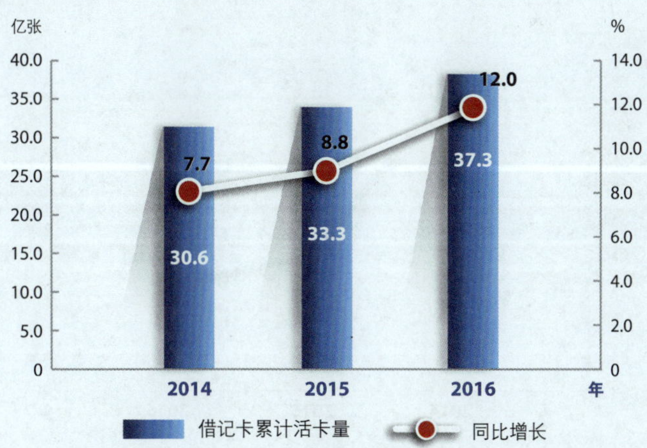

资料来源：中国银行业监督管理委员会。

图1-5　2014—2016年借记卡累计活卡量及增长率

---

① 活卡是指近6个月内发生主动金融交易（包括消费、存取现和转账交易）的信用卡。活卡率=6个月内使用的卡量/总卡量，卡量均来自中国银行业监督管理委员会。

截至2016年末，信用卡累计活卡量达4.5亿张，其中当年新增0.9亿张，同比增长25.0%（见图1-6）。

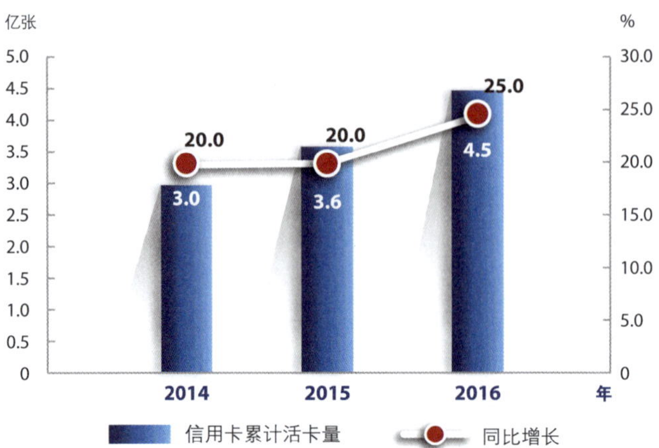

资料来源：中国银行业监督管理委员会。

图 1-6　2014—2016 年信用卡累计活卡量及增长率

三、活卡率

2016年，借记卡活卡率①为65.0%，在2014年、2015年的基础上继续下降（见图1-7）。

资料来源：中国银行业监督管理委员会。

图 1-7　2014—2016 年借记卡活卡率

① 活卡量 = 发卡量 – 睡眠卡，活卡率 = 活卡量 / 发卡量。

2016年，信用卡活卡率为71.4%，在2014年、2015年的基础上继续上升（见图1-8）。

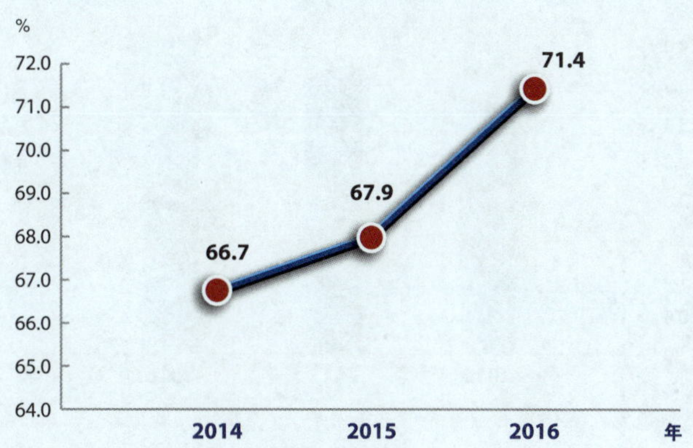

资料来源：中国银行业监督管理委员会。

图 1-8　2014—2016 年信用卡活卡率

四、人均持卡量

2016年，按全国人口计算，银行卡人均持卡量[①]在2014年、2015年的基础上持续增长，年末人均持卡数为4.62张（见图1-9）。

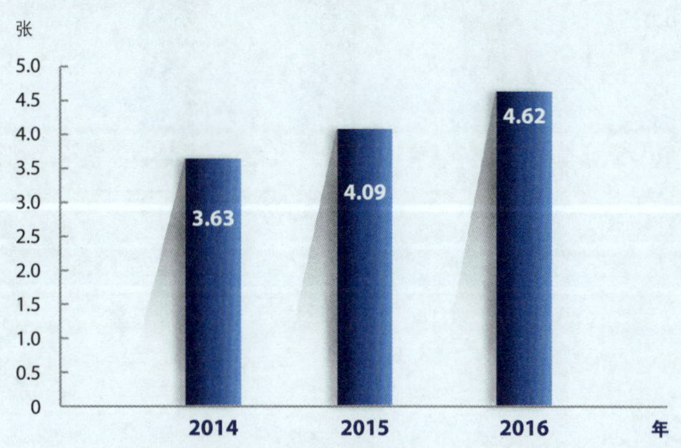

资料来源：中国银行业监督管理委员会。

图 1-9　2014—2016 年银行卡人均持卡量

① 人均持卡量＝总卡量/当年国民经济和社会发展统计公报的总人口数，下同。

2016年末，按全国人口计算，借记卡人均持卡量为4.16张（见图1-10）。

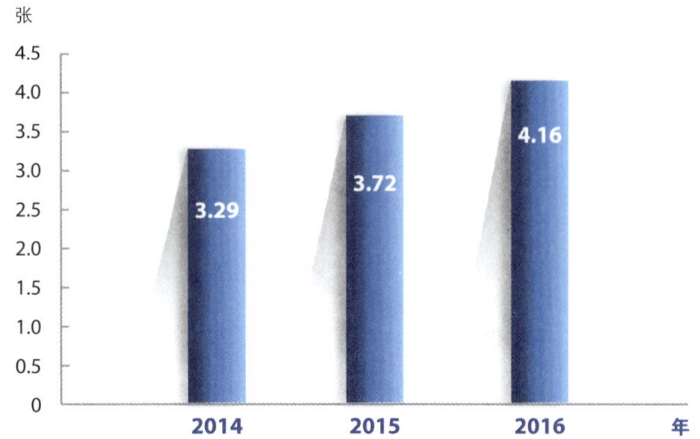

资料来源：中国银行业监督管理委员会。

图 1-10　2014—2016 年借记卡人均持卡量

2016年末，按全国人口计算，信用卡人均持卡量为0.46张（见图1-11）。

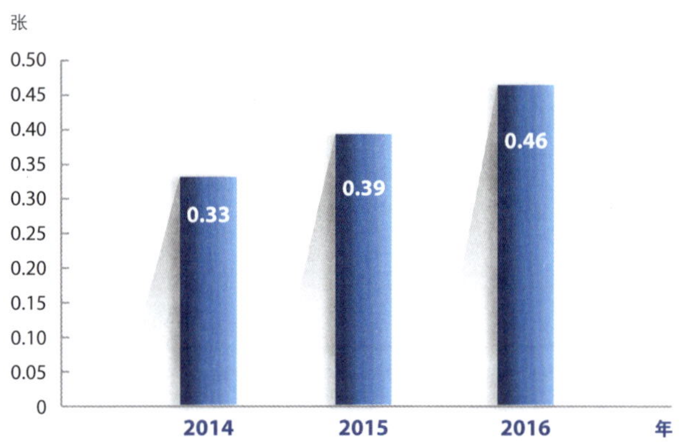

资料来源：中国银行业监督管理委员会。

图 1-11　2014—2016 年信用卡人均持卡量

五、各主要发卡行发卡量

截至2016年末，中国工商银行、中国农业银行、中国银行、中国建设银行、交通银行这五家国有大型商业银行共累计发行银行卡33.5亿张，招商银行等全国股份制商业银行累计发行银行卡7.2亿张，其他地方性城商行、外资银行、邮政储蓄银行发行银行卡23.0亿张（见图1-12）。

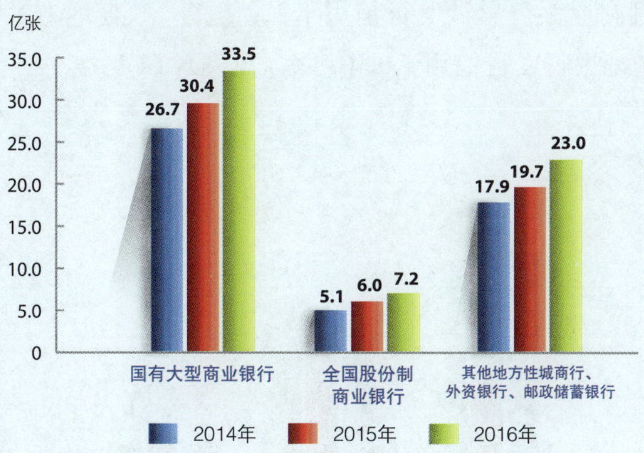

资料来源：中国银行业监督管理委员会。

图 1-12　三类发卡机构银行卡发卡量

截至2016年末，中国工商银行、中国农业银行、中国银行、中国建设银行、交通银行这五家国有大型商业银行共累计发行借记卡29.8亿张，招商银行等全国股份制商业银行累计发行借记卡5.0亿张，其他地方性城商行、外资银行、邮政储蓄银行发行借记卡22.6亿张（见图1-13）。

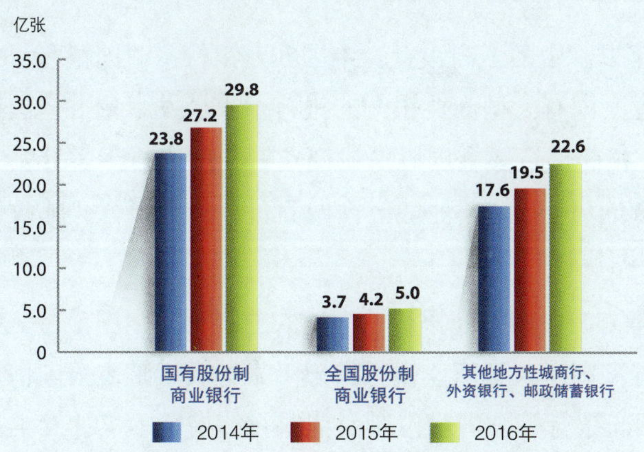

资料来源：中国银行业监督管理委员会。

图 1-13　三类发卡机构借记卡发卡量

截至2016年末，中国工商银行、中国农业银行、中国银行、中国建设银行、交通银行这五家国有大型商业银行共累计发行信用卡3.7亿张，招商银行等全国股份制商业银行累计发行信用卡2.2亿张，其他地方性城商行、外资银行、邮政储蓄银行发行信用卡0.4亿张（见图1-14）。

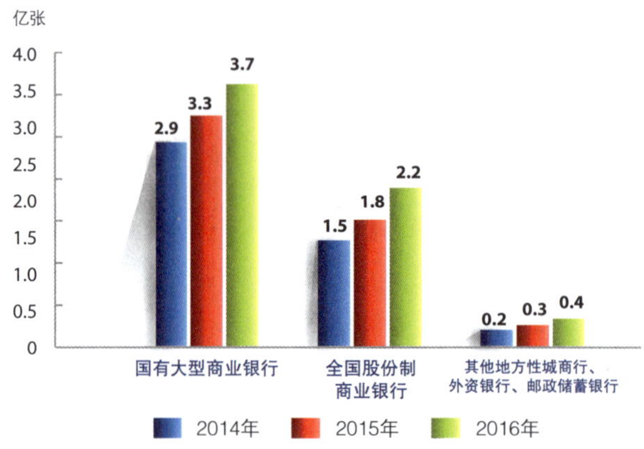

资料来源：中国银行业监督管理委员会。

图 1-14　三类发卡机构信用卡发卡量

六、各主要发卡行市场份额

截至2016年末，中国工商银行、中国农业银行、中国银行、中国建设银行、交通银行五家国有大型商业银行的银行卡累计发卡量占全国银行卡总发卡量的52.6%，招商银行等全国股份制商业银行的银行卡累计发卡量占全国银行卡总发卡量的11.3%，其他地方性城商行、外资银行、邮政储蓄银行等约占36.1%（见图1-15）。

截至2016年末，中国工商银行、中国农业银行、中国银行、中国建设银行、交通银行五家国有大型商业银行借记卡累计发卡量占全国借记卡总发卡量的51.9%，招商银行等全国股份制商业银行的借记卡累计发卡量占全国借记卡总发卡量的8.7%，其他地方性城商行、外资银行、邮政储蓄银行等约占39.4%（见图1-16）。

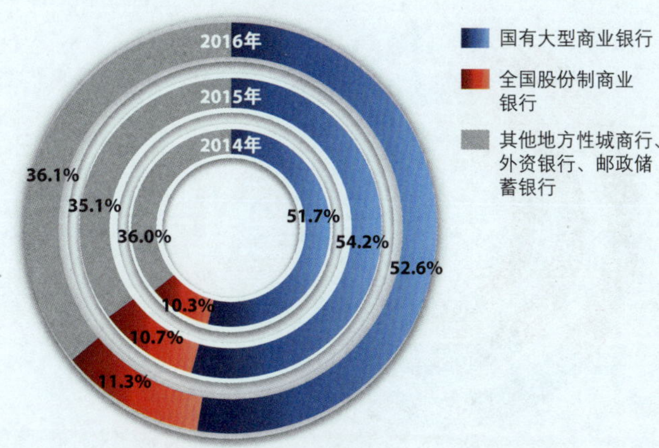

资料来源：中国银行业监督管理委员会。

图 1–15 三类机构银行卡发卡量所占份额

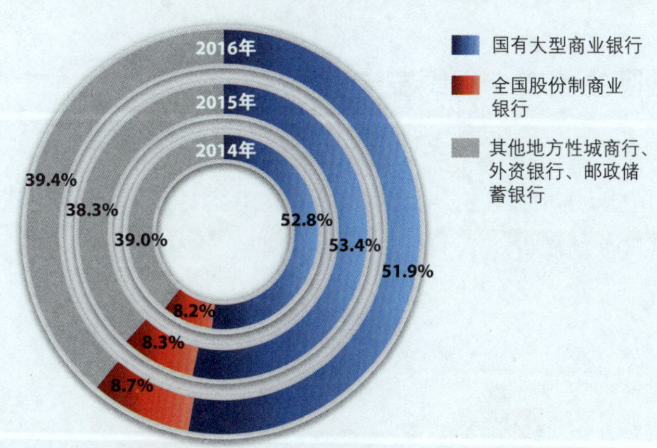

资料来源：中国银行业监督管理委员会。

图 1–16 三类机构借记卡发卡量所占份额

截至2016年末，中国工商银行、中国农业银行、中国银行、中国建设银行、交通银行五家国有大型商业银行信用卡累计发卡量占全国信用卡总发卡量的58.7%，招商银行等全国股份制商业银行的信用卡累计发卡量占全国信用卡总发卡量的34.9%，其他地方性城商行、外资银行、邮政储蓄银行等约占6.4%（见图1–17）。

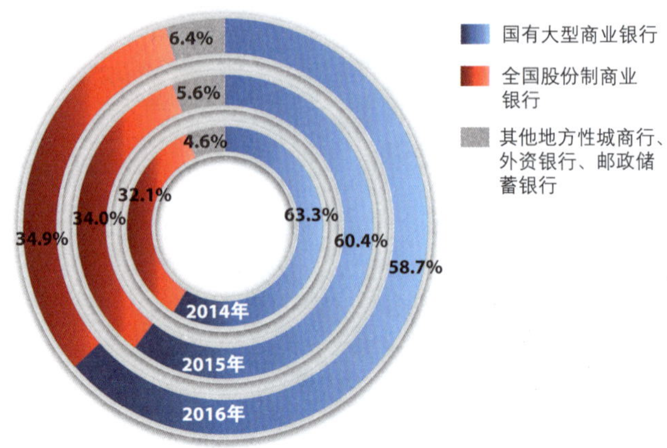

资料来源：中国银行业监督管理委员会。

图 1-17　三类机构信用卡发卡量所占份额

七、国际主要发卡组织发卡量

截至2016年末，银联卡累计发行60.5亿张，同比增长11.2%；Visa卡累计发行31.2亿张，同比增长24.3%；万事达卡累计发行23.4亿张，同比增长3.5%；美国运通累计发卡1.1亿张，同比下降8.3%（见图1-18）。

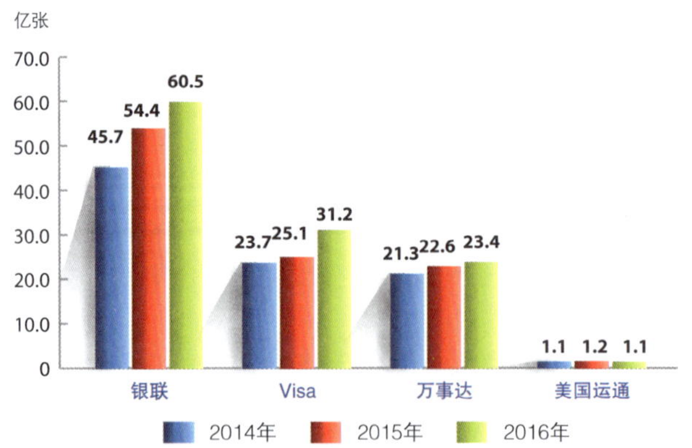

资料来源：中国银联、Visa/ 万事达卡 / 美国运通季报、尼尔森报告。

图 1-18　国际主要发卡组织发卡量

第二节　交易状况

2016 年，我国银行卡消费规模保持稳步增长，银行卡交易笔数和交易金额均有所上升，同比增长都超过 20%。整体上，银行卡交易占社会消费品零售总额比重继续提升。

一、交易笔数

2016年，全国共发生银行卡交易1 154.7亿笔[①]，同比增长35.5%（见图1-19）。

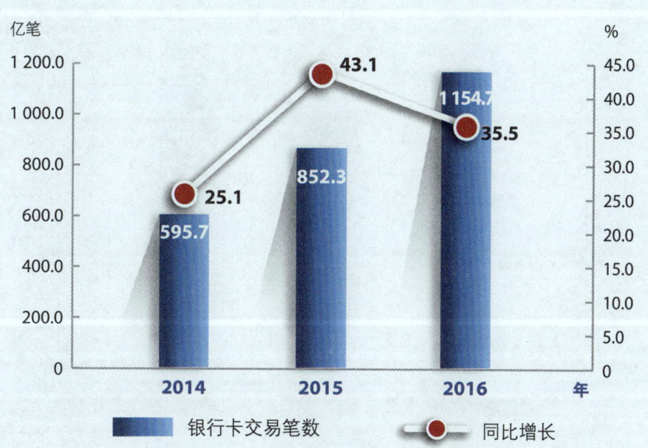

资料来源：中国人民银行 2014—2016 年《中国支付体系运行总体情况》。

图 1-19　2014—2016 年银行卡交易笔数及增长率

2016年，全国借记卡跨行交易笔数为177.1亿笔，同比增长14.6%（见图1-20）。

① 交易笔数包括消费、取现、还款和查询交易等。

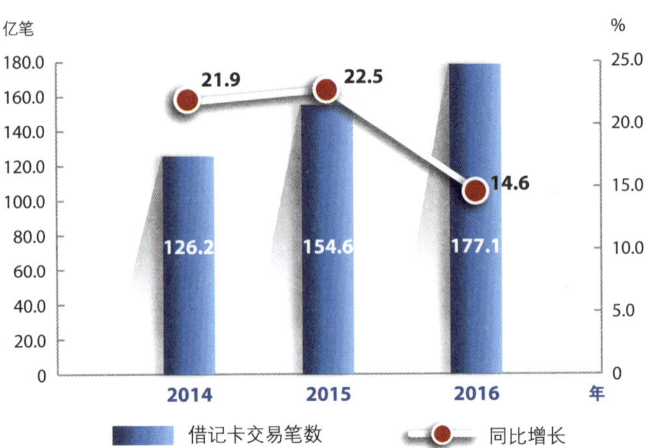

资料来源：中国银联。

图 1-20 2014—2016 年借记卡交易笔数及增长率

2016年，全国信用卡跨行交易笔数为89.3亿笔，同比增长15.2%（见图1-21）。

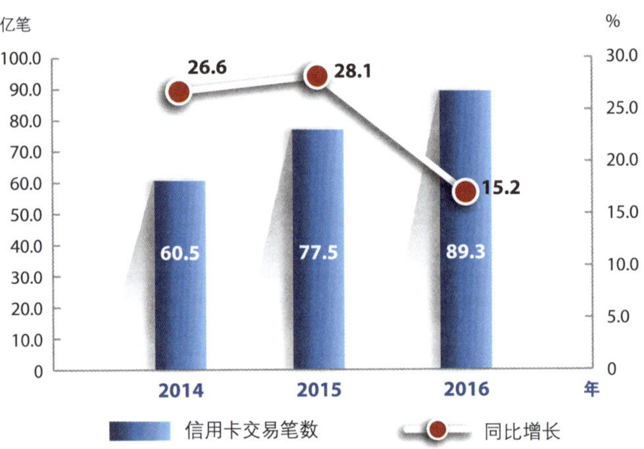

资料来源：中国银联。

图 1-21 2014—2016 年信用卡交易笔数及增长率

二、交易金额

2016年，全国银行卡交易金额[①]743.6万亿元，同比上升20.9%（见图

① 本处所指交易金额为本期消费、取现、转账和还款金额之和。

1-22）。

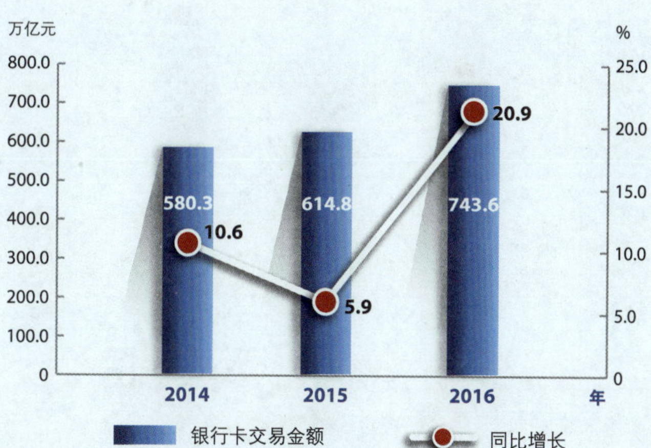

资料来源：中国银行业监督管理委员会。

图 1-22　2014—2016 年银行卡交易金额及增长率

2016年，全国借记卡交易金额718.2万亿元，同比上升21.1%（见图1-23）。

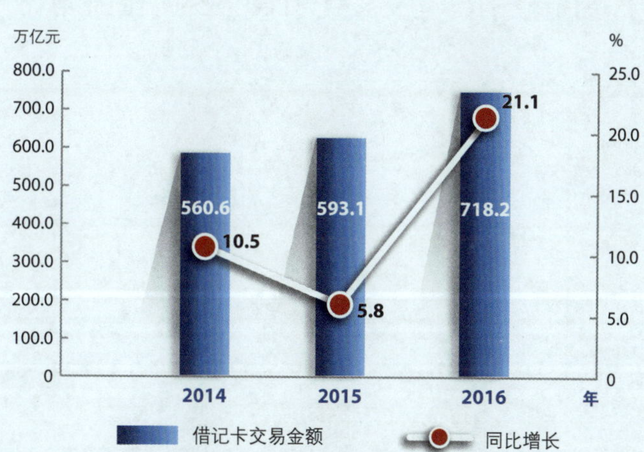

资料来源：中国银行业监督管理委员会。

图 1-23　2014—2016 年借记卡交易金额及增长率

2016年，全国信用卡交易金额为25.4万亿元，同比增长17.1%（见图1-24）。

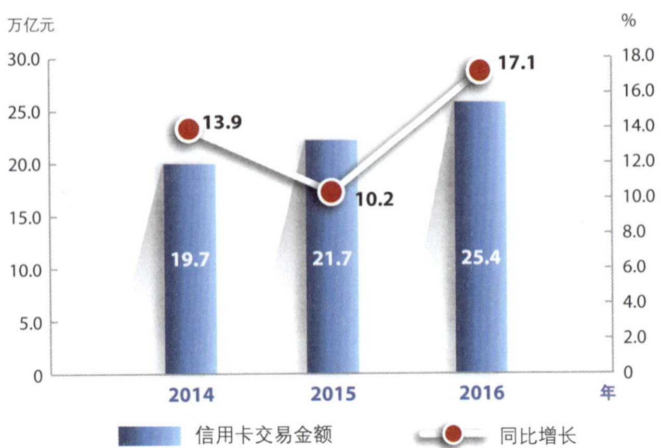

资料来源：中国银行业监督管理委员会。

图 1-24　2014—2016 年信用卡交易金额及增长率

三、卡均交易额

2016年，全国银行卡卡均交易额为116 735元，同比增长6.5%（见图1-25）。

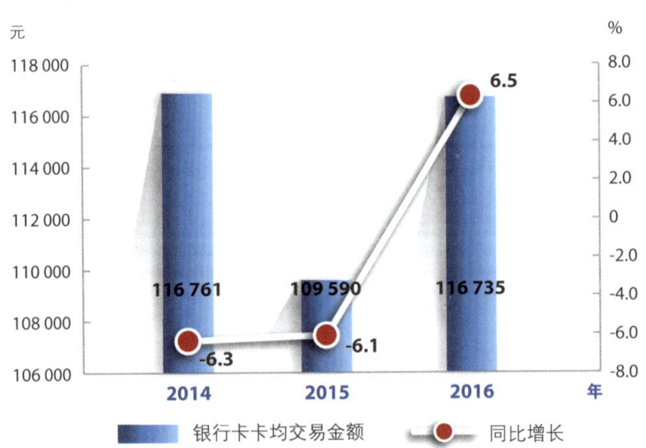

资料来源：中国银行业监督管理委员会。

图 1-25　2014—2016 年银行卡卡均交易额及增长率

2016年，全国借记卡卡均交易额[①]为125 122元，同比上升18.4%（见图1-26）。

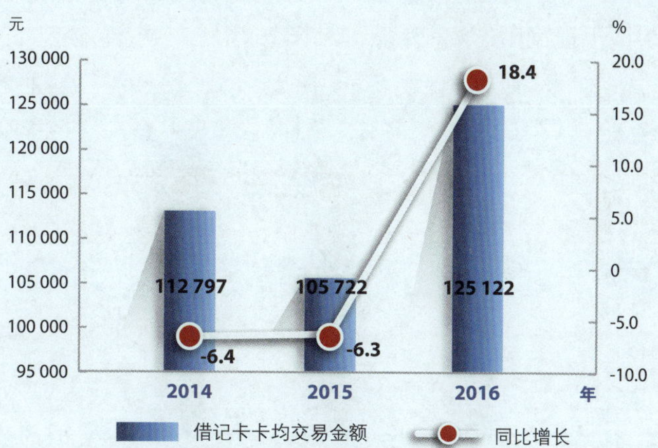

资料来源：中国银行业监督管理委员会。

图 1-26　2014—2016 年借记卡卡均交易额及增长率

2016年，全国信用卡卡均交易额为40 317元，同比下降1.7%（见图1-27）。

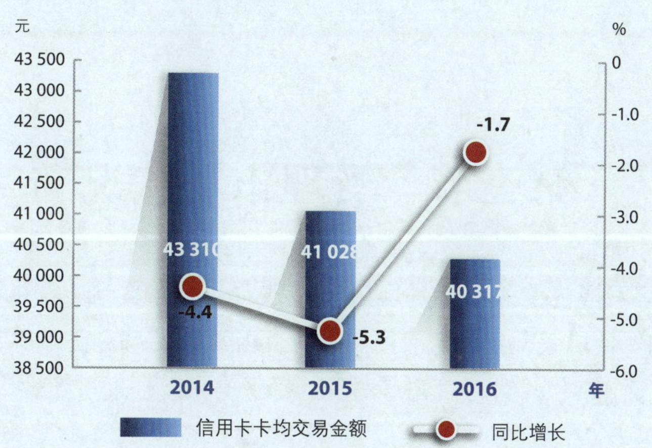

资料来源：中国银行业监督管理委员会。

图 1-27　2014—2016 年信用卡卡均交易额及增长率

① 卡均交易额 = 交易金额 / 累计发卡量，交易金额、发卡量数据来源于中国银行业监督管理委员会。

四、渗透率

2016年，我国银行卡交易总额占全国社会消费品零售总额的比重为48.5%，较2015年提高0.5个百分点（见图1-28）。

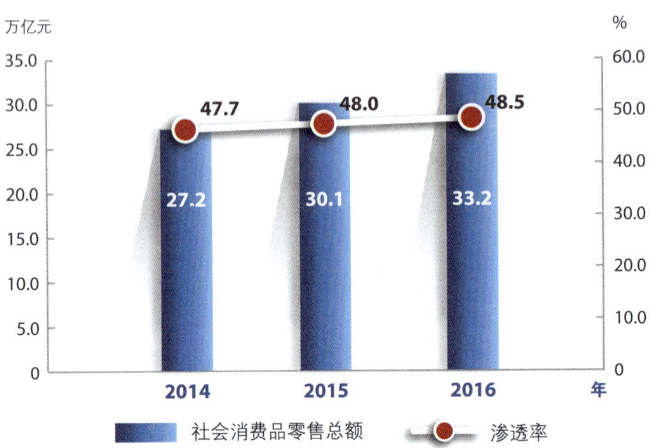

资料来源：国家统计局2014—2016年《国民经济和社会发展统计公报》、中国人民银行2014—2016年《中国支付体系运行总体情况》。

图1-28　2014—2016年银行卡渗透率

第三节　受理市场状况

2016年，境内受理市场环境进一步改善，传统受理POS终端和ATM终端数量均保持增长，但增速有所放缓，而互联网、移动终端等创新交易渠道则发展较为迅速；境外受理市场方面，受理商户及受理终端数均有所增长。

一、境内受理商户

截至2016年末，我国境内受理商户2 067.2万户。其中，当年净增397.2万户，同比增长23.8%（见图1-29）。

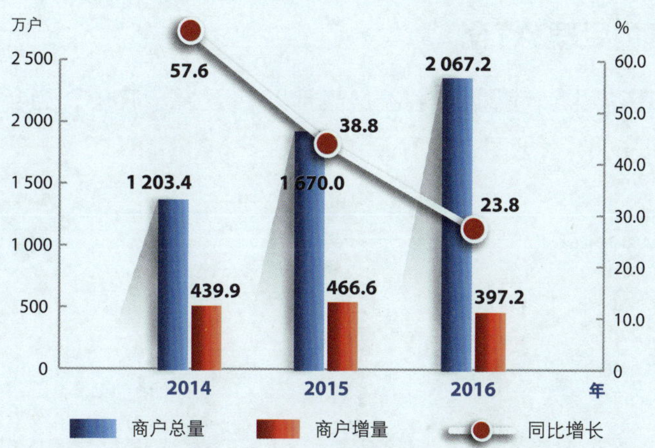

资料来源：中国人民银行 2014—2016 年《中国支付体系运行总体情况》。

图 1-29　2014—2016 年境内受理商户规模及增长率

二、境内受理 POS 机

截至2016年末，我国境内受理银行卡的POS机终端累计2 453.5万台。其中，当年净增171.4万台，同比增长7.5%（见图1-30）。

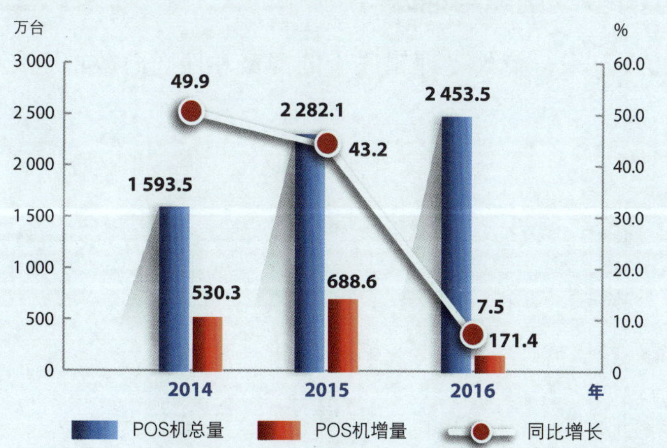

资料来源：中国人民银行 2014—2016 年《中国支付体系运行总体情况》。

图 1-30　2014—2016 年境内 POS 机终端规模及增长率[①]

① 2016 年，POS 机终端增量低于商户增量，主要因为国家对大型商户的整顿。

三、境内受理ATM

截至2016年末，我国境内ATM累计92.4万台。其中，当年新增5.7万台，同比增长6.6%（见图1-31）。

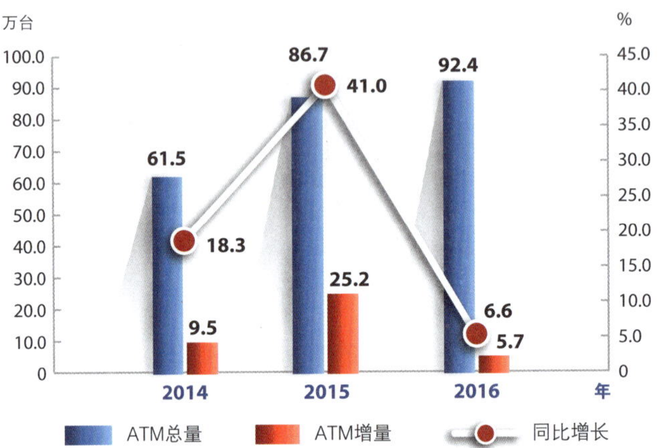

资料来源：中国人民银行2014—2016年《中国支付体系运行总体情况》。

图1-31　2014—2016年境内ATM终端规模及增长率

四、境外受理国家与地区

截至2016年末，境外受理银联卡的国家和地区总数增至160个（见图1-32）。

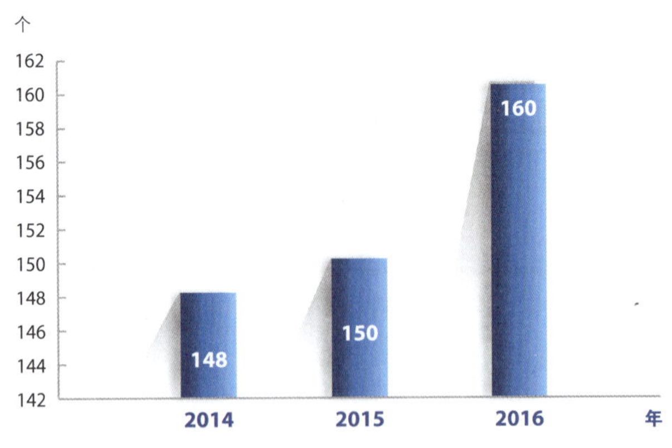

资料来源：中国银联。

图1-32　2014—2016年银联境外受理市场总数

五、境外受理商户

截至2016年末，银联境外受理商户总数达到2 020万户，同比增长17.4%。其中，2016年新增受理商户300万户（见图1-33）。

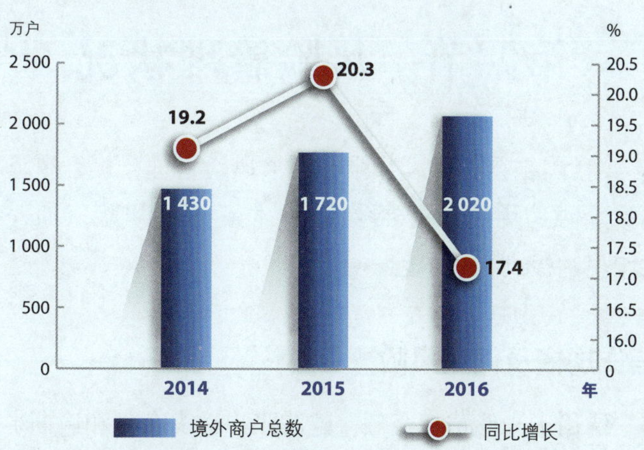

资料来源：中国银联。

图 1-33　2014—2016 年银联境外受理商户总数及增速

六、境外受理 ATM

截至2016年末，受理银联卡境外ATM共133万台，同比增长6.4%。其中，2016年新增ATM8万台（见图1-34）。

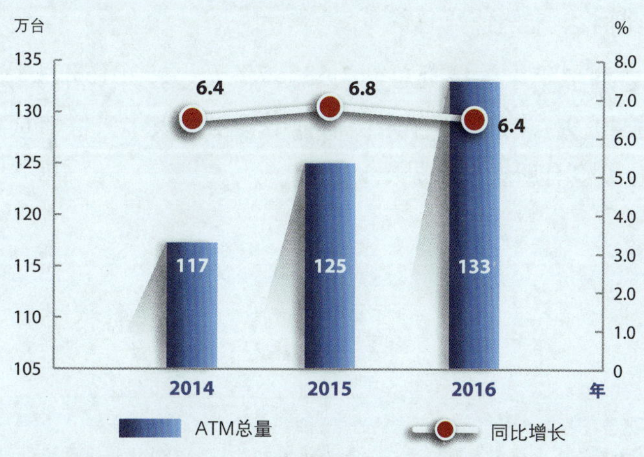

资料来源：中国银联。

图 1-34　2014—2016 年银联境外受理 ATM 总量及增速

第四节　风险管理状况

2016 年，我国银行业继续加强银行卡风险管理，提升风险管控水平，充分利用国家金融信用信息基础数据库，防范信用风险，加大力度打击电信网络新型诈骗，控制欺诈风险。

一、信贷规模及信用风险

2016年，信用卡未偿信贷余额、延滞账户透支余额和逾期半年未偿信贷总额均有所增长。其中，延滞账户透支余额增速明显放缓。信用风险延滞率和损失率也有所增长，但仍保持在较低水平。

（一）未偿信贷余额①

截至2016年末，未偿信贷余额4.06万亿元，比上年增长31.4%（见图1-35）。

（二）逾期半年未偿信贷总额②

2016年逾期半年未偿信贷总额为535.7亿元，较2015年末增长155.4亿元，同比增长40.9%。逾期半年未偿信贷增长幅度大于未偿信贷总额增长幅度，信贷潜在风险有所上升（见图1-36）。

---

① 未偿信贷余额指报告期末各类型信用卡的透支余额。

② 逾期半年未偿信贷总额指各类型信用卡的逾期（透支）超过 180 天以上和逾期虽未超过 180 天但已确定无法收回（如破产、失踪、死亡等）账户的累计透支余额。

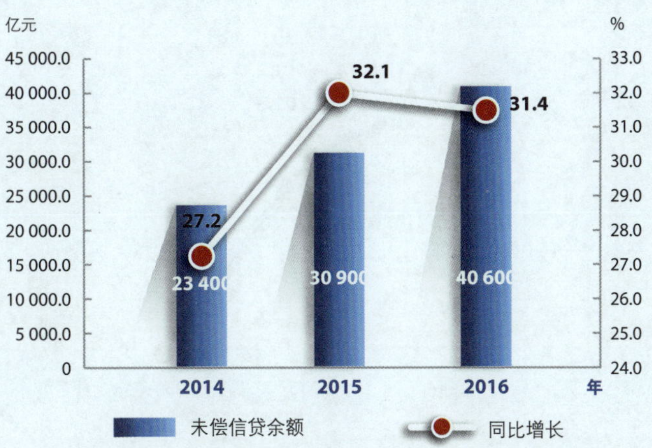

资料来源：中国人民银行2014—2016年《中国支付体系运行总体情况》。

图1-35　2014—2016年国内信用卡未偿信贷余额及比上年增长

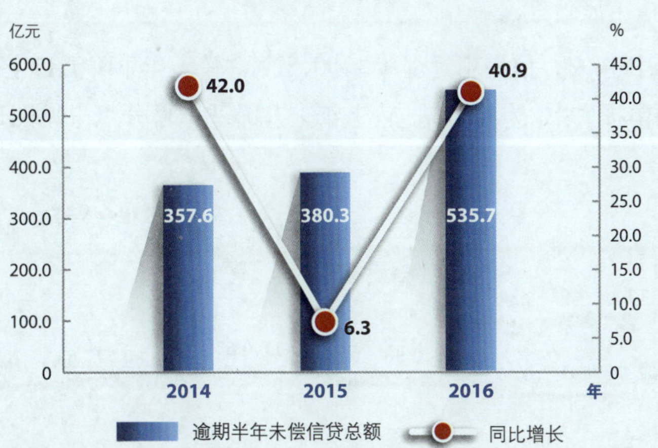

资料来源：中国人民银行2014—2016年《中国支付体系运行总体情况》。

图1-36　2014—2016年逾期半年未偿信贷总额及比上年增长

（三）延滞账户透支余额[①]

截至2016年末，境内各发卡行的信用卡延滞账户透支余额小幅上升，同比增长1.6%。但与往年相比，增长率大幅下降（见图1-37）。

① 延滞账户透支余额指报告期末各类型信用卡的逾期（透支）91～180天账户的透支余额，此处信用卡仅指贷记卡，不含准贷记卡数据。

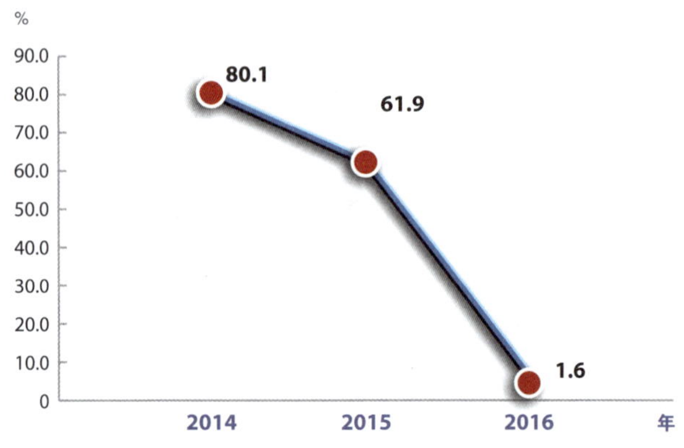

资料来源：中国银联。

图 1-37　2014—2016 年信用卡延滞账户透支余额增长情况

（四）信用风险延滞率和当前损失率[①]

截至2016年末，信用卡延滞率[②]为0.52%，较上年下降0.11个百分点，以年率计的当前损失率[③]为1.70%，较上年上升0.28个百分点（见图1-38）。

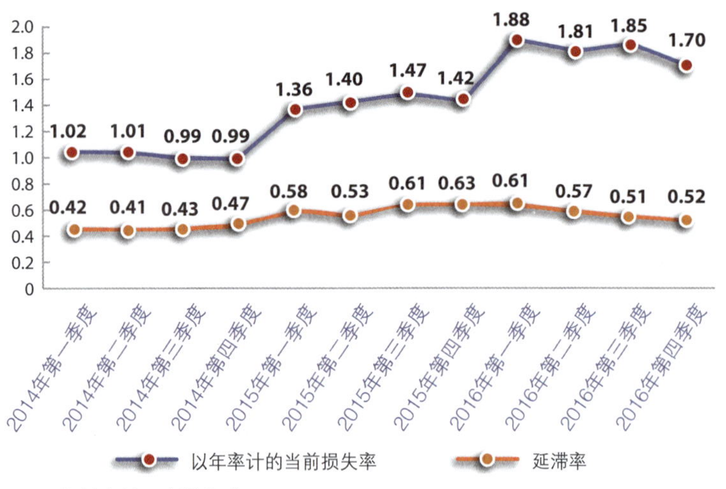

资料来源：中国银联。

图 1-38　2014—2016 年信用卡延滞率和当前损失率

① 此处信用卡仅指贷记卡，不含准贷记卡数据。

② 延滞率 = 延滞账户的透支余额（应收账款余额）/M0 至 M6 账户透支余额（应收账款余额）x 100%。

③ 当前损失率 = 本季度末的当年新增损失金额 / 本季末（M0 至 M6，及当年新增 M6 以上）账户当年平均透支余额 x 100%。

二、欺诈风险

2016年，信用卡欺诈损失仍以伪卡交易为主，且占比有所上升；借记卡最主要的欺诈类型为电信诈骗，互联网欺诈次之。

（一）银行卡欺诈率[①]

2016年，银行卡欺诈率为2.35BP[②]，较上年上升0.36BP（见图1-39）。

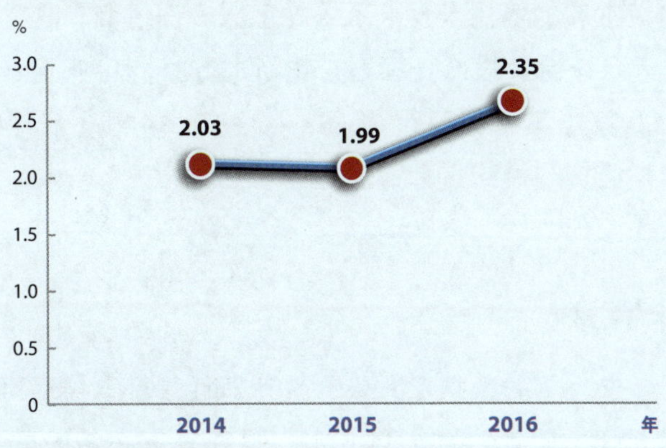

资料来源：中国银联。

图1-39　2014—2016年银行卡欺诈率

（二）欺诈损失类型分布

2016年信用卡欺诈损失排名前三的欺诈类型为伪卡、虚假身份和互联网欺诈，与2015年情况一致。大多数欺诈损失为伪卡损失，虚假身份次之，伪卡损失占比较2015年继续上升。

2016年借记卡欺诈的主要类型为电信诈骗。互联网欺诈损失金额排名第二位，伪卡欺诈居第三位。

---

① 银行卡欺诈率 =10 000× 欺诈交易金额 / 跨行交易总金额。其中，欺诈交易金额为报告期内发卡端发生的实际欺诈损失合计金额，包括由发卡行承担的损失部分、由持卡人承担的损失部分以及通过保险转移的损失部分。

② 1BP 为万分之一。

业界聚焦

银联数据：客户银行2016年信用卡经营情况分析

作为国内最主要的信用卡发卡系统外包服务提供商，截至2016年末，银联数据信用卡系统合计投产托管客户银行115家，其中，全国性银行7家，区域性银行105家（其中城商行76家，农商行14家，农信社15家），外资银行3家，信贷规模约占全行业[①]的18%。

一、发卡情况

截至2016年末，银联数据客户银行累计发行信用卡接近1亿张，有效卡量达6 893.64万张，较年初增长34.62%，增幅较上一年度提升9.39个百分点。全年新增发卡2 419.06万张，同比增长68.20%。年末整体90天活跃率为62.82%，较年初上升1.03个百分点（见表1）。

表1　2016年末银联数据客户银行发卡情况汇总　　单位：万张、%

银行类别	本年新增	同比	有效卡量	同比	活跃率
全国性银行	1 847.32	78.61	5 208.92	35.68	63.24
区域性银行	557.06	40.38	1 657.19	30.76	61.62
外资银行	14.67	106.96	27.52	88.57	56.45
合计	2 419.06	68.20	6 893.63	34.62	62.82

（一）区域性银行发卡有所突破，外资银行整体活跃率偏低

7家全国性银行在整体存量卡结构中占75.56%，全年新增卡量1 847万

① 全行业数据来源于人民银行发布的《支付体系运行总体情况》。

张，在当年新发卡中的份额达到了76.37%，发卡增速[①]略高于区域性银行。2016年末全国性银行信用卡活跃率为63.24%，高于平均水平。

截至2016年末，累计发卡量过百万的区域性银行共8家，除上海银行外均为银联数据的客户银行。银行在发展的过程中也不断地进行策略调整和结构优化，目前银联数据客户银行中有效卡量超过百万的区域性银行有4家。

区域性银行中，农商农信类银行发卡量快速增长，总有效卡量超过700万张，占区域性银行总卡量的42.32%。有2家农商农信系银行有效卡量超过百万张。

除花旗银行外，其他外资银行均选择银联数据系统发卡，目前普遍处于客户积累阶段，卡量规模相对较小，活跃率相对较低（见图1和图2）。

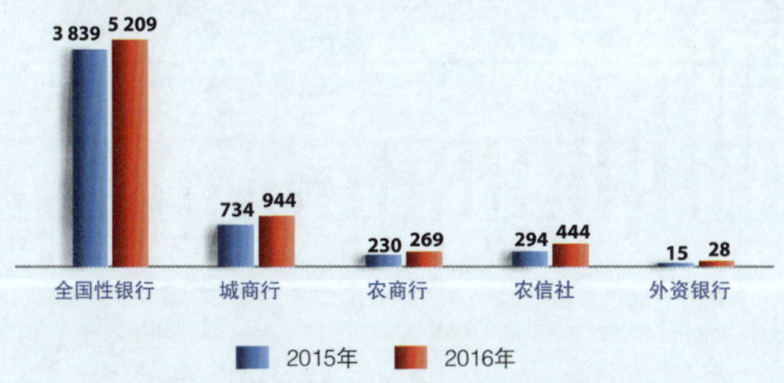

图1　银联数据客户银行有效卡量增长对比（万张）

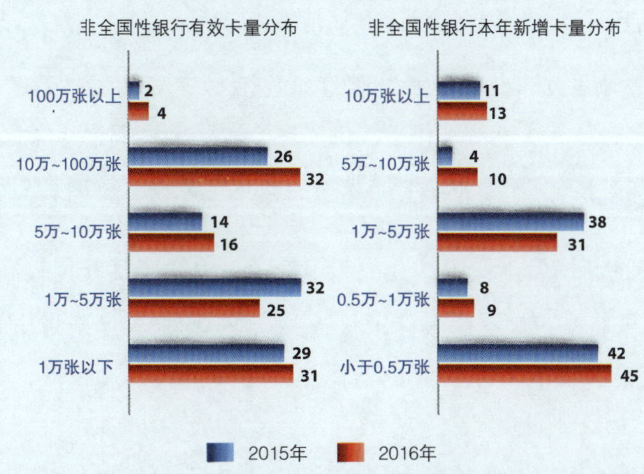

图2　非全国性银行有效卡量、本年新增卡量分布情况（家）

① 发卡增速 = 年度新增发卡量 / 年末有效卡量。

（二）西北地区发卡增速提升显著，京津沪信用卡市场表现不佳

以银联数据客户银行在各省份的发卡情况来看，浙江、广东卡量遥遥领先，两省有效卡量合计份额超过两成；福建、江苏两省发卡增速有所提升，年末有效卡量超越北京；贵州、甘肃两省客户银行在2016年选择了较为积极的发卡政策，年度新增发卡量较2015年翻一番；北京、上海、天津作为行业内多家银行的重点开拓对象，市场竞争激烈，客户银行在当地的发卡增速相对乏力，销卡率也明显偏高（见图3）。

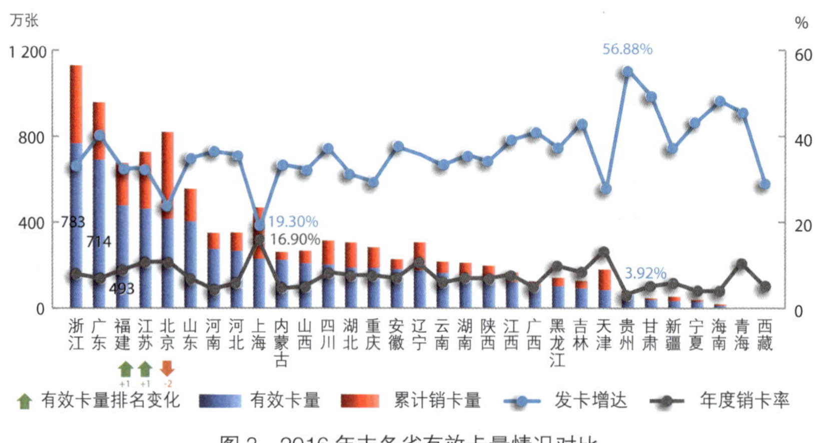

图3 2016年末各省有效卡量情况对比

以四象限图来看各省份的年度发卡增速和活跃率表现，可以看到广东、河南、广西、贵州在快速发卡的同时，卡片保持了较高的活跃率；安徽、江西、吉林、甘肃等地虽发卡较为积极，但客户促活仍有待加强；福建、浙江、江苏、山东等地的发卡增速水平相当，但福建的活跃率远高于其他三省；上海、北京、天津由于市场饱和度较高，活跃率明显低于整体平均水平（见图4）。

（三）年度新增发卡量中约九成为银标卡，高端卡活跃度较高

从卡品牌来看，新增的银标卡接近9成，双标卡年度新增卡量份额约为8%。由于交易场景有限等因素，单标外币卡的推广相对有限，其90天活跃率仅为1成。

从产品层级看，高端信用卡①占了当年新发卡的两成份额，截至年末高

① 高端信用卡指白金及以上级别的信用卡。

端信用卡在存量结构中占比为18.09%。由于客户资质较好，同时年费收取以及丰富的权益也保证了持卡人的用卡意愿，年末高端卡活跃率为68.90%，较整体高出6.08个百分点。

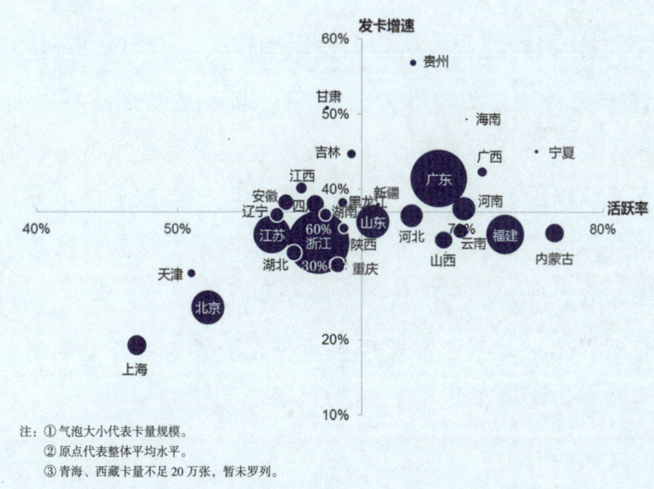

图4　2016年各省发卡增速与年末活跃率对比情况

二、交易情况

2016年，银联数据客户银行信用卡总交易金额和笔数分别为4.22亿元和17.10亿笔，同比分别增长21.33%和38.84%；年卡均交易金额[①]为7.02万元，同比降低7.04%，年卡均交易笔数28.46笔，同比增长6.37%（见表2）。

表2　2016年银联数据客户银行交易情况汇总　　单位：元、笔、%

银行类别	卡均交易金额	同比	卡均交易笔数	同比	消费金额占比	转账取现金额占比
全国性银行	61 874	-2.28	29.89	5.13	90.38	9.62
区域性银行	96 852	-15.02	24.24	11.48	51.32	48.68
外资银行	20 234	46.14	15.65	18.18	98.57	1.43
合计	70 243	-7.04	28.46	6.37	77.28	22.72

① 本书的年度卡均指标，均以期初期末有效卡量的加权平均作为分母计算。

随着行业风险持续暴露，银行进行了一系列业务结构调整，对高风险业务比重进行了收缩，转账①及取现类交易金额同比负增长，份额降至22.72%。

（一）区域性银行受业务结构调整影响较大，卡均交易金额下降显著

与全国性银行传统规模化发展为主、高收益业务为辅的均衡发展路线不同，部分区域性银行不再盲目追求发卡规模，而是凭借敏锐的市场嗅觉和对客户需求的准确把握，开发了丰富的高收益产品，走出了另外一条增收之道。但高收益伴随着高风险，区域性银行也在不断优化产品结构、控制发展节奏，加强风险管理，2016年转账取现金额显著下降。

外资银行以传统信用卡和非现金类分期业务为主，全年消费金额占比达98.57%，卡均交易金额同比增长46.14%（见图5）。

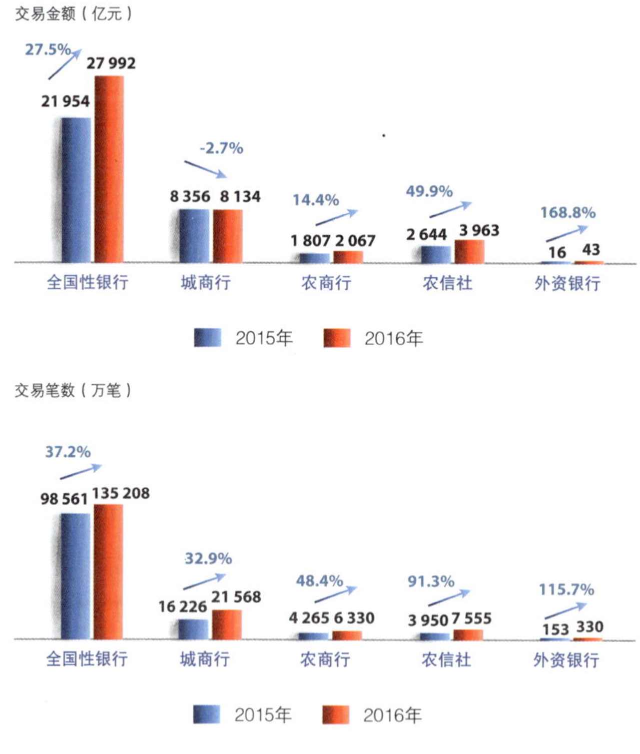

图5 银联数据客户银行交易增长情况对比

① 本书中的“转账”仅统计转出转账。

除传统业务外，各家银行也在不断丰富其分期产品，力求更全面、更便捷地满足客户日益增长的消费金融需求。2016年，银联数据客户银行整体分期业务规模再创新高，分期交易笔数和金额同比分别增长42.50%和20.61%。

账单分期是最主要的分期品种，占年度新增分期笔数的近6成，其次为灵活分期，占比超2成。现金分期由于方便、快捷，客户申请意愿明显加强，2016年交易笔数增长迅速，同比增幅达138.33%；邮购分期年度新增交易笔数出现同比负增长，是唯一出现交易量下滑的分期类型。

（二）各省份卡均交易金额增速明显放缓，东南沿海地区转账取现规模有所收缩

浙江、青海、广东、湖南、上海等省份对高收益业务进行了一定的结构性调整，卡均交易金额同比降幅超过10%，福建、山东、天津、宁夏、广西等地卡均交易金额与2015年基本持平（见图6）。

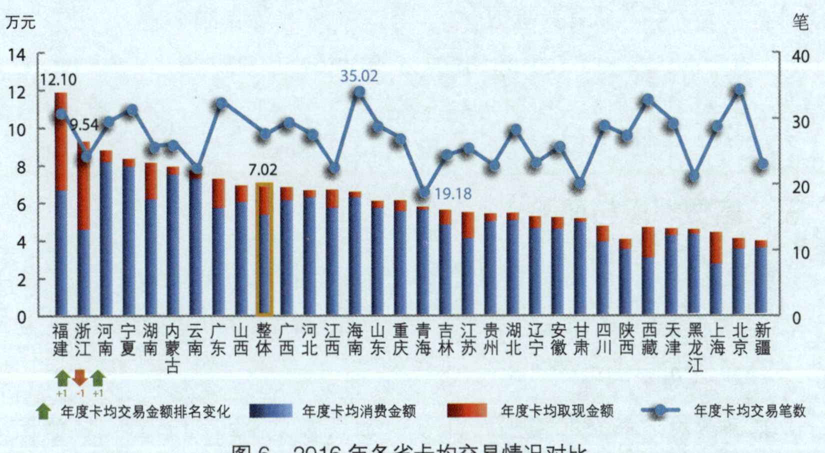

图6 2016年各省卡均交易情况对比

（三）银标卡交易规模增长显著，非银标卡交易笔数仅占整体两成

2016年，银联数据客户银行银标卡交易规模增长显著，交易金额和笔数在整体交易中的份额分别为83.27%和77.12%。银标卡全年卡均交易金额为7.22万元，同比下降9.18%，主要是受银行业务结构调整影响；双标卡和单标外币卡均以消费类交易为主，全年卡均交易金额较2015年均有不同程度

增长。

（四）线上[①]交易持续升温，增长较快

随着智能手机的持续升级，基于主流手机品牌的移动支付技术持续涌现，银联云闪付更是将HCE、各种手机Pay支付方式一举囊括其中。以银联数据2016年12月的消费交易来看，线上渠道的金额和笔数分别占到9.59%和47.32%，同比分别提升4.25个百分点和6.17个百分点（见图7）。

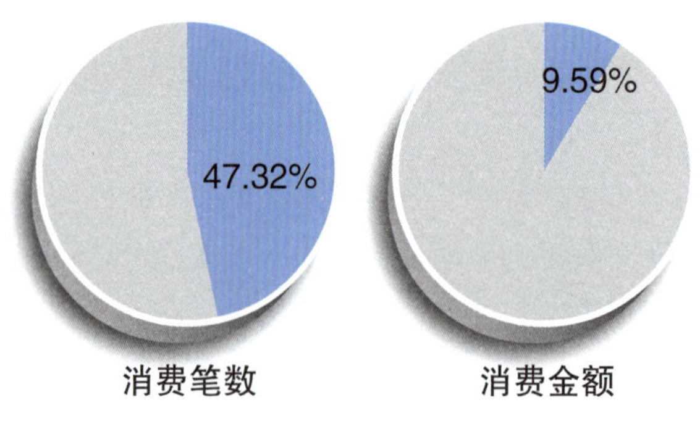

图7 2016年12月线上渠道消费占比情况

三、信贷规模与风险

截至2016年末，银联数据客户银行信用卡透支余额（含息费）达7 587.19亿元，较年初增长29.57%；户均透支余额为1.18万元，较年初降低2.62%；额度使用率为40.92%。

透支余额的增长及不良资产处置的加强对风险指标起到一定的优化作用，年末客户银行本金不良率为3.15%，较年初上升0.34个百分点。

从账龄分析来看，2013年引入客户不良率相对偏高，随着风险攀升，银行逐步意识到风险，2015年银行加强风险管理、收紧发卡政策，风险水平有所降低，2016年新增的客户由于发卡时间较短，风险暴露情况有待进一步观察（见图8）。

① 包括互联网支付、手机近场支付等场景。

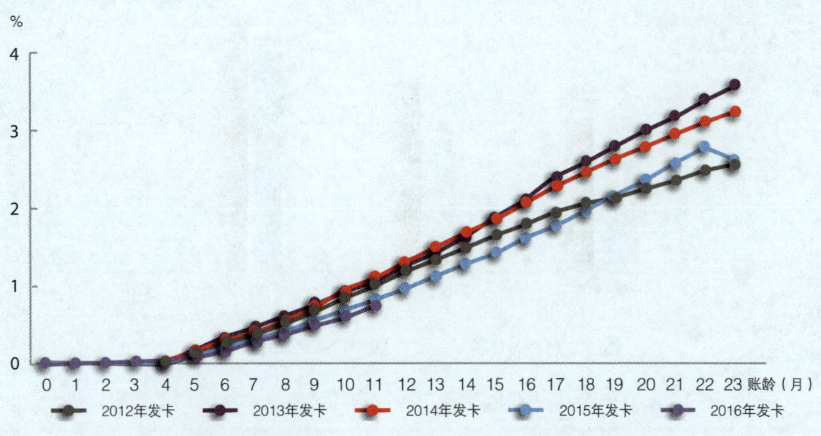

图8 银联数据客户银行2012—2016年发卡账户不良率账龄分析

（一）区域性银行信贷规模扩张速度放缓，外资银行风险水平较低

截至2016年末，银联数据客户银行中全国性银行户均透支余额为9 840元，额度使用率为38.02%。一些区域性银行对业务结构及发展节奏进行了调整，信贷扩张速度有所放缓，透支余额同比增速为24.93%，较去年同期降低了约17个百分点。

2016年整体风险指标虽仍呈上升趋势，但前期各银行实施的一系列风险控制举措的成效逐步呈现，不良率攀升势头已明显放缓（见图9和图10）。

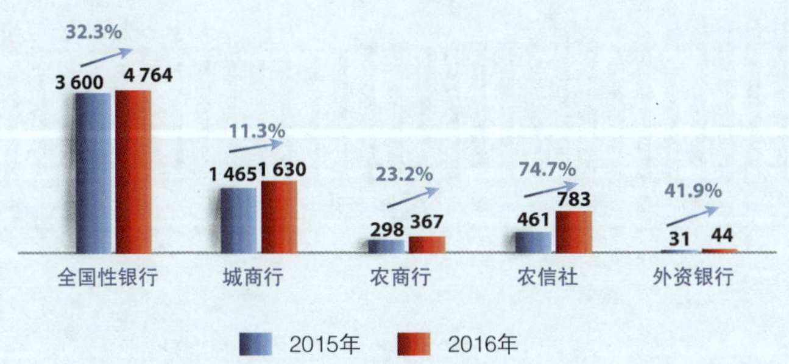

图9 银联数据客户银行透支余额增长情况对比（亿元）

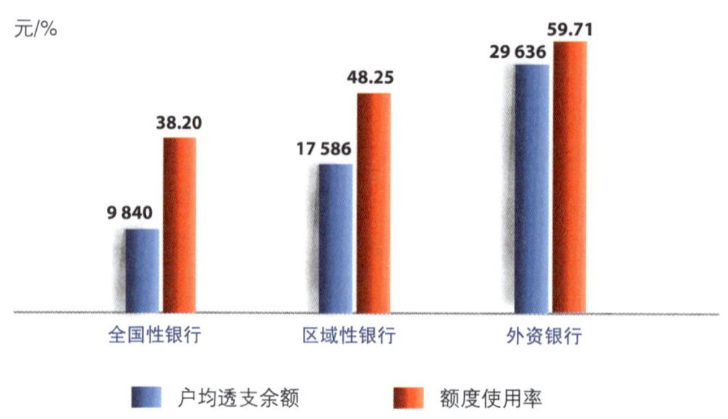

图 10　2016 年末银联数据客户银行户均透支及额度使用率情况

（二）多省份不良率攀升迅速，风险防控不可松懈

截至2016年末，福建的户均透支余额高达2.06万元，显著高于其他省份。青海、安徽、浙江、重庆等地户均透支余额同比下降显著，上海、北京、天津等地户均透支余额较2015年有所增长，但额度使用率仍处于偏低水平（见图11）。

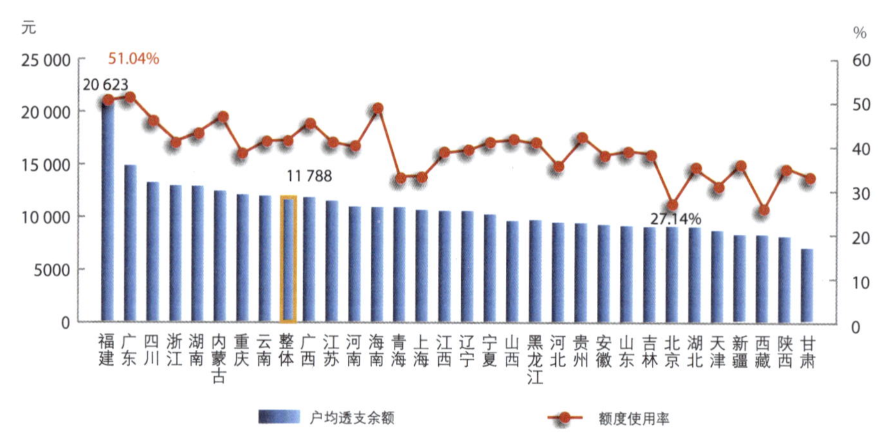

图 11　2016 年末各省户均透支情况对比

北京、黑龙江、天津和四川风险偏高，其中，黑龙江地区不良率较年初攀升1.90个百分点；四川的部分银行通过各种举措积极化解风险，区域不良率自9月开始逐月下降。重庆、云南、青海等地的不良率攀升速度较快，建议区域银行加强风险防控。

作者：王炎方

银联数据服务有限公司。银联数据服务有限公司是中国银联的控股子公司，于2003年1月在上海成立。公司坚持以创新的信息技术服务为客户持续创造价值，公司的发卡数据处理外包服务涵盖信用卡、借记卡、预付卡、IC卡脱机账户等不同的业务卡种，符合中国银联、Visa、MasterCard等主要卡组织的相应规范。截至2017年4月，公司信用卡发卡客户近140家，信用卡运营卡量超过1亿张，在国内发卡数据处理外包领域处于绝对领先地位。□

2017

BLUE BOOK
ON THE DEVELOPMENT OF CHINA'S
BANK CARD INDUSTRY

中国银行卡产业
发展蓝皮书

（第二章）

转型升级：

2016 年中国银行卡产业创新改革

2016年，政府层面释放出巨大的政策红利，多项监管政策出台，有利于规范市场发展环境，促进产业充分竞争，有力推动了银行卡产业的战略转型。在此背景下，我国银行卡产业继续保持良好的发展状态，在产品设计、支付结算、市场营销、客户服务、风险管理与法律规制等方面都实现了新的突破，向着多元化、个性化、智能化等方向不断发展。

第一节　产品设计

在移动支付需求和应用场景不断增加的背景下，近年来各家商业银行积极探索银行卡产品创新，各种创新产品如雨后春笋，层出不穷。特别值得一提的是，现阶段的银行卡产品创新更加注重外部资源的跨界联合及服务平台的体系搭建，通过多样化的场景融合和一体化的配套服务为持卡人带来良好的用卡体验。

一、产品设计的创新与发展

从2016年各银行的银行卡产品创新特点来看，主要集中在以下几个方面。

一是支付介质趋于移动化、虚拟化。互联网的快速发展以及新技术手段的诞生催生出更多元化的支付介质，金融与科技的融合让银行卡的支付功能更加强大，满足了不同用户的差异化需求。HCE、TOKEN、TEE等创新技术的逐渐成熟推动了诸如银联闪付卡、移动支付、虚拟化支付等一系列支付手段的发展。大部分银行都与移动终端合作推出了Apple Pay、银联Pay、华为Pay、小米Pay、三星Pay等近场支付产品；一些银行还推出了包含运动、健康、公共交通和NFC非接支付等功能的智能穿戴支付手环，以及定位于境内外网络支付需求的无实体信用卡。这些产品除了基本的支付功能外还满足了消费群体便捷、时尚的新型支付习惯，极大地方便了客户。

光大银行在2016年3月正式面向客户推出快速、安全的支付方式——Apple Pay，成为首批支持Apple Pay服务的银行之一。除了支持简单、安全、私密地进行快速无卡支付，Apple Pay还能实现在ATM上取现，让用户真正感受到移动支付服务带来的舒适和便利。

广发信用卡推出一款智能穿戴支付手环——G-Force手环。该手环采用空中发行令牌TOKEN模式，降低了客户信息泄露的风险。G-Force智能手环除了有便捷支付、公交应用、运动健康功能外，同时还拥有“空中发卡”、公交卡“空中充值”和“行走步数换积分”三大新技能，极大地方便了客户（见图2-1）。

图 2-1　广发银行智能穿戴支付手环——G-Force 手环

华夏银行推出无实体电子信用卡——华夏E-PAY卡。该产品定位于有境内外网络支付需求且习惯使用新兴便捷方式进行消费的年轻群体或时尚群体，主要面向已有华夏信用卡或同步申请实体信用卡的客户发行。

二是产品开发注入外部基因，讲求跨界融合。作为居民进行支付结算的首选工具，银行卡成为可以融合到各个领域、给用户带来全方位体验的多重载体。各商业银行根据市场需求瞄准目标人群，通过深化跨界融合，牵手第三方企业，填补业务空白领域，为客户打造拥有合作方会员权益的联名卡产品，增强银行卡的产品附加值，实现 “1+1>2”的合力。

中信银行联合UBER公司，发行UBER全球首张联名信用卡，针对UBER生态及客户特性，分别发行司机卡与乘客卡，实现全球用车支付服务（见图2-2）。

图 2-2 中信 UBER 联名信用卡发布会

工商银行与香格里拉酒店集团整合双方资源，联合中国银联、Visa、万事达卡共同推出酒店类联名信用卡——工银香格里拉信用卡（见图2-3）。

图 2-3 工商银行工银香格里拉信用卡

农业银行与厦门航空打造集金融、境外消费和航空商旅服务于一体的信用卡产品——农业银行厦航白鹭联名信用卡（见图2-4）。

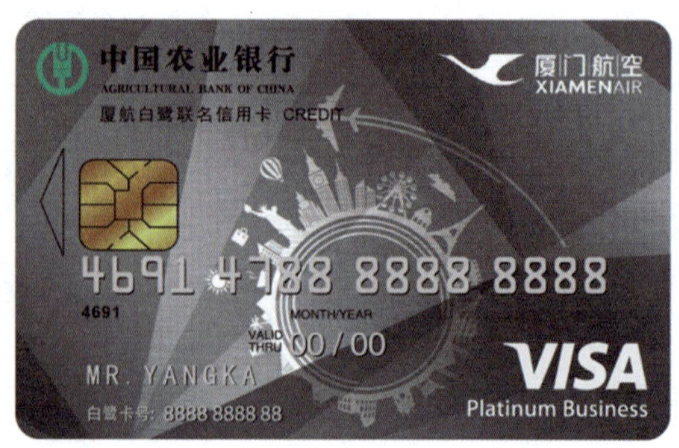

图 2-4　农业银行厦航白鹭联名信用卡

三是基于大数据的智慧生态系统成为关键。各维度大数据信息的融合和应用对于产品开发显得尤为重要。各商业银行积极整合内外部数据，特别是提升对消费者在生活场景的行为轨迹、喜好习惯等信息数据的获取、整合和挖掘能力，通过分析用户的消费心理、消费习惯，更深层次地了解用户需求，为产品和功能的开发提供决策。

光大银行与移动阅读提供商掌阅科技联合推出光大掌阅联名信用卡。该卡整合了光大银行的金融服务与掌阅的移动阅读平台资源，为持卡人提供更多的阅读及金融生活体验（见图2-5）。

图 2-5　光大掌阅联名信用卡

四是借助多元化场景和服务平台提升客户体验。随着社交网络的不断深入人心，依靠单一的产品创新将难以屹立市场潮头，须构建从消费到支付再到金融服务的完整生态圈。各家银行专注用户体验，“虚”“实”结合，借助移动互联网平台，在相应场景下推出符合客群需要的产品，打造综合性的金融生活服务平台，让金融真正融入生活场景。

娱乐——建设银行联合腾讯公司推出腾讯e龙卡。借助移动互联网平台，建立专属微信公众服务号，拓展年轻客群，提供超值彩贝积分回馈、游戏充值优惠等年轻客群关注的权益。

出行——工商银行推出汽车类信用卡手机端服务平台——工银爱（I）车卡平台（见图2-6）。

图2-6 工银爱（I）车卡平台

美食——民生银行与百度外卖联合发布“民生百度外卖联名卡”，专为“品质吃货”定制，带来便捷的品质外卖服务及专属服务（见图2-7）。

图 2-7 民生百度外卖联名卡

购物——“交通银行太平洋华润万家信用卡”是一张服务于零售客群的超市联名卡，兼具信用卡金融服务功能以及华润万家会员优惠权益。

五是细分客群需求，实现基于规模化的个性订制。个性化订制产品和服务是建立在银行对于细分客群需求的把控和资源的整合能力基础上的。各商业银行不断升级创新自身产品，围绕着目标客群推出符合不同客群需求的差异化产品供其选择；同时，持卡人对于银行卡产品的了解与自身的需求也更加明确，可根据喜好选择不同的卡版以及多样化的权益。

平安银行围绕年轻客群的喜好和需求推出“平安由你”信用卡，具有“卡面由你”“权益由你”“掌控由你”三大特点。持卡人不仅可以根据喜好在音乐、运动、动漫、节日等多种风格中选择卡面，还可以根据自身的需求挑选权益（见图2-8）。

图 2-8 平安银行“平安由你”信用卡

浦发银行推出3D打印工艺，每张卡片前期经过5道以上工序，最后由手工操作制作完成，发行了嬉皮士、反斗城、大玩家、牛仔很忙、秘密花园、日行者、梦想家多个版面系列的梦卡潮人卡（见图2-9）。

图 2-9 浦发银行 3D 打印梦卡潮人卡——梦想家

二、产品设计的发展趋势与应对

中国银行卡产品体系的不断迭代更新跟整个银行产业的发展密不可分，在这个发展进程中我们不仅可以看到银行在产品上的创新经营和思路转变，也需要进一步认识到银行在未来竞争中所需要努力改进的方向。随着互联网的迅速崛起，尤其是移动互联技术、大数据和人工智能的快速发展，为银行卡的产品创新带来了前所未有的机遇。银行业需要从传统的产品思维向金融生态思维转变，充分发挥银行自身的金融、产品、风控优势，加快理念、模式、生态创新，致力于构建具有时代影响力、变革力的网络金融生态圈。

可以预见，在互联网金融时代，银行卡产品创新将进入一个新技术、新金融、新体系、新格局不断涌现的智慧发展阶段，并将创造新的繁荣。

一是新的技术手段将催生更加智慧的产品模式。未来银行创新产品的介质可能会转变为芯片、声波或生物识别，介质会更多元化，功能也会更强大，承载于该创新介质上的银行产品创新模式也将会更加多样化和智能化。

二是基于多元化的服务平台和场景驱动的产品创新。随着社交网络的不断深入人心，未来银行卡产品创新，往往是基于某个平台或体系的大数据决策结果，融合在某个场景里面。通过数据挖掘和资源整合，银行将整合内外部数据资源，创造新的客户需求，提升客户价值创造能力。数据和资源的整合能力将成为银行的战略型资产，发挥核心竞争力作用。

三是客户体验将成为致胜关键。在移动互联网时代，科技创新带来的心理冲击和科技创新的扩散效应推动着银行客户行为发生改变。新的互动模式、新的沟通渠道将重塑客户的产品预期。未来，跨渠道、线上与线下无缝接轨的客户理念、客户体验设计、管理与灵活创新能力将成为通过产品创新获取客户忠诚度、获得市场的关键。

第二节　支付结算

随着移动互联网技术和通信技术的快速发展，以及智能终端的快速普及，银行卡支付业务发展迅猛，业务规模急速增长，但同时也面临前所未有的压力。面对激烈的市场竞争和不断变化的监管政策，商业银行坚持转型发展的总基调，从客户视角出发，不断拓宽创新支付方式，研发创新支付产品，以满足客户多元化、多场景的支付需求。

一、支付环境的规范与完善

2016年，随着移动互联网技术的兴起，第三方支付增长迅猛，支付跃升为经济新热点，市场潜力广阔。面对激烈的市场竞争和层出不穷的支付创新，银行卡产业监管思路也日益明朗，在延续规范和审慎的同时，也更多以市场化和法制化的手段来鼓励创新、防范风险，促进产业健康发展。

（一）银行卡刷卡手续费调整，支付市场进一步开放

为进一步降低商户经营成本，扩大消费，2016年3月，国家发展改革委

与人民银行联合下发《关于完善银行卡刷卡手续费定价机制的通知》（发改价格〔2016〕557号），随后4月中国银联发布了《关于发布银联卡刷卡手续费调整相关实施方案的函》，确定了境内刷卡手续费调整方案。

（二）个人银行账户分类管理制度落实，账户管理进一步规范

根据人民银行《关于落实个人银行账户分类管理制度》（银发〔2016〕302号）的要求，自12月1日起银行须进一步规范个人银行账户管理，明确Ⅰ类、Ⅱ类、Ⅲ类账户的功能、开立、变更、注销要求，并进行了相关支付额度的限定。

（三）清算市场建设加快，市场秩序进一步规范

2016年，中国人民银行等十四部门发布了《关于促进银行卡清算市场健康发展的意见》（银发〔2016〕324号），中国人民银行会同中国银行业监督管理委员会发布了《银行卡清算机构管理办法》（中国人民银行 中国银行业监督管理委员会令〔2016〕第2号），鼓励推进移动支付、互联网支付等多种创新支付模式及支付应用在各种行业的应用；引导清算市场开放，构建支持多种支付模式的清算环境，并支持清算机构依法建立多领域信息共享长效机制，为规范市场秩序、创新社会管理手段提供信息资源。

（四）受理市场建设稳步推进，实现支付便捷与安全双提高

按照中国人民银行下发的《中国人民银行办公厅关于进一步做好金融IC卡和移动金融应用工作的通知》的要求，全行业稳步推进非接受理环境的建设工作，POS终端完成非接受理改造比例大幅提高，全面提升了金融IC卡和移动金融近场支付非接受理的能力，为移动支付市场发展奠定了基础。

二、支付结算的创新与发展

伴随着监管日趋明朗，2016年商业银行纷纷进一步专注于“互联网+”下的金融创新，推出移动服务平台手机客户端APP、基于移动互联网云端技术的“云闪付”等支付服务、覆盖线上线下全场景的全新支付产品，以满足

信用卡客户场景化、移动化、综合化的支付需求。随着移动支付产品的日益创新以及新兴科技的成熟运用，支付便捷化、商业化日益成熟，各大银行纷纷推出更加便捷化、智能化、新颖化的支付结算方式，促使创新支付行业迅猛发展。

（一）APP客户端与支付业务深入结合

近几年，移动端已逐渐成为获取客户、增加消费黏性、提高与客户交互性的主战场。各商业银行顺应大众消费向移动端转移的趋势，积极拥抱移动互联网，将移动APP客户端作为重点突破口，图2-10为华夏信用卡APP。为更好地满足客户需求，商业银行纷纷整合现有支付产品，建设以支付为核心的智能服务载体，集合信用卡基础金融服务和丰富的生活服务场景，配合云闪付、二维码支付等创新移动支付介质产品，突破传统经营模式，搭建统一的、开放的APP用户体系和智能决策引擎，实现了银行互联网生态圈布局。

图 2-10　华夏信用卡 APP

（二）虚拟化支付介质产品迅猛发展

1. 移动手机支付业务竞争激烈

2月中国银联携手Apple公司以及国内多家商业银行，共同发布Apple Pay产品，在2016年开年打响了移动手机支付市场竞赛的第一枪。Apple Pay采用金融级别的安全芯片通信技术，将用户的卡片数据（Token）加密存储在芯片中，并通过手机安全运行环境（TEE）存储用户指纹信息，进一步保障用户的支付安全和用卡安全。在线下支付时，无需解锁或点亮屏幕，只需将手机靠近支持非接受理的POS终端并验证指纹，即可实现“秒付”；同时，可在线上APP内实现一键支付。同年，Apple Pay产品不断创新升级，各家银行相继上线Apple Pay线上交易小额免密的功能、Apple Pay在ATM取款功能、银行APP端加载Apple Pay设备卡等功能。图2-11为工银信用卡APP。

图 2-11 工银信用卡 APP

除Apple Pay以外，中国银联还携手各大安卓系统手机品牌厂商，基于主机卡模拟（HCE）技术及令牌（Token）技术，上线三星Pay、华为Pay及小米Pay等各类移动支付产品，使用虚拟卡号替代真实银行卡号参与到交易过程中，规避了银行卡信息在交易过程中的泄露风险。至此，移动手机支付队伍日益壮大，全面覆盖各大移动手机，形成强大的市场趋势。图2-12为平安银行MI Pay。

图 2-12 平安银行 MI Pay

2. 发展可穿戴设备支付产品

NFC移动支付市场正在经历市场培育及客户消费习惯养成的阶段，未来该市场有望得到快速发展，进而催生出智能可穿戴设备与互联网金融服务相融合的蓝海。从技术、市场环境看，目前智能可穿戴设备的技术发展及移动支付技术标准已到位。随着智能可穿戴设备与移动支付的不断融合以及智能设备的迅猛发展，具有支付功能的可穿戴设备将变得更加智能化与便捷化。这将推动未来移动支付载体逐步从智能手机向可穿戴设备转型，从“随身携带”向“解放双手”发展。

交通银行携手斯沃琪和中国银联共同合作推出斯沃琪贝拉米支付腕表，腕表内置芯片利用创新近场通信（NFC）技术，消费者直接可在具有银联“闪付”（Quick Pass）标志的POS机上完成消费、存款、取现、转账、办理网上银行和手机银行业务等金融功能。

兴业银行推出兴动力手环和佳明运动支付手表（见图2-13）。

图 2-13　兴业银行佳明运动支付手表

3．二维码支付产品标准化、规范化

2016年12月，中国银联正式推出“银联二维码支付标准”，包括《中国银联二维码支付安全规范》和《中国银联二维码支付应用规范》两个规范。银联二维码支付产品可全面支持个人间收、付款和个人向商户付款，满足客户在各类消费场景下的扫码付款需求（见图2-14）。

图 2-14 银联二维码支付

与同类产品相比，银联推出的二维码支付产品最大的优势在于实现了跨行通用，基于银联二维码支付标准，可实现各家银行的商户及手机客户端间的联网通用，为客户提供良好的支付环境。该产品中的人到人支付功能，与市面上同类产品相比，还具有资金可实时转入银行卡账户、不需要通过第三方账户过渡、对客户完全免费等优势。

（三）创新支付功能提升用卡体验

1．小额免密免签功能全面开通

2016年，各商业银行信用卡均已上线中国银联小额免密免签功能，部分银行借记卡也同步开通，客户支付体验大幅提升，这为移动支付市场的发展奠定了基础。

小额免密免签是中国银联为持卡人提供的一种小额快速支付服务。当持卡人使用具有“闪付”功能的金融IC卡或支持“银联云闪付”的移动设备，在指定商户进行一定金额（境内300元人民币，境外以当地限额为准）及以下的交易时，只需将卡片或移动设备靠近POS机等受理终端的“闪付”感应区，即可完成支付。支付过程中，持卡人不会被要求输入密码，也无需签名（见图2-15）。

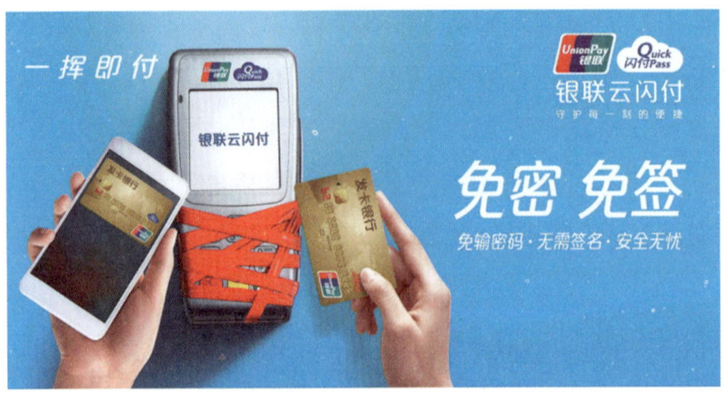

图 2-15　小额免密免签功能

2. ATM刷脸取款提高用卡趣味性

人脸识别等技术的应用，使新型支付方式不断崛起。“人脸识别技术”利用核心算法对人脸部的五官位置、脸型和角度进行计算分析，将误识率控制在较低水平，同时保证了较高的识别准确率。

招商银行推出“ATM刷脸取款”业务，客户在ATM屏幕首页点击选择“刷脸取款”功能，系统将自动抓拍现场照片，然后与银行可信照片源进行比对，验证通过后输入手机号码进一步确认身份，紧接着输入取款金额、密码，最后拿取现金，无须插卡取卡（见图2-16）。

图 2-16　ATM 刷脸取款

三、支付结算的发展趋势与应对

第一，更多样的支付方式。随着移动互联网的发展，未来银行卡产业的精细化、个性化、多元化、虚拟化、去实体化发展将成为趋势，NFC云闪付近场支付、二维码支付、智能手环、智能手表等可穿戴设备的移动支付模式将取得长足发展。AR、VR技术的进步将带来支付介质和支付方式的革命性发展，生物科学技术如人脸识别、指纹识别、声纹识别、虹膜识别等手段，也将带来全新的支付介质升级。为不断提升持卡人的支付体验，在确保支付安全、有效的前提下，商业银行应不断丰富各类支付渠道，结合新科技，实现主流移动支付媒介全覆盖，加快推动移动金融产品布局，大力发展移动支付业务，满足持卡人各种场景的支付需求。

第二，更开放的用户体验。各商业银行均可以采取构建开放性平台的策略，面向所有社会大众，树立开放的支付平台品牌形象。可以在手机端口搭建开放性平台，无论是否为本行客户，只需下载银行手机端APP均可申请注册成为APP客户，并使用支付功能，通过一户连多卡，客户既可以绑定本行卡，也可以关联他行卡，还可以关联其他渠道的开放性平台。平台要在资源整合及服务两方面下更多功夫，做强做实平台的功能，以服务客户、提升客户体验为核心目标，最终实现平台各方的共赢。同时，各家银行可以在平台中帮助客户区分主辅账户应用、在平台密闭的支付环境中有效隔离风险，提升客户体验，增加平台附加值。

第三，更丰富的支付场景。随着支付无卡化、虚拟化的发展趋势，市场上将涌现愈来愈多的创新支付场景。银行在支付场景打造上可以致力于全方位贴近客户生活，紧密契合社交生活、公共交通、网络购物等日常支付场景，联合合作方提供行业应用解决方案，全面支持线上线下交易，将支付广泛应用于地铁、停车、菜市场等客户衣食住行娱的各个方面。各家银行可以结合大量的支付场景入口，拓展各自支付业务的市场占有率；同时引流新客户，通过全场景的支付应用贴合新老客户的实际需求。

第四，更安全的支付环境。随着互联网和第三方支付的发展，银行卡犯罪事件层出不穷，支付安全日趋成为大众焦点。按照《关于促进银行卡清算市场健康发展的意见》以及人民银行下发的《中国人民银行关于加强支付结算管理防范电信网络新型违法犯罪有关事项的通知》，商业银行应从以下几方面着手：一是加快系统升级和风险排查，降低欺诈交易风险损失；二是拓展信息获取渠道，形成公安、银联、收单机构、发卡行的风险信息共享和安全支付联盟，提升全行业欺诈风险的识别和防范能力；三是优化监控规则，加强对风险卡片后续交易的监控；四是加大用卡安全的宣传力度，提高持卡人的风险意识和识别能力。银行支付业务的风控搭建将关注安全与效率的统一，在为客户提供安全又便捷的支付环境的同时要确保支付的安全，更要全面保护客户个人隐私和资金安全。

第三节　市场营销

近年来，各发卡行紧跟“互联网+”发展潮流，以大数据平台、云计算应用等为基础，竞相角逐抢占可供营销的平台资源。各发卡行通过线上获客渠道开发、交互平台搭建、客户数据画像、行业互联合作等“组合拳”出击，逐渐打破了原有的同质化的客户营销竞争模式，取而代之的是“精耕细作”的差异化竞争，精细化经营已成为银行卡营销的主流模式。

一、市场营销的创新与发展

2016年，各商业银行在客户营销上从注重“量变”逐渐转变为更加注重“质变”，形成传统网点、社区银行、电话营销、互联网新渠道、新兴支付渠道客户拓展和经营合力，开创了立体式营销的客户发展新模式。同时，借助多维消费场景开展了贴近不同客群用卡习惯的系列推广活动，市场反响良好，用户体验不断优化，用户黏度也节节攀高。

（一）营销渠道多样化

随着银行卡市场日趋饱和，依靠传统发卡渠道发行银行卡越来越难。互联网时代的兴起，尤其是移动互联网技术的发展，促使各商业银行积极投身其中，网上银行、手机银行、微信银行等成为银行新的网络发卡入口，手机、电脑、Pad等都成为新兴的网络发卡渠道。互联网特有的可移动属性为银行卡的互联网营销渠道多样化提供了平台保障。

以信用卡营销为例，2016年信用卡网申业务逐步开展，各行根据自身实际情况，充分利用微信公众号、微博、官方网站、短信、手机APP等方式，完善网上申请办卡渠道建设，加快线上获客步伐，进一步提升了信用卡的中间业务收入和发卡量。同时，各行重视对特惠商户的开发，不仅让银行的优惠、特惠服务一目了然，更让每个特惠商户都成为了一个发卡的网点。图2-17为华夏银行网络申请渠道。

图2-17　华夏银行网络申请渠道

中国银行开展总分行A+B联动商圈模式建设，分三个梯队拓展“城市地标性商圈、主要商业区商圈和网点社区微商圈、机场商圈”开展营销宣传工作（见图2-18）。

（二）营销媒介外部化

移动互联时代，商业银行积极开展跨界合作，通过异业客户引流，将合作伙伴的用户导流到银行进行银行卡申请发卡。通过加强数据共享和资源互通，探索“互联网+”情境下互利互惠的跨界融合，形成了可借鉴、可推广的跨界合作模式。线下推广与线上获客的结合，既减少了银行卡营销成本，又能为用户提供更为精准的广告信息传递，达到了迅速增加市场占有率的效果。图2-19为北京农商银行与百度钱包跨境合作营销活动。

图 2-18　中国银行 A+B 商圈联动营销

图 2-19　北京农商银行与百度钱包跨境合作营销活动

（三）营销推广场景化

场景化营销是以消费者为核心，在目标人群中深入了解不同群体的需求点，再匹配不同分类人群的应用化场景，进一步将产品的卖点切入到不同的场景中，再通过不同的内容展示形式，呈现给这些人群，让他们被场景化的内容所影响，进而发生从关注到喜爱再到购买的行为模式。图2-20为建设银行与家乐福超市购物营销活动。

图 2-20 建设银行与家乐福超市购物营销活动

2016年，各行针对不同场景的特性，制定了相应的营销推广方案，开展“应时应景”的营销活动。如，“乐享周六”“换购季”“返现季”、奥运主题营销活动等，围绕各自的品牌战略进行精准有效的宣传，在提升品牌内涵、引发广泛关注的同时提升产品知名度。图2-21为交通银行最红星期五活动。

图 2-21 交通银行最红星期五活动

（四）营销模式社交化

移动互联网时代，人们逐步形成了社交网络圈子化、资讯传播社交化、在线时间实时化的生活习惯，消费者的消费行为正逐渐被社交文化影响，从传统的广告、线下的商场到线上的社交化推荐，都会影响消费者重新选择，会直接影响到决策的改变，人们的消费不再盲从。

2016年，面对互联网社交生态圈的演变，银行卡业务把握“互联网+”的智慧营销态势，在大数据挖掘与智能化分析基础下，借助存量客户推荐新客户，推进网络营销模式的创新变革，实现了目标群体精准触达与营销。有些银行推出推荐办卡活动，如浦发银行卡的“合伙人”计划、浙商银行卡的“众筹”模式都运营得有声有色。这种推荐活动，正是借助于人际间交往的社交化趋势，利用社交圈子营销，口碑推广机制，在微信朋友圈或其他社交工具中进行分享式营销。它极大地提升了银行卡在线推广热度，让发卡变被动为主动，同时也改变了过去“扫楼”式的陌生拜访营销模式，在银行卡市场逐渐饱和的情况下，起到了很好的营销作用。图2-22为交通银行“推荐办卡”活动。

图2-22　交通银行“推荐办卡”活动

二、市场营销的发展趋势与应对

银行卡市场是一个“多边市场”，涉及了银行、商户、持卡人、卡组织等参与者。随着“互联网+”的进一步深化，互联网经济与传统经济模式的结合更为紧密，要在“互联网+”时代的产品竞争中胜出，必须摆脱传统的营销方式，抓住时代赋予的机会，加速移动化、场景化营销步伐。目前，很多银行已经开始这方面的尝试，充分利用大数据精准定位客群，实现精准营销，并取得了很好的市场效果。未来，随着大数据和金融科技（Fintech）的应用日趋成熟，基于数据科学的精准营销将成为金融同业竞相角力的主战场。

大数据在银行卡精准化营销方面能够支撑营销决策，广泛地发挥作用。商户和银行可以分析客户的消费模式并即时向客户发送定制化的营销推广，增加客户到访量和运营效率。利用大数据除了可以进行一般性的精准营销和客户维护外，还可以促进口碑传播、优化定价策略、识别客户流失的可能性、开展渠道跟踪等。

未来银行卡客户营销模式将从单一业务经验向人工智能驱动，各行应在不断探索中寻求营销突破：一是聚焦数据产品全生命周期管理，强化数据产品创新，实现快速价值变现；二是利用金融科技（Fintech），布局手机银行、智能网点，实现产品个性化推荐，提升客户营销体验；三是建立智慧营销体系，重塑客群分析方法与框架，提升中台人员的“脑力”和“心力”，打造全渠道、个性化、实时化、互动化的客户营销新模式。

第四节　客户服务

一、客户服务的创新与发展

2016年，各银行大力促进客户服务结构调整，积极进行服务手段和内容创新，深入推进智慧客服平台建设，通过建立个性化、多元化的服务体系，不断提升服务的流程化、平台化、网络化、自助化、智能化、数据化水平，持续增强客户粘度。

（一）充分运用高科技手段，提升客服的效率和体验

1. 打造便捷高效的移动智能客服

以大数据为依托，各行升级强化远程运营维护功能，通过对客户触点的归类及优化，设计更为便利的客户交互服务模式，增强场景化自助服务体验，让客户第一时间获得最想要的服务。

目前，大部分银行都实现了通过APP、微信公众号、邮件、短信等多种方式提供信息查询、产品推介、咨询解答、网点预约排队和特殊业务预约等功能，搭建了场景化、碎片化的在线服务连接方式。多家银行还开发了网银端/手机银行/微信端的智能客服，进一步提高了业务咨询办理的效率和准确率。图2-23为华夏银行手机银行版小i机器人，图2-24为中国银行手机客户端缤纷生活智能客服。

2. 客服热线和APP功能应用升级

在现有银行发卡量增长和获客能力增强的情况下，各银行科学升级客服热线和APP功能，通过优化人力资源配置、提高系统智能水平、精简整合业

务流程，实现接听率和可办理业务种类的双升级。

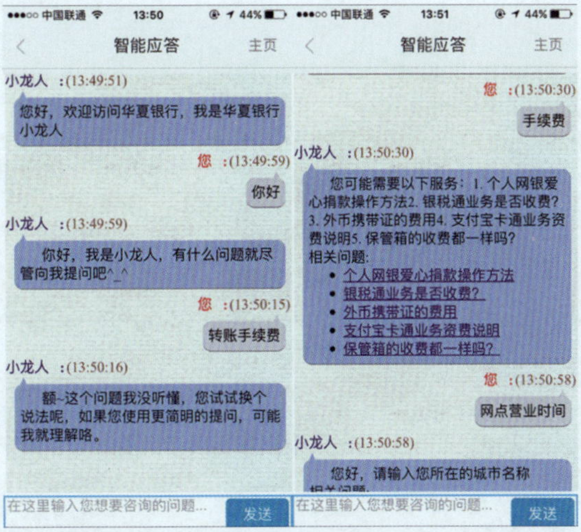

图 2-23　华夏银行手机银行版小 i 机器人

图 2-24　中国银行手机客户端缤纷生活智能客服

浦发银行和交通银行将大数据分析技术运用到传统的IVR自助渠道服务中，施行智能动态IVR服务。当信用卡客户来电时，智慧IVR会通过事先建立的客户大数据来电行为分析模型判断客户此次来电的诉求，还会结合客户目前的卡片状态、客户类别等条件，实时地向客户推荐他所需的自助语音服务，有效减少客户通话等待时长（见图2-25）。

· **大数据动态IVR功能**

图 2-25　浦发银行智能动态 IVR 服务

中信银行推出手Q可视化IVR，客户无需通过漫长的提示音等待，即可选择自己所需要的服务类型，快速进行自助查询或进入人工服务。

浦发银行信用卡客服中心创新引入身份判断工具——声纹识别功能。首创的“服务热线声纹密码”可通过声纹来判断进线客户的真实身份，用声音代替按键输入，让客户无需再牢记“数字密码”，解决了客户因遗忘或混淆密码带来的困扰（见图2-26）。

服务热线声纹密码

· **声纹密码**

图 2-26　服务热线声纹密码

（二）借助外部优质资源，改善客户生命周期管理

2016年，各银行一方面积极搭建互联网化的办卡用卡服务体系，将互联网服务商的渠道资源与银行优质的信用卡产品相结合，提升客户的办卡用卡体验；另一方面提升个性化、差异化的处理能力，针对重点客群进行客户画像、细化模型分析、抽样测试和定向维护，实现精准化的客户营销管理、额度动态管理，覆盖信用卡全生命周期各个环节。

光大银行联合京东推出了京东白条信用卡，并开放线上申卡功能（见图2-27）；农业银行通过实施信用卡额度自动化审批项目，大大缩短了提额审批周期；招商银行开启双金客群远程轻经营，以互联网运营方式，构建全新的平台化经营、数据化流程、场景化实施、规模化收获的中高端客群在线经营体系。

图2-27　光大银行与京东联合推出小白卡

（三）安全保障升级，维护客户合法权益

1. 身份识别系统升级

2016年，为有效防范电信网络新型违法犯罪，切实保护人民群众财产安

全和合法权益。各银行均升级了一系列身份核查验证技术，陆续上线了柜台销售双录系统。

建设银行在ATM 实现“刷脸”和“声纹”取款，进一步完善身份识别验证功能。中信银行和招商银行上线了手机银行的刷脸生物核身技术，同时中信银行实现了“智慧柜台远程核身”，即远程对客户身份进行审核和验证服务，可缓解客户柜台办理业务的等待时间，提高了客户业务办理时效（见图2–28）。

图 2–28　招行信用卡“掌上生活”刷脸生物核身技术

2. ATM转账撤销功能上线

各银行贯彻落实《中国人民银行关于加强支付结算管理防范电信网络新型违法犯罪有关事项的通知》（银发〔2016〕261号）的相关要求，实现了ATM转账撤销功能。

邮储银行自2016年12月1日起，通过95580客服中心根据客户ATM转账撤销交易需求，成立账务核销团队，及时撤销客户交易，同时在电话银行自助语音新增ATM行内转账撤销交易，满足客户需求。

（四）探寻客户痛点需求，做好全方位金融服务

1. 流程创新优化

为提高厅堂产能，推动厅堂服务营销智能化发展，各银行在2016年均大力推广引入智能设备，开发智慧柜台和远程柜员系统，将网点作为互联网金融的有效补充，不断提高网点智能化水平，实现产品销售和服务的标准化，

提升客户体验。

民生银行推出银行智能业务机器人1.0版，学名“ONE”，作为行业应用型专业机器人，“ONE”除了卖萌、吸引客户眼球以外，兼具了厅堂迎宾、引导分流、业务咨询、业务处理、产品营销等功能，通过人工智能和后台远程支持，将运营创新和先进科技有机结合，自身加载的业务类型近40种，基本涵盖了所有厅堂常见业务。

兴业银行于2016年全面推广了“厅堂智能服务营销一体化系统”。系统实现了厅堂客户全流量统计管理、与微信O2O平台的天地对接、柜面办理业务的精细化统计管理等功能。

北京银行围绕零售客户开卡、用卡和签约的业务办理平台，将签约流程嵌入客户开卡或借记卡激活中，实现客户一次输入业务办理信息、一次刷卡、一次输入或验证密码、一次回单打印、一次签名，整体缩减流程。

2. 响应人民银行账户分类规定，制定配套政策

各银行均在2016年根据人民银行要求，完成了账户分类管理的系统升级工作，同一客户仅能在同一家银行持有一个Ⅰ类账户。其中，江苏银行进一步落实《中国人民银行关于加强支付结算管理防范电信网络新型违法犯罪有关事项的通知》（银发〔2016〕261号）的文件精神，自2016年12月起对个人人民币本行异地存取款、转账服务项目实施减免优惠，对持本行卡在同城异地进行存取款及转账交易实行费用全免。图2-29为人民银行261号文件宣传解读微信文章截图。

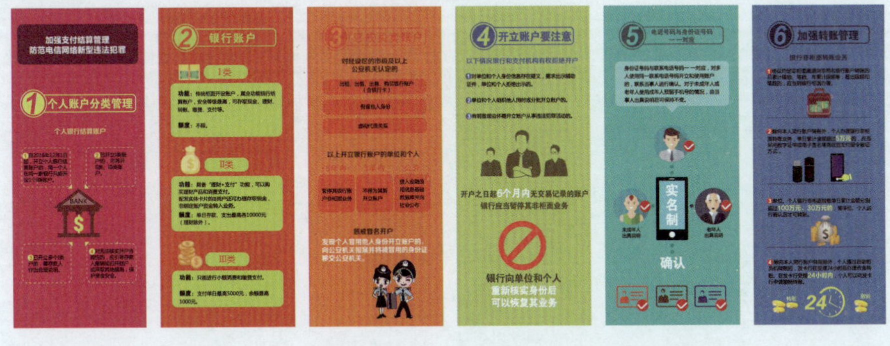

图2-29 人民银行261号文件宣传解读微信文章截图

3. 顺应客户金融需求，不断创新业务品种

各银行在理财投资、融资服务和卡片功能上均进行了升级，不断满足群众日益增长和复杂化的金融需求。

在理财类需求上，光大银行推出AAP资产配置平台，客户经理借助平台可远程为客户提供一对一专业化的资产配置规划。在融资类需求上，兴业银行社区银行推出专属的“社区贷”产品，专为社区居民和个体经营户提供消费和经营贷款支持。在卡功能上，兴业银行的“兴管家”信用卡则支持写入社区门禁信息，实现门禁卡与信用卡功能的合二为一，并具备物业费、停车费、水电费、煤气费等日常生活费用的代扣代缴功能；南京银行在新一代核心系统中增加了高端客户开卡自选号功能，可以自选个性化的卡号，满足了客户的个性化需求。

4. 提升增值服务种类及价值

各银行在经营过程中，顺应客户非直接金融需求，开展多种形式客户活动。一是借助网点渠道定期走进社区和企业举办金融安全、理财知识、儿童启蒙金融教育等专题讲座，义务宣传消费者权益保护、普及金融知识、提供免费法律顾问咨询等普惠金融宣传；二是以分行或网点为单位举办多期经济类投资讲座，提升客户专业投资能力，实现投资者教育；三是围绕客户衣食住行开展出游、阅读、义诊、慈善、游园会、广场舞、运动健身、才艺比赛和艺术品鉴赏等活动，丰富客户的文娱生活等；四是开展了多项专属个性化增值服务。

兴业银行在部分网点布设了兴业银行自主研发的盲人ATM，拥有语音导航服务和可触摸盲文功能，即便是视障人士也可以在ATM上自己取款、查询账户信息。在社区网点专设的签证代传递中心，成为“家门口的签证中心”，为客户提供代办个人旅游、探亲访友、商务等各类签证服务，减少客户奔波办证的时间与精力（见图2–30）。

浙商银行2016年推出“专车接送，来浙理财”活动，客户只需电话预约，即有免费专车接送；创新推出海外退税小秘书服务，针对多数客户对境外购物退税不清楚、语言沟通不顺畅、流程不清晰等需求痛点，搭建在线客服咨询平台，免费向广大客户提供行前须知、语言帮助、购物攻略、海外退税咨询、私人订制

海外旅游攻略等服务（见图2-31）。

图 2-30 兴业银行盲人 ATM

图 2-31 浙商银行“专车接送，来浙理财”活动

二、客户服务的发展趋势与应对

随着科技的高速发展和互联网技术的不断创新，银行卡产业客户服务将迎来一个全新的时期。从传统金融服务提供方逐步转向以高科技手段和技术为依托，以客户的个性化、差异化需求为出发点，围绕客户整个用卡生命周期的智能化客户服务管理体系。

银行卡未来将不受时间地点的制约，满足持卡人随时、随地、随心的金融需求，提供真正的金融智能化、网络化、虚拟化和个性化的客户服务。

1. 传统物理网点

传统物理网点将转型成为提供差异化和个性化服务的重要渠道。柜台基础操作人员数量将进一步减少，而具有专业化金融知识和客户服务能力的人员将成为物理网点的重要组成部分。依托于全方位的技术升级、智能化设备的全面应用和管理方式的深入变革，打造全新的营销服务类物理网点，形成分层分群的客户经营服务体系，为客户提供更加优质、高效、专业、全面的个性化金融服务。图2-32为农业银行掌银无卡取款。

图 2-32　农业银行掌银无卡取款

2. 新型服务渠道

在账户分类管理和在线开户技术日益成熟的新时期，银行卡产业客户服务将以服务客户、提升客户体验为核心，在智能化设备的大量应用和新型支付结算方式的推动下进一步升级。在确保金融安全的前提下，通过多维度、多渠道的业务受理环境，使应用场景更加丰富多元，操作流程更加简单便捷，实现客户足不出户，即可享受全流程的银行金融服务，进一步简化客户基础业务办理流程、提高业务受理效率、降低客户使用成本、提升客户体验。

第五节　风险管控

随着消费经济条件、互联技术条件、政策制度条件的日趋成熟，信用卡业务规模持续增长，与此同时，业务创新带来的市场竞争与潜在风险暴露使银行卡产业的未来发展又面临了一定程度的挑战。为保障银行卡产业持续健康发展，各商业银行积极应对，创新风险管理手段，完善风险防范体系，致力于打造安全的用卡环境，保护持卡人的信息及资金安全。

一、风险形势的变化与挑战

（一）银行卡欺诈风险趋势

随着移动通信技术的普及和互联网金融的快速发展，银行卡使用的安全面临着新的挑战。银行卡欺诈风险仍以线下伪卡盗刷①、线上账户盗用②及电信诈骗③为主，但支付手段日趋多样，特别是线上非面对面交易迅速、快捷、匿名化，使得欺诈手法不断翻新，甚至呈现出科技化、产业化、集团化和规模化发展等特点，欺诈风险管控难度加大，风险快速增长，对消费者的银行卡资金安全形成不可小觑的威胁。具体来说，主要有以下特点。

一是伪卡盗刷手法更趋专业，商户合谋案件增多。欺诈分子利用一些收单机构商户入网审核不严的漏洞，直接虚假申请商户或与商户合谋，实施

① 线下伪卡盗刷主要表现为银行卡磁条信息侧录，被犯罪分子复制伪卡并非法获取账户密码后，账户资金被POS盗刷或ATM盗取。

② 线上账户盗用主要表现为犯罪分子通过木马病毒、非法网址或链接、虚假中奖信息等手段，诱骗持卡人泄露银行卡密码、个人信息及动态验证码信息，最终由犯罪分子在互联网或手机端通过非面对面的线上支付，完成对账户资金的盗用。

③ 电信诈骗主要表现为犯罪分子通过电话、网络和短信方式，编造虚假信息，设置骗局，对受害人实施远程、非接触式诈骗，诱使受害人给犯罪分子打款或转账。

欺诈并快速转移账款。作案团伙化、专业化、规模化的特征愈发明显。伪卡犯罪团伙分工明确，分别进行出售侧录机具、侧录银行卡信息、制作伪卡、POS机盗刷套现、专业提现等不同业务，每个团伙各司其职，互相配合，犯罪产业链更显专业化。图2-33为信用卡境外消费安全宣传。

图 2-33　信用卡境外消费安全宣传

二是攻击手机移动终端，欺诈手段高科技化趋势明显。作为互联网等创新支付业务中持卡人身份信息核实、交易验证号码获取、交易提示短信接收的主要渠道，手机是欺诈分子攻击的主要目标。一方面，欺诈分子通过各种手段修改持卡人预留手机号，进而实施网络盗刷。例如，利用变号软件伪装客户预留手机致电银行客服系统修改手机号码和密码，后通过互联网发起交易购买充值卡、游戏点卡等虚拟产品并快速变现；另一方面，通过积分兑换、额度调整、退货退款等各种诱骗理由，从持卡人处骗取网络盗刷交易的交易验证号码，从而成功完成盗刷交易。近期，甚至出现了不法分子通过赠送小礼品诱骗持卡人扫描二维码，向持卡人手机植入木马程序的方式，直接截留银行发送给持卡人的短信验证码的作案手法。

三是利用第三方机构漏洞，进行批量化、规模性信息窃用。近年来，随着第三方支付业务的快速发展，第三方支付机构、外包服务商等成为不法分子攻击的对象。部分第三方机构违规留存银行卡磁条数据、敏感数据访问权限管理不善等问题突出。不法分子通过黑客技术恶意攻击第三方机构后台数据库，批量获取客户账户信息，从而谋取更大的利益。此类事件涉及范围广，具有一定的规模性，造成的影响往往比较恶劣。

此外，网络热词“撞库”“扫号”也是不法分子窃取信息的一种方式。黑客通过收集互联网已泄露的用户和密码信息，尝试批量登录其他网站，获取更多有价值的用户信息，并将这些用户名、密码等信息跟银行、支付宝账号等有价值的网站进行匹配登录。图2-34为信用卡网上消费安全宣传。

图 2-34　信用卡网上消费安全宣传

四是银行卡套现出现新手法，侦测难度加大。受资金流动性紧张、民间借贷活跃等宏观环境影响，在专业化套现犯罪团伙的推动下，信用卡套现风险已成为银行卡行业的顽疾。不法分子针对业内对套现监控的基本规律，有针对性地控制交易卡片、时间、金额、频率，蓄意规避套现监控，甚至出现不法分子利用微店套现，风险侦测难度不断加大。

（二）信用卡信用风险趋势

除了欺诈风险高发给银行卡风险管控带来的挑战之外，2016年，信用卡发卡行在信用风险管理方面也面临着新的问题和挑战。

一是宏观经济增速趋缓，风险管控压力不减。随着宏观经济增速回落，部分区域信贷风险暴露；产业结构深化调整影响部分持卡人群体偿债能力下降，如劳动密集型产业、产能过剩调整行业从业人员收入和资产波动较大，还款能力受到影响。此外，部分私营民营企业经营困难，信贷资金紧张，企业主持卡人套取信用卡资金用于生产经营，经营风险向信用卡业务渗透。

二是互联网金融与支付创新层出不穷，信用卡风险管理面临新形势下的挑战。产业系、电商系、互联网金融平台等迅速抢占消费场景，第三方机构产品和模式形式多样、授信增长势头强劲，市场竞争与潜在风险进一步深化。由于不同平台之间的征信信息共享机制尚未成熟，个人信用客户交叉违约风险呈放大趋势，各发卡机构在精准授信、审批以及催收工作等环节面临挑战。

二、风险防范体系的建设与完善

面对新形势下的挑战，银行卡产业各方主体积极应对、监管机构完善制度体系、行业协会落实自律规范、发卡行加强风险联防联控，创新风险管理手段，共同努力打造健康规范的市场环境。

（一）完善制度体系建设，建立联防联控机制

1. 完善银行卡安全保障制度建设，重拳打击电信诈骗

2016年人民银行出台《中国人民银行关于加强支付结算管理 防范电信

网络新型违法犯罪有关事项的通知》（银发〔2016〕261号）要求进一步加强银行卡风险管理；2015年12月中国人民银行发布了《关于改进个人银行账户服务加强账户管理的通知》，建立了个人银行账户分类管理机制，有效遏制买卖账户和假冒开户的行为；最高人民法院、最高人民检察院、公安部、工业和信息化部、中国人民银行、银监会六部门于9月联合发布了《防范和打击电信网络诈骗犯罪的通告》，坚决多手段打击职业电信诈骗，加大惩戒力度，有利于银行卡产业的健康发展。

2. 规范信用卡市场环境，推动风险管控体系建设

监管机构就利率市场化、风险定价、账户分类机制等行业制度进一步规范，推动商业银行建立有效的信用卡业务经营和风险管控体系，也对信用卡业务系统、制度建设、风险偏好工具、精细化管理方法和水平提出了更高要求。一是在利率市场化推动下，信用卡盈利模式将逐步由规模溢价向风险溢价转变，对信用卡客户及其信用状况和产品运行状况识别、分析监控、计量工具创新、催收处置能力都提出了更高要求。二是新金融工具会计准则将于2018年实施，采用了前瞻性的“预期损失模式”方式计算风险拨备，对信用卡表内外资产的资产减持计量提出更高要求。

3. 夯实各方风险联控机制，搭建风险管控的一体化平台

各银行持续加强与银监会、人民银行等相关监管部门的沟通合作，建立与最高人民法院相关部门的定期沟通机制，在安全宣传、风险信息共享及风险事件协查等方面建立联防联控工作机制。借助中国银行业协会、同业联席会议、银行卡组织等平台，针对前沿业务深入探讨研究，规范行业标准，设立风险提示制度，积极落实人民银行要求，实行借记卡ATM转账24小时后到账。通过多方共同努力，行业主要风险保持可控，形势整体向好。

（二）探索新技术手段应用，提升风险管理专业化水平

互联网时代的到来，加速了银行卡产业的转型升级。各发卡行近年来积极提高风控技术水平，增强过程管理能力，特别是深挖大数据的应用价值，探索大数据在信用卡风险识别、计量和控制方面的应用，有效提升了风险管理的智能化和精细化水平。

1. 利用新技术手段加强风险管控

各银行利用客户行为分析、信用度分析、资产负债分析等信息，研发和引入新的风险模型，采用大数据技术和机器学习算法，实现潜在风险客户有效预判，交易伪冒实时侦测，额度动态有效管理，构建更加完善的风险管理体系。

建设银行积极推出“龙卡安心用”防盗刷权益产品，与商业保险公司合作，以境内外48小时失卡保障为核心叠加交易短信通知，为客户提供防盗刷保险服务。同时，研发采用神经网络交易欺诈评分，通过大数据风控技术构建由千余组变量组成的客户交易行为档案，多维度综合分析交易行为，防范交易欺诈风险。

民生银行推出“安全账户”产品，由客户通过手机银行等渠道自助设定交易时间、地点、金额、渠道等交易控制，实现了对个人账户支付风险的有效管控，能有效拦截大部分伪卡交易和无卡支付盗用，同时上线账户安全险，不能拦截部分可由保险赔付，大大减少了客户资金被盗刷的风险，显著增强客户资金的安全性（见图2-34）。

图 2-35　中国民生银行“安全账户”产品

2. 通过资产证券化创新不良资产处置方式

不良资产证券化试点开展以来，在中国人民银行、中国银行业监督管理委员会的大力支持和指导下，工商银行、建设银行、招商银行积极开展信用卡不良资产证券化业务，拓宽不良贷款处置新通道，缓解经营压力，取得了良好效果。

5月，招商银行发行了一单信用卡不良资产证券化产品——和萃2016年第一期不良资产支持证券，规模为2.33亿元。这是我国资产证券化历史上首单以零售类不良贷款作为基础资产的资产支持证券产品，其入池资产都为信用卡个人消费类不良贷款；12月，工商银行成功发行工元2016年第二期信用卡不良资产支持证券，发行规模3.51亿元；12月，建设银行成功发行建鑫2016年第三期信用卡不良资产支持证券，发行规模4.74亿元。

3. 多渠道完善催收策略

各银行充分利用公安协催、司法协催等外部资源，搭建多条失联查核、催收渠道，并利用技术手段持续进行催收系统创新，最大程度做好资产清收工作。

广发银行引入智能语音催收平台，开展智能人工催收；民生银行积极建立自催平台、司法催收平台、委外催收平台、政策支持平台等，推行息费减免分期客户救助政策，并通过支付令、大额房产账户民事诉讼等催诉结合方式，最大程度回收逾期账户欠款（见图2-36）。

图2-36 广发银行智能语音催收平台

4. 升级客户信息保护功能

各银行升级保护来电及信用卡寄送过程中客户的个人信息，从源头把好信息安全关。

浦发银行信用卡推出“虚拟手机号”功能，在为客户寄送信件时不再显示客户真实的手机号码，而是用一个动态的虚拟号代替；民生银行推行非预留电话进线IVR交互式动态语音验证功能，设置周期性多次致电提醒、账户争议及处理提醒、修改手机号客户进线提醒等多项风险业务提示，帮助在线操作人员及时有效地预防风险进线。

三、新形势下风险防控应对策略

（一）持续完善信用卡相关产业链规范

随着行业监管经验的积累，迫切需要制定一部专门规范信用卡市场行为的法律或法规，将当前分散在《商业银行法》《民法通则》《合同法》《刑法》以及相关司法解释、现有《银行卡业务管理办法》等相关规章制度中的条款加以统筹梳理。特别是建议进一步完善新兴支付等信用卡相关产业链法律规范，在市场参与主体地位、支付管理规范、风险防范责任等方面进一步丰富，营造一个规范健康的经营环境。

（二）积极主动寻求风险与收益的平衡，实现从控制风险向经营风险的转变

各银行要以风险可控前提下的效益最大化为目标，优化各项经营管理策略，紧跟利率市场化趋势，建立风险和价值的二维评价模型，提升各行核心市场竞争力。

（三）提升风险大数据应用能力，加强管理工具创新

各银行要充分发挥自身在金融数据领域中的积累，积极探索新兴风险管理技术应用，完善风险计量工具和管理体制，加快应用与迭代更新速度，细化模型设置，加强风险细分和预测能力，有效提升风险精细化管理能力。

（四）进一步防范经营风险向信用卡行业渗透

各银行要紧跟外部形势，主动防范重点行业和地区的客群风险上升态势，密切跟踪和评估持卡人的风险承载能力，加强潜在风险预警和防范化解力度，强化贷后催收手段，有效防范经营风险向信用卡行业渗透。

（五）积极参与征信体系建设

各银行要充分依托国家金融信用信息基础数据库，提升信用风险管理水平。积极获取持卡人在互联网金融平台等其他领域的信用信息，防范多头授信及个人违约风险。健全守信激励和失信惩戒机制，推动建立有序、完善的征信体系。

（六）加强产业各方主体合作及联防联控

各银行要深化与互联网企业、电信运营商、公安、司法等机构间的合作，通过联防联控，积极应对电信诈骗、恶意逃避催收等的蔓延态势。在案件监测预警、执法协作等环节加强与公安部门联动，在资产保全环节加强与司法部门合作，共同打造安全的用卡环境。

第六节　法制建设

2016 年是中国银行卡产业转型发展的重要一年。国际经济环境低迷，我国经济缓中趋稳、稳中向好，下行压力持续，银行业经营面临巨大挑战。在这一年，为推动我国银行卡产业健康有序发展，促进市场竞争，激发市场创新活力，人民银行、银监会等监管部门加快了监管制度的建设步伐，加大了监管力度，促进了市场健康有序发展，进一步规范了银行卡产业的发展走向，提升了银行卡产业的经营活力。

一、调整刷卡手续费率，支持实体经济发展

为进一步降低商户经营成本，扩大消费，引导银行卡经营机构提升经营管理水平和服务质量，增强竞争力，促进我国银行卡产业持续健康发展，2016年3月，国家发展改革委、人民银行针对实行了多年的政府统一定价进行改革，印发了《关于完善银行卡刷卡手续费定价机制的通知》，调整后的刷卡手续费政策于2016年9月6日起正式实施（见表2-1）。

表 2-1　2016 年银行卡刷卡手续费定价调整情况

	商户类别	发卡行服务费	银行卡清算组织网络服务费	收单服务费基准价
调整前	1. 餐娱类：餐饮、宾馆、娱乐、珠宝金饰、工艺艺术品、房地产及汽车销售	0.9%，其中，房地产和汽车销售封顶60元	1.03%，其中，房地产和汽车销售封顶10元	0.22%，其中，房地产和汽车销售封顶10元
	2.一般类：百货、批发、社会培训、中介服务、旅行社及景区门票等	0.55%，其中，批发类封顶20元	0.08%，其中，批发类封顶2.5元	0.15%，其中，批发类封顶3.5元
	3.民生类：超市、大型仓储式卖场、水电煤气缴费、加油、交通运输售票	0.26%	0.04%	0.08%
	4.公益类：公立医院和公立学校	0	0	按照服务成本收取
调整后	不区别商户收费	借记卡不超过交易金额的0.35%，单笔收费金额不超过13元；贷记卡不超过交易金额的0.45%，不实行单笔收费封顶控制	不区分借、贷记卡；不超过交易金额的0.065%，由发卡、收单机构各承担50%；单笔交易的收费金额不超过6.5元	实行市场调节价，由收单机构与客户协商确定具体费率
	非营利性的医疗机构、教育机构、社会福利机构、养老机构、慈善机构刷卡交易	全额减免	全额减免	——
	超市、大型仓储式卖场、水电煤气缴费、加油、交通运输售票商户	暂基本维持不变	暂基本维持不变	——

本次政策调整以推进市场化改革和降费减负为导向，涉及调整政府定价管理范围、方式，取消商户行业分类定价，实行借、贷记卡差别计费等多项内容，从总体上较大幅度降低了费率水平。

一是降低发卡行服务费费率水平。发卡行服务费不区分商户类别，实行政府指导价、上限管理，并对借记卡、贷记卡（通常指信用卡）差别计费。费率水平降低为借记卡交易不超过交易金额的0.35%，贷记卡交易不超过0.45%。

二是降低网络服务费费率水平。网络服务费不区分商户类别，实行政府指导价、上限管理，分别向收单、发卡机构计收。费率水平降低为不超过交易金额的0.065%，由发卡、收单机构各承担50%（分别向发卡、收单机构计收的费率均不超过交易金额的0.0325%）。

三是调整发卡行服务费、网络服务费封顶控制措施。发卡行服务费借记卡交易单笔收费金额不超过13元，贷记卡交易不实行单笔收费封顶控制；网络服务费不区分借、贷记卡，单笔交易的收费金额不超过6.5元（分别向收单、发卡机构计收时，单笔收费金额均不超过3.25元）。

四是对部分商户实行发卡行服务费、网络服务费费率优惠措施。对非营利性的医疗机构等用户实行发卡行服务费、网络服务费全额减免；对与人民群众日常生活关系较为密切的超市等商户，在本次刷卡手续费调整措施正式实施起2年的过渡期内，按照费率水平保持总体稳定的原则实行发卡行服务费、网络服务费费率优惠。

五是收单服务费实行市场调节价，由收单机构与商户协商确定具体费率。

此次刷卡手续费政策调整，主要降低了商户经营成本，不涉及向持卡消费者收费。实施后，竞争较为充分的收单环节服务费实行市场调节价，有利于发挥市场机制作用，保持费率水平合理稳定，促进收单机构不断创新服务方式、提高服务质量；餐饮等行业商户贷记卡、借记卡交易发卡行服务费、网络服务费费率合计可分别降低53%～63%，百货等行业商户可降低23%～39%；超市等商户将通过实行优惠措施在改革过渡期内保持费率水平总体稳定。初步测算，各类商户每年合计可减少刷卡手续费支出约74亿元，有利于改善商户经营环境，支持实体经济的有序发展。同时，将在扩大银行卡刷卡交易覆盖范围和交易规模、拉动消费、促进商贸流通和银行卡产业健康发展等方面发挥积极作用。

二、推进利率市场化改革，促进信用卡转型升级

为深入推进商业银行改革，充分发挥金融市场的功能，完善信用卡业务市场化机制，满足社会公众日益丰富的信用卡支付需求，提升信用卡服务质量，2016年4月，中国人民银行发布《关于信用卡业务有关事项的通知》（以下简称《通知》），于2017年1月1日起施行。

《通知》顺应当前信用卡产业发展的新形势，以改进信用卡服务和保障消费者合法权益为核心，统筹兼顾业务创新需求和防范市场风险，科学把握政府与市场的关系，从推进信用卡利率市场化、减少信用卡息费规则相关行政干预、优化信用卡预借现金服务、规范信用卡交易信息、保障持卡人合法权益等方面作出制度安排，旨在引导发卡机构建立健全多样化、差异化、个性化的信用卡产品与服务体系，促进信用卡产业转型升级。

《通知》取消了现行统一规定的信用卡透支利率标准，实行透支利率上限、下限区间管理，提升发卡机构信用卡利率定价的自主性和灵活性。规定对信用卡透支利率实行上限和下限管理，透支利率上限为日利率万分之五，透支利率下限为日利率万分之五的0.7倍。信用卡透支的计结息方式，以及对信用卡溢缴款是否计付利息及其利率标准，由发卡机构自主确定。

《通知》取消了关于透支消费免息还款期最长期限、最低还款额标准以及附加条件的现行规定，明确持卡人透支消费享受免息还款期和最低还款额待遇的条件和标准等，由发卡机构自主确定。取消滞纳金，由发卡机构和持卡人协议约定违约金；取消超限费，并规定发卡机构不得对服务费用计收利息。

《通知》优化了信用卡预借现金业务管理机制，清晰界定了现金提取、现金转账和现金充值等预借现金业务类型，配套制定改进服务、规范管理相关要求。规定持卡人通过ATM等自助机具办理现金提取业务，每卡每日累计不得超过人民币1万元；持卡人通过柜面办理现金提取业务、通过各类渠道办理现金转账业务的每卡每日限额，由发卡机构与持卡人通过协议约定；

发卡机构可自主确定是否提供现金充值服务，并与持卡人协议约定每卡每日限额。发卡机构不得将持卡人信用卡预借现金额度内资金划转至其他信用卡，以及非持卡人的银行结算账户或支付账户。持卡人通过ATM办理预借现金提取业务的每卡每日累计限额由人民币2 000元提高至人民币1万元。允许向本人银行结算账户、本人支付账户办理现金转账、现金充值，发卡机构应基于风险可控、商业可持续原则开展相关业务。

此外，《通知》着重强调信用卡交易信息的真实性、完整性、可追溯性，从明确发卡机构信息披露责任、改进非本人交易处理和持卡人损失补偿等方面强化持卡人权益保障机制。

三、推进清算市场开放，构建良好竞争环境

为扩大金融开放，加快推动国内银行卡市场和支付市场创新发展，落实国务院《关于实施银行卡清算机构准入决定》，依法有序推进银行卡清算市场开放，规范银行卡清算机构管理，促进银行卡清算市场健康发展，2016年6月，人民银行会同银监会发布《银行卡清算机构管理办法》（以下简称《办法》），并于发布之日起实施。

《办法》结合银行卡清算机构业务特点和运营模式，在机构设立、业务专营、交易处理、信息传输、资金清算、基础设施管理、金融信息安全、反洗钱和反恐怖融资等方面提出了明确要求。有利于保持银行卡清算在银行卡产业中的独立性，确保业务基础设施的安全、稳定和高效运行，防范业务和运营风险，保障个人信息安全和国家金融安全。

《办法》宗旨之一就是营造公平的市场竞争环境，实现国内银行卡清算市场参与主体多元化，提升现代服务业，优化消费环境。《办法》强调，银行卡清算机构应当在境内建立符合国家及行业相关金融标准、安全要求的银行卡清算业务基础设施，满足国家信息安全等级保护要求，使用经国家密码管理机构认可的商用密码产品，确保其安全、稳定和高效运行。不得将业务处理系统、风险管理系统、差错处理系统、信息服务系统及灾备系统等核心业务系统外包。

《办法》的发布和实施有助于培育银行产业公平竞争的市场，提升我国银行卡清算服务水平，构建良好的产业生态体系，促进产业整体和各参与方持续、稳健发展，有利于加快我国支付服务市场的改革和创新转型，充分发挥银行卡拉动居民消费、促进经济增长的积极作用。

四、实行账户分类管理，维护良好用卡环境

近年来，电信网络诈骗日益呈现出产业链化、高科技化、多渠道化的发展趋势，严重危害人民群众财产安全和合法权益，已成为当前影响群众安全和社会和谐稳定的一大公害。2016年9月，国务院召开打击治理电信网络新型违法犯罪工作部际联席会议第三次会议暨深入推进专项行动电视电话会议，对进一步做好打击治理工作提出新的更高要求。同日，中央综治办联合最高人民法院、最高人民检察院、工业和信息化部、公安部、人民银行和银监会发布《关于防范和打击电信网络诈骗犯罪的通告》（以下简称《通告》），就打击治理工作作出周密部署。

为贯彻落实中央领导的重要指示批示精神、国务院工作部署要求和《通告》，人民银行深入分析了当前电信网络诈骗中支付环节存在的主要问题，于2016年9月研究制定了《中国人民银行关于加强支付结算管理防范电信网络新型违法犯罪有关事项的通知》（以下简称《通知》），从加强账户实名制、加强个人支付信息安全保护、建立个人资金保护长效机制等方面采取有效措施，筑牢金融业支付结算安全防线。

《通知》规定，商业银行为个人开立银行结算账户的，同一个人在同一家银行(以法人为单位，下同)只能开立一个Ⅰ类户，已开立Ⅰ类户，再新开户的，应当开立Ⅱ类户或Ⅲ类户。银行对本银行行内异地存取现、转账等业务，收取异地手续费的，应当自《通知》发布之日起三个月内实现免费。个人使用的银行结算账户将形成以Ⅰ类户为主，Ⅱ类、Ⅲ类户为辅的账户体系。

Ⅰ类户是全功能账户，可以办理存款、转账、消费缴费、购买投资理财产品等，使用范围和金额不受限制。个人的工资收入、大额转账、银证转

账，以及缴纳和支付医疗保险、社会保险、养老金、公积金等业务应当通过Ⅰ类户办理。Ⅱ类户可以办理存款、购买银行投资理财产品、消费缴费等。Ⅲ类户主要用于网络支付、线下手机支付等小额支付，可以办理消费缴费。

同时，鉴于个人在一家银行只能开立一个Ⅰ类户，为方便个人异地生产生活需要，《通知》要求银行对本行行内异地存取现、转账等业务，收取异地手续费的，应当自《通知》下发之日起三个月内实现免费，以降低个人支付成本。

《通知》要求银行应当对2016年12月1日前同一个人开立多个Ⅰ类户的情况进行排查，核实个人开立多个账户的合理性。个人开户数量较多的，银行应该要求个人作出相应说明。个人无法说明合理性的，银行应当引导个人归并冗余的账户，或者采取降低账户类别等措施，帮助个人合理存放资金，保护资金安全。

据公安机关反映，电信网络新型违法犯罪中近一半受害人大多在完成转账后的较短时间内会意识到上当受骗，但资金已经转出，并被不法分子立即转移。针对此种情况，《通知》规定，自2016年12月1日起，除向本人同行账户转账外，个人通过自助柜员机转账的，发卡行在受理24小时后办理资金转账，个人在24小时内可以向发卡行申请撤销转账。这一措施是特定阶段、特殊情况下采取的针对性措施，有助于将资金阻截在被诈骗分子转移之前。《通知》还要求银行在自助柜员机具办理转账业务中增加汉语语音提示，通过文字、标识、弹窗等设置防诈骗提醒，在非汉语操作界面中对资金转出等核心字段必须提供汉语提示。

五、整顿非银支付机构，优化支付市场环境

为促进支付服务市场健康发展，切实防范支付风险，严查市场违规行为，净化市场环境，按照安全与效率兼顾、鼓励创新与规范发展相结合，中国人民银行会同13个部委，于2016年10月制定并印发了《非银行支付机构风险专项整治工作实施方案》（以下简称《方案》）。

专项整治工作的重点内容，一方面是开展支付机构客户备付金风险和

跨机构清算业务整治，包括加大对客户备付金问题的专项整治和整改监督力度，建立支付机构客户备付金集中存管制度，逐步取消对支付机构客户备付金的利息支出，规范支付机构开展跨行清算行为，按照总量控制、结构优化、提高质量、有序发展的原则，严格把握支付机构市场准入和监管工作；另一方面是开展无证经营支付业务整治，排查梳理无证机构名单及相关信息，并根据其业务规模、社会危害程度、违法违规性质和情节轻重分类施策，整治一批典型无证机构，发挥震慑作用，维护市场秩序。

《方案》要求非银行支付机构不得挪用、占用客户备付金，客户备付金账户应开立在人民银行或符合要求的商业银行。人民银行或商业银行不向非银行支付机构备付金账户计付利息，防止支付机构以“吃利差”为主要盈利模式，理顺支付机构业务发展激励机制，引导非银行支付机构回归提供小额、快捷、便民小微支付服务的宗旨。要求非银行支付机构不得连接多家银行系统，变相开展跨行清算业务。非银行支付机构开展跨行支付业务应通过人民银行跨行清算系统或者具有合法资质的清算机构进行。

《方案》还要求开展支付业务的机构应依法取得相应业务资质，不得无证经营支付业务，开展商户资金结算、个人POS机收付款、发行多用途预付卡、网络支付等业务。

《方案》的出台，强化了支付机构坚持服务电子商务发展和为社会提供小额、快捷、便民小微支付服务的宗旨，坚守支付中介的定位和职能，同时清理整治无证机构，遏制市场乱象，优化市场环境。

业界聚焦

IBM：
2016年信用卡支付科技创新回顾与展望

科技创新是支撑信用卡业务创新的重要基础，也是信用卡市场竞争及发展的必然要求。2016年是信用卡市场转型不断深化的一年，信用卡支付快速向移动化、场景化发展；互联网金融企业的竞争日益激烈；消费金融业务异军突起，成为未来信用卡的重要业务增长点。与此同时，2016年信用卡支付创新也层出不穷，以适应未来信用卡产业的转型升级。

一、2016年信用卡支付创新概览

（一）支付移动化、场景化

信用卡支付介质正在经历从传统卡片到各类移动设备（手环、手机、手表、PAD等）的转换，持卡人的支付方式逐渐从刷卡变成挥卡、扫码，等等。例如，工商银行在2016年度便构建了包括三星Pay、华为Pay、小米Pay等产品在内的手机信用卡产品体系，并且大力发展工银二维码业务；广发银行则推出了具有空中发卡、空中充值等功能的智能支付手环。

从受理终端来看，信用卡支付的受理终端也在逐渐从仅支持刷卡插卡的传统POS向同时接受传统银行卡、各类移动设备、二维码的智能终端转变。拉卡拉、微智全景、新大陆等厂商均已推出自己的智能POS产品，以满足各类移动支付快速增长的需求。

目前，移动支付领域的主要技术包括NFC、HCE、Token（令牌）等。2015年末，中国银联联合二十余家商业银行共同发布了融合NFC、HCE、TSM、Token等技术的“云闪付”应用，全面支持Apple Pay、三星Pay、华为Pay、小米Pay等产品。作为云闪付体系的补充，中国银联又在2016年12月推出了二维码支付标准，对二维码产品的安全规范及应用规范进行了规定。

支付移动化是场景化的基础，支付场景化也是促进支付移动化逐步深入的推动力量。随着移动支付技术的发展，支付不再仅仅是局限在各类实体金融机构、实体商家的低频行为，而是贯穿消费者7×24小时生活的、无处不在的金融服务。目前，移动支付已经覆盖了出行、购物、餐饮、外卖、娱乐等主要领域，并在不断向其他生活场景逐步渗透。

（二）支付安全的智能化保障

随着支付向生活的不断渗透以及欺诈技术的不断变化，支付安全也成为信用卡科技创新的重要领域。在过去一年中，支付安全领域的发展主要体现在两个方面：前端的生物识别以及后台基于人工智能/大数据的反欺诈。

在传统支付过程中，识别持卡人身份的主要方式是通过密码及签名等手段。但是随着支付移动化、场景化的发展，小额高频交易日益增长，一方面要求支付的认证识别功能具有更大的灵活性，另一方面由于受理终端及网络环境的日益复杂，对于移动支付的安全性也有了更高的要求。因此，包括指纹识别、人脸识别、掌静脉识别、声波识别、虹膜识别等各类生物识别技术逐步进入试验及商用推广阶段，为移动互联时代的支付服务提供更加灵活可靠的安全保障。

除前端的生物识别技术以外，各类金融机构也在探索利用人工智能及大数据等技术进行交易反欺诈的分析处理。例如，光大银行研发的“滤镜”产品可以综合运用社交网络、路径算法、文本分析等大数据技术，对企业客户信息进行全面分析，实现风险的动态预警管理。

（三）新兴科技应用

2016年是区块链技术及应用快速发展的一年。在过去几年中，区块链技术在各类面向个人客户的应用中得到了大量实践，例如比特币、以太坊等。2016年，区块链技术开始逐步进入金融监管机构和银行的视野，企业级区块链技术及应用逐渐成为关注的焦点。例如，人民银行对基于区块链的数字票据交易平台进行了测试，并正式成立了数字货币研究机构；招商银行已经将区块链技术应用于全球现金管理领域的跨境直联清算、全球账户统一视图、跨境资金归集等三类场景。

目前，在信用卡领域，区块链的应用主要聚焦在积分平台。例如，中国银联电子支付研究院于2016年9月与IBM一同演示了基于区块链技术的跨行共享奖励积分功能；江苏银行也基于区块链的积分使用及清算场景进行了探索，并建立了相关课题的博士后流动站，对区块链在金融服务中的应用进行进一步研究。

二、信用卡支付发展趋势分析

科技创新服务与业务创新相辅相成。因此，科技创新离不开对业务及市场发展趋势的洞察。未来，信用卡支付的发展主要会以提升客户体验为核心，围绕场景化支付、消费金融两大业务线展开，主要体现在如下方面。

一是信用卡支付的移动化和场景化将会进一步发展深化。一方面，互联网及其他行业的竞争者会依托自身的客户优势或者平台优势，争夺流量入口、拓展场景支付版图；另一方面，传统金融机构也将进一步提升自身在场景化支付中的能力，例如，建设完善自身的场景化支付平台、打造场景化支付生态圈。

二是客户体验对支付业务发展的影响日益增强。随着支付移动化、场景化发展，提升客户体验一方面是支付与生活融合、成为7×24小时触手可及的金融服务的内在需求，另一方面也是面对互联网金融企业激烈竞争的外在需求。如何提升支付产品的易用性、灵活性，如何提升全生命周期的客户服务和客户体验，是各类金融机构在未来竞争中需要思考的关键问题。

三是消费金融将成为未来信用卡业务发展的重要支撑。结合对目前信用卡盈利模式的观察，随着手续费定价改革的正式实施以及利率市场化的深入推进，未来信用卡业务发展不再主要依靠传统回佣等收入，包含分期业务、消费信贷业务在内的消费金融业务，将进一步发展成为信用卡业务利润增长的发动机。目前，国内主要银行卡中心均已推出消费金融产品，未来需要在产品完善优化、消费金融产品推广营销等方面进行进一步的发展提升。

四是支付安全、风险及合规成为各方关注重点。随着业务及市场发展，各类金融机构需要更加关注支付安全、风险及合规。首先，监管机构对于支付相关的法规、标准及规范在不断发展和完善，因此，金融机构需要能够对相关监管要求进行灵活及时的响应，满足监管合规要求；其次，随着支付移动化、场景化的快速发展，支付场景、受理终端和网络环境都日益复杂，对支付安全提出了更高的要求；最后，随着消费信贷的快速发展，如何控制随之而来的信用风险，是未来金融机构风控体系需要面对的挑战。

三、信用卡支付创新展望

结合目前信用卡支付创新现状以及信用卡市场发展趋势，我们认为如下科技创新方向对于提升金融机构在未来支付领域的竞争力具有重大意义。

其一，大数据在营销及风险管理方面的应用。首先，支付的移动化、场景化一方面为金融机构提供了更广泛更全面的客户及交易数据，另一方面也对数据分析提出了更高要求，需要提升数据分析水平来优化各类场景支付的产品及体验。其次，为了实现消费信贷业务的快速健康发展，需要通过对海量客户及交易数据的挖掘分析，探索如何实现新客户（非本行持卡人）和交易客户（未购买消费信贷产品的本行持卡人）向信贷客户的转化。最后，在支付场景化的背景下，需要综合利用各种业务场景下的各类数据，完善客户在不同场景下的综合画像，实现覆盖贷前、贷中、贷后的闭环风控，提升风控管理能力。

目前，各金融机构在利用结构化数据进行客户画像建模方面已经做了大量的工作，但是对各类传统及新兴渠道非结构化数据（自然语言、图片、语音、视频等）的分析和利用非常有限，然而这些数据对于完善客户画像、增强对客户的洞察也具有重要意义。如何充分利用各类非结构化数据增强客户洞察，也是金融机构可以探索的方向之一。

其二，客户服务智能化。随着业务场景的不断拓展和细化，以及各类消费信贷业务的持续发展，如何为广大用户提供更便捷快速的客户服务，如何优化客服资源配置、为高净值客户提供高质量客户服务，是未来金融机构需要思考的问题，也是科技创新助推业务发展的发力点之一。金融机构可以综合运用大数据分析及人工智能技术，利用微信公众号、手机/平板应用、呼叫中心等新兴及传统渠道，为持卡人提供智能化、自动化的客户服务，从而减轻客服人员压力、优化客服资源配置。

其三，风险管理智能化、实时化。目前，各主要银行在信用卡反欺诈领域都先后进行了从准实时到实时的升级完善，未来在信用卡反欺诈领域还可以对下述方向进行探索，来实现欺诈损失的进一步降低以及客户用卡体验的优化提升：（1）综合利用人工智能技术，控制反欺诈系统误判率。误判率是影响持卡人用卡体验的重要指标，在准实时阶段由于不进行实时阻断，所以对误判率要求不高，但是在部署实时反欺诈系统过程中，金融机构就需要对误判率进行关注，并通过部署方式优化以及人工智能技术等多种途径，控制误判率对用卡体验及客户满意度的影响。（2）规则的智能化更新。传统反欺诈产品大多基于神经网络技术，模型更新较慢，且需要大量依赖原厂商，因此，很多银行采用了神经网络模型加规则库的方式来提升反欺诈的灵活性。然而，业务人员利用各类统计分析工具手工计算规则需要大量精力和时间，可能很难快速识别复杂欺诈模式。因此，如何利用人工智能技术提升模型和/或规则库对新欺诈模式的响应能力，也是未来信用卡反欺诈领域可以进一步优化提升的方向。

此外，支付领域还有一些技术创新目前还在试验阶段，但是有可能会对未来信用卡业务产生较大影响，值得进一步关注与探索（见图1）。

一是基于物联网的万物支付。物联网是推动支付智能化、全流程自动化的重要技术。基于物联网的万物支付可以进一步丰富支付介质，并提升客户的支付体验。例如，在采用万物支付的智能加油场景中，联网汽车可以直接与油泵进行交互，油泵自动计算所需汽油数量及费用。联网汽车的零部件在需要更换时，也会自动向驾驶员进行提示。目前Visa正在与IBM合作探索基于Watson物联网平台的电子支付，随着万物支付技术与应用的不断成熟发展，将进一步推动支付与生活的深度融合，为支付业务的发展打开全新的想象空间。

二是区块链及数字货币。目前，区块链在信用卡领域仍然以积分为主要应用方向。但是随着人民银行对相关技术与规范的研究，以及银行业对信用卡领域区块链应用的不断探索，未来区块链及数字货币技术可能会出现具有重大影响力的应用或者业务场景。因此，建议各金融机构对区块链及数字货币领域保持关注。

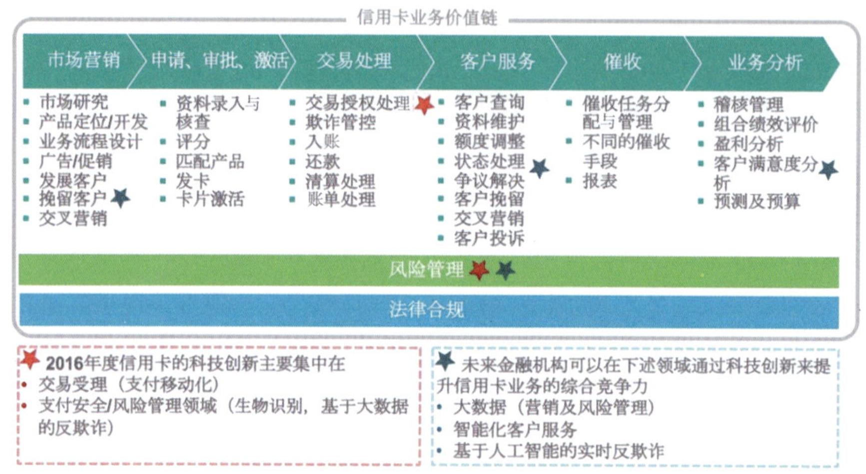

图1 科技创新对信用卡业务能力的影响

高速发展的中国信用卡支付市场、来自互联网金融的激烈竞争，日新月异的技术及业务发展，这一系列关键词描绘出了当前信用卡支付创新的大背景。传统金融机构在信用卡支付领域面临着前所未有的挑战，但是同时也拥有巨大的发展机遇。充分利用自身资源优势、通过科技创新促进业务发展，是金融机构在当今激烈支付竞争中立于不败之地的重要基石。

作者：范斌、张涵、储伟

IBM全球业务咨询服务部。IBM全球业务咨询服务部是一个由业务、战略和技术顾问组成的团队，帮助客户展望未来认知转型，同时获得行业最成熟的人才模型的支持。GBS 借助全球覆盖、成熟的解决方案/方法以及深厚的行业专业知识，助力客户以数字方式重塑业务，并在认知时代获得竞争优势。金融行业是GBS的重要服务行业，借助丰富的行业应用创新解决方案及咨询服务经验，IBM GBS在过去几十年中持续为国内外金融机构提供专业化咨询并实施服务。□

2017

BLUE BOOK
ON THE DEVELOPMENT OF CHINA'S
BANK CARD INDUSTRY

中国银行卡产业
发展蓝皮书

（第三章）

不忘初心：

2016 年中国银行卡产业的责任与贡献

经过多年的不懈努力，我国银行卡产业渐趋成熟，成为我国居民消费时使用最频繁的非现金支付工具。立足基本功能，银行卡不断优化产品与服务，积极践行社会责任，在推动国家经济发展的同时，给人民生活消费带来更多的便捷和实惠，为和谐社会的建设贡献自己的一份力量。

第一节　消费者权益保护

2016 年，我国银行卡产业在追求合规、稳健、可持续发展的同时，持续深化文明规范服务理念，夯实服务管理体系建设，推进服务链和流程优化，积极践行消费者权益保护工作，对促进社会和经济和谐发展起到了积极的推动作用。

一、消费者权益保护工作推进情况

（一）政府部门及监管机构多措并举，推动相关工作

2016年2月，银监会制定印发《关于加强银行业消费者权益保护 解决当前群众关切问题的指导意见》（以下简称《指导意见》），针对存款纠纷、私售“飞单”、误导销售、违规收费等问题作出部署，推动各银行业金融机构健全消费者服务保护体制机制建设，全面加强信息披露监管，严格规范服务收费行为；加强投诉处理，推进第三方调解机制试点，为消费者提供更加高效的消费纠纷解决渠道；开展全国银行业金融机构消费者权益保护工作情况考核评价。

2016年9月，为防范电信网络新型违法犯罪，切实保护人民群众财产安全和合法权益，最高人民法院、最高人民检察院、公安部、工业和信息化部、中国人民银行、中国银行业监督管理委员会发布《关于防范和打击电信网络诈骗犯罪的通告》，对商业银行借记卡存量清理、开卡张数限制及自助柜员机转账时限调整作出要求。同月，人民银行印发《中国人民银行关于加强支付结算管理防范电信网络新型违法犯罪有关事项的通知》，全面部署加强账户实名制管理、加强转账管理、加强银行卡业务管理、强化可疑交易监

测、健全紧急止付和快速冻结机制等七大工作。

2016年9月，为有效遏制和打击非法买卖银行卡信息的违法犯罪行为，维护安全稳定的金融环境和公平诚信的社会环境、保护银行卡持卡人合法权益，中国人民银行联合工业和信息化部、公安部、工商总局、银监会、国家互联网信息办公室等五部门印发了《关于开展联合整治非法买卖银行卡信息专项行动的通知》，决定于2016年9月至2017年4月在全国范围内开展联合整治非法买卖银行卡信息专项行动，包括破获一批非法买卖银行卡信息案件，加大对窃取、收买、非法提供银行卡信息等犯罪行为的打击力度，严惩非法买卖银行卡信息的犯罪分子等六方面行动。

（二）商业银行积极落实消费者权益保护工作

各银行高度重视消费者权益保护工作，积极推进消费者权益保护体制、机制等工作建设，不断提升服务的智能化、精细化、人性化水平，致力于更好地维护消费者权益。图3-1，为民生银行金融消费者权益保护活动。

图 3-1　民生银行金融消费者权益保护活动

一是进一步建立健全消费者权益保护制度体系。各银行制定或不断完善本行消费者权益保护管理办法，并通过对业务制度的梳理、修订、新增，着重在零售产品和服务管理制度中嵌入消费者权益保护理念，并将消费者权益保护内容嵌入产品生命周期，在产品设计、售前审查、售中管控环节进行流程审核，实现对消费者权益的全流程保护。

二是不断完善消费者权益保护工作机制。各银行从保护消费者切身利益出发，逐步健全消费者权益保护工作组织架构、体系及长效机制，多家银行设置专岗负责消费者权益保护工作的统筹管理，落实责任制，并明确各渠道投诉的受理及处理流程，使消费者权益保护工作覆盖各项业务流程和管理活动。

三是积极开展消费者权益保护知识学习与培训。各银行积极组织开展全行消费者权益保护及投诉处理相关知识培训和系列学习活动，培养从业人员自觉维护消费者合法权益的意识。部分银行面向服务一线开发了线上的电子刊物和视频微课，通过线上平台的搭建，力求打破传统集中面授、讲师单向讲授、占用员工过多时间的培训模式，以互动引导式面授和平台碎片化学习相结合，切实提升员工服务能力、巩固员工消费者权益保护意识。

四是积极开展金融知识宣传和安全用卡教育。各银行积极举办各类主题宣传活动，对持卡人进行风险提示及用卡安全教育，并努力创新宣传形式，多维度、分层次、全方位地向社会公众开展内容丰富的金融教育活动，提高消费者知情权和维权意识。图3-2为浙商银行金融知识普及活动，图3-3为邮政储蓄银行金融知识普及活动。

图 3-2　浙商银行金融知识普及活动

图 3-3　邮政储蓄银行金融知识普及活动

五是细分客群，提供差异化服务。各银行积极对银行卡市场及消费者进行调研，并细分客群，加大对县域地区的服务力度，设计研发符合农村市场的金融产品，切实服务农村地区客户。同时，持续推进无障碍服务设施和服务文化建设，认真听取残障人士的金融服务需求，全面提升服务残障人士的意识和能力。图3-4为邮政储蓄银行的“助农通”产品。

图 3-4　邮政储蓄银行“助农通”

二、消费者权益保护工作面临的挑战

开展消费者权益保护工作是一项赢得客户信任、夯实发展基础的重要工作，不仅关系到银行长远发展，也是其履行社会责任必不可缺的一个组成部分。近年来，互联网金融呈现爆发式增长，但埋下的风险隐患逐步显现，消费者知情权受损、维权成本增大、个人信息泄露等问题层出不穷。

（一）银行卡犯罪屡禁不止

近年，银行卡欺诈犯罪尤其是电信网络诈骗持续高发，且呈现出产业链化、高科技化、多渠道化和蔓延化的发展趋势，严重危害了广大人民群众的财产安全，损害了社会诚信与和谐稳定，已经成为影响群众安全与社会和谐稳定的一大公害。最高人民法院信息中心和最高人民法院司法案例研究院联合发布的司法大数据专题报告显示，2015—2016年，全国电信网络诈骗案件量呈上升趋势，2016年较2015年同比上升51.47%，且恶性电信网络诈骗案件层出不穷，其中不乏“徐玉玉等3名学生被骗致死案”“清华大学教授被骗1 760万元案”等大案要案，这不仅给人民群众带来了巨额的经济损失，更引发了民众对银行业的信用危机等“次生危害”。对此，党中央、国务院、多部委及监管部门高度重视，组织了多次部际联席会议并下达多项通知通告，多措并举，打出了防范电信网络诈骗的组合拳，目前已初见成效。2016年，全国公安机关打掉电信诈骗团伙7 682个，破案8.3万起，检察机关已批准逮捕犯罪嫌疑人20 048人，为群众挽回损失25亿元。

（二）消费者隐私权容易受到侵害

个别不良互联网企业收集消费者个人信息，由于保管不当，消费者个人信息泄露事件时有发生，而个人消费者信息遭受泄露，几乎无法追溯泄露企业，也几乎没有补救措施。消费者个人隐私关乎消费者的人身安全和财产信息，不法分子通过盗取消费者密码、银行卡磁道等信息盗取消费者财产进行违法犯罪的现象屡见不鲜，严重侵害了消费者的隐私权。

（三）消费者维权成本增大

互联网金融企业借助虚拟网络提供产品和服务，突破了传统的面对面交易形式，摆脱了地域和时间的限制。当消费者通过虚拟网络购买金融产品权益受到损害时，通常受限于时间、空间的距离以及复杂的举证过程，维权成本较大，财产安全等无法得到切实保障。

三、消费者权益保护工作应对策略

（一）完善消费者权益保护相关立法

我国目前金融市场相关立法尚不完善，缺乏针对银行卡产业消费者权益保护方面的法律，并且《消费者权益保护法》也较少涉及消费者在银行卡业务中的权益保护问题。因此，国家应借鉴银行卡权益保护的国际经验，尽快制定并出台有关银行卡消费者权益保护的特别法规或条例，建立适合我国国情的银行卡使用纠纷及诉讼解决机制，从根本上解决银行卡消费者权益保护中的法律支撑与制度供给不足、消费者求告无门等问题。

（二）健全投诉处理机制，创造良好的消费者权益保护环境

目前，我国缺乏解决消费者投诉、纠纷的第三方权威机构，处理消费者投诉和解决纠纷的机制相对缺失。消费者解决纠纷的主要途径是向银行投诉以及诉讼。为保护消费者合法权益，我国应建立健全第三方投诉受理和纠纷解决机构以填补银行投诉和诉讼之间的空白，促进纠纷的快捷、便利解决，使得消费者权益得到有效保障。

（三）金融产品创新与消费者权益保护与时俱进

随着经济金融环境的变化和互联网金融的兴起，消费者对金融产品的需求更趋于多元化和个性化，银行业需要进一步多渠道、及时、深入开展消费者需求、偏好等的调查，积极对产品进行创新和完善。但是，在对产品种类、期限、收益、流程进行创新的同时，应对风险进行充分把控，在提供更加全面、灵活的服务时要把安全放在最为重要的位置，充分保护消费者合法权益。

（四）加大银行卡犯罪打击力度，营造良好产业环境

以建立安全、便捷、高效的银行卡用卡环境为目标，进一步加大银行卡

犯罪打击力度，整顿市场环境，加大惩罚力度和案件侦破力度，从法律上给犯罪分子以威慑。同时，持续加强安全教育宣传，树立公众对银行卡违法犯罪活动的正确认识，营造预防和打击银行卡违法犯罪活动的强大舆论氛围，发动全社会力量共同防范和打击银行卡违法犯罪行为。

第二节　公众宣传与教育

随着银行卡产业的不断发展创新和各类创新支付产品的日益丰富，公众宣传教育成为监管机构、行业协会、市场主体乃至全社会广泛关注的重要课题。2016 年，在银监会、人民银行等监管机构的组织下，在银行业协会自律组织的带动下，各家银行继续开展银行卡知识宣传、教育和普及，力求解决银行卡市场信息不对称问题，确保消费者的知情权，合力构建健康和谐的产业环境。

一、紧抓社会热点，持续进行常态宣传

针对社会最为关注的用卡安全、防盗刷、反欺诈、个人信用记录维护等问题，各家银行主动出击，全年持续通过新闻发布、官方微信公众号文章推送等多种互动形式，向公众宣传解释有关银行业、银行卡业的热点问题和认识误区，普及金融知识，进行风险提示，提高消费者的金融安全意识，树立良好的社会形象。

一是搭建金融知识宣传阵地，建设涵盖银行官网、微信、微博等网络渠道，以及网点ATM、LED屏、公众知识教育区等实体渠道的消费者权益保护宣传园地。图3-5为ATM、网点等渠道张贴的防范电信诈骗海报。

图 3–5　ATM、网点等渠道张贴的防范电信诈骗海报

二是开展日常银行卡知识普及教育活动，主动介绍银行卡业务特点、个人信用报告互联网查询服务、个人信用信息权益维护、银行卡支付安全知识、支付风险表现形式等持卡人迫切想要了解的知识。图3-6为网点宣传手册。

图 3–6　网点宣传手册

三是通过细化生命周期接触点，开展场景式宣传教育活动，加深消费者理解认知。例如，对于即将到期续卡的客户，对其发送短信核对收件地址，

同时宣传可自助修改地址的渠道；针对可能出现的欺诈办卡、调额诈骗等异常情况，主动向持卡人发送防范电信诈骗短信，并在移动支付业务激活短信中进行风险提示。图3-7为“调额”骗局风险提示图片。

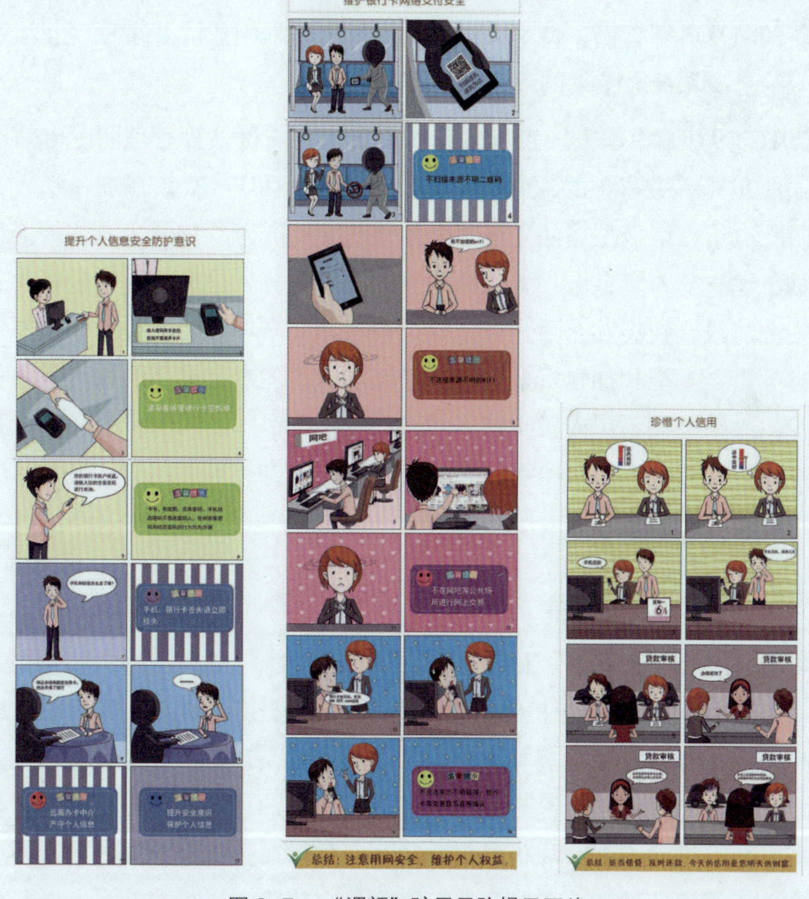

图 3-7 “调额”骗局风险提示图片

二、响应监管要求，推动专项治理宣传

2016年9月，中国人民银行联合工业和信息化部、公安部、工商总局、银监会、国家互联网信息办公室等五部门印发了《关于开展联合整治非法买卖银行卡信息专项行动的通知》（银发〔2016〕235号），决定于2016年9

月至2017年4月在全国范围内开展联合整治非法买卖银行卡信息专项行动，采取有效措施保护社会公众的银行卡信息安全，其中加强社会公众安全使用银行卡的宣传教育是重要措施。各家银行随即开展加强管控银行卡网上非法买卖专项行动相关宣传，主要包括：网上非法买卖银行卡的主要表现、新手法、新动向及典型案例，持卡人在使用银行卡过程中应注意事项，非法买卖银行卡给自身和社会带来的危害和不利影响等。

2016年9月，中国人民银行发布《关于加强支付结算管理防范电信网络新型违法犯罪有关事项的通知》（银发〔2016〕261号），在加强账户实名制、阻断电信网络新型违法犯罪资金转移的主要通道、加强个人支付信息安全保护、建立个人资金保护长效机制等方面采取有效措施，筑牢金融业支付结算安全防线。新规发布后，各家银行积极开展专项宣传，提醒广大公众为保障自身资金安全和加强资金管理，建议主动清理本人名下的银行账户和支付账户，撤销已经不用或极少使用的账户，根据银行要求积极配合确认开立多个账户的合理性，并根据需要配合开展身份核实。

三、调动各类资源，持续开展集中宣传

“金融知识进万家”银行业金融知识宣传服务月活动作为银监会统筹、全国各地各类银行业机构同步参与的公益性金融知识普及活动（见图3-8），已成为银行业履行社会责任、落实消费者权益保护工作的重大举措。自2013年开展以来，已连续组织开展四年。2016年各行银行卡业务条线认真落实监管机构部署，积极参与活动：一是以在正规金融服务渠道办理业务，辨别正规银行场所、人员和业务能力为宣传重点，提醒持卡人提升个人金融信息安全意识，防范电信诈骗及非法集资等恶性事件；二是注重加强对持卡人的案例教育，以典型案例学习为手段提醒持卡人妥善保管个人身份信息、银行卡信息和支付信息，从多维度多视角开展对持卡人的用卡宣导。

为持续推动金融消费者教育和金融知识普及工作，2016年人民银行“金融知识普及月”继续开展进行（见图3-9），活动主题为：开展金融知识普及活动，重视不同群体消费者，特别是小微企业、农民、城镇低收入人群、

贫困人群和残疾人、老年人六类特殊群体的金融需求，提升广大消费者的金融素养，引导其正确运用金融知识，增强风险意识和责任意识，共创和谐金融环境。活动目的在于普及金融消费者日常生产生活中所必要的金融基础知识，其中，银行卡业务涉及的支付结算知识、反洗钱知识、征信知识、理财知识、外汇业务、存款保险相关知识、个人金融信息安全知识、维权知识和消费者风险意识和责任意识等是重点。活动期间，人民银行总行、各级分支机构组织各银行业金融机构、支付机构，针对不同群体，选择校园、农村、社区等各类场所，开展层次鲜明、各具特色的教育活动。

图 3-8　“金融知识进万家”活动

图 3-9　“金融知识普及月”活动

2016年8月，中国银行业协会银行卡专业委员会在北京启动2016年银行卡支付安全宣传月活动（见图3-10），主题为“提升持卡人信息安全防护意识，维护银行卡网络支付安全，营造良好用卡环境”。这是卡委会连续第三年开展用卡安全宣传教育活动，旨在普及银行卡支付知识，培养持卡人安全用卡意识，推动银行卡产业持续健康发展。3年以来，安全宣传活动收到了良好成效，形成了广泛的社会影响。为了适应新形势、新变化，此次中国银行业协会首次与公安部联合开展宣传月活动，活动重点关注网络支付、移动支付等新型支付模式下的用卡安全，以及防范银行卡欺诈、打击银行卡犯罪等问题。通过制作银行卡支付安全公益广告和宣传手册，组织会员单位、联动地方银行业协会，充分利用传统媒体和新媒体平台，覆盖线上线下多种渠道，多角度、全方位地开展宣传工作。

图 3-10　银行卡支付安全宣传月活动

四、细分受众群体，进行针对性宣传

各家商业银行结合实际情况，主动上门、主动服务，积极开展“进社区”“进学校”等专场特色活动，通过发放宣传资料、举办沙龙、组织宣讲、开办有奖问答活动等形式开展宣传活动，努力将银行卡知识以喜闻乐见的形式送到群众身边，让银行卡知识贴近百姓、走进千家、普惠万户、深入人心。一是进社区。各家银行纷纷以综合性支行为点，以小微支行及社区支行为面，开展辐射所在区域的宣传活动，在宣传活动中充分借助社区支行更贴近百姓生活的优势，扩大宣传辐射范围，主动联系社区民警、街道、物业等单位开展联合宣传活动。二是进学校。各家银行深入各大高校与大学生展开深度互动，引导高校学生了解银行卡知识及当前信用消费市场发展趋势，介绍各大发卡行在银行卡和移动支付上的创新，以有趣、互动的方式让大学生与银行卡近距离接触，引导大学生关注信用消费市场发展。

第三节　社会公益

2016 年，银行卡产业各方在为持卡人提供优质服务的同时，以银行卡为载体，通过提倡绿色环保、开展爱心活动、关爱特殊人群等多种形式的活动，积极开展社会公益，回馈社会，不断传递着行业正能量。

一、倡导保护环境，传递绿色理念

为倡导绿色文明新时尚，展示银行卡产业社会责任风范，2016年，多家银行积极开展绿色环保公益活动，通过倡导使用电子账单、发行低碳环保卡片、帮助贫困地区植树造林、修建水窖等方式传递绿色理念，为环境保护事业添砖加瓦。

（一）植树造林

多家银行通过积分捐赠等形式开展植树造林活动，为西部贫困地区和环境污染地区的生态环境提升作出贡献。

兴业银行信用卡中心联合中国绿化基金会开展“爱‘兴’积分——西部绿化行动”，持卡客户通过捐赠积分为宁夏固原的贫困家庭捐赠枸杞树。

北京农商银行与青少年发展基金会长期开展“多伦种棵树，北京少粒沙”——凤凰信用卡积分绿色行动，15元一棵樟子松，1 000积分即可为“多伦种树”捐助1元（见图3-11）。

图 3-11　北京农商银行凤凰信用卡积分绿色行动

（二）保护水源

多家银行积极开展保护水源的公益活动，提倡节约和保护水资源，实现水资源的可持续利用。

光大银行与全国妇联中国妇女发展基金会携手合作，共同支持西部地区“母亲水窖”公益项目。截至2016年，光大银行募捐善款2 538万元，建设水窖8 413口，小型水利工程48处，校园安全饮水项目6处，受益人数近十万人（见图3-12）。

图 3-12　光大信用卡“母亲水窖”公益行动

（三）低碳环保

为践行绿色发展理念，多家银行推出了以低碳环保为主题的信用卡，倡导低碳减排与可持续发展，鼓励客户参与绿色消费，唤起社会各界对环保事业的重视和支持。低碳信用卡多数采用可降解材料制成，减小了传统PVC卡片废弃后对环境的威胁，且仅提供电子账单。此外，部分银行还为客户建立个人碳信用绿色档案、设立购碳基金等。图3-13为兴业银行低碳卡。

图 3-13　兴业银行低碳卡

二、投身慈善事业，关爱弱势群体

2016年，各银行积极投身慈善事业，捐助贫困地区、支持教育事业、关爱老弱病残，为特殊人群提供温暖、传递正能量，将爱心不断传递，推动公益事业发展。

（一）爱心助学

多家银行开展爱心助学活动，通过援建希望小学、捐赠书屋、教室、图书馆、慰问留守儿童、奖励优秀师生等措施，为贫困地区发展教育事业和培育社会人才贡献自己的一份力量。

民生银行连续八年提供财力、物力等资源，援建广元市苍溪县翠竹希望小学（见图3-14）；交通银行向广西苍梧县岭脚镇金田小学等3所小学捐赠了“交行信用卡蓝贝爱心书屋”，持续向爱心书屋捐赠各类图书；招商银行在云南省西部边陲的国家级贫困县龙陵县开展“爱满葵园”关爱儿童全行志愿者行动，为当地孩子们带去有趣的课程及知识，帮助孩子们改善生活条件。

图 3-14　民生翠竹希望小学艺术综合楼奠基仪式

浙商银行开展“雏鹰起飞——浙商银行千名贫困学子助学计划”，将开业及周年庆典费用全数捐赠，以资助贫困学子（见图3-15）。

图 3-15　浙商银行雏鹰金融课堂

（二）关爱老人

尊敬老人是中华民族的传统美德。2016年，部分银行通过创办老年课堂、慰问养老院老人、建设养老金融网点、推出老年人专属产品和服务等方式，关爱老人，传递爱心，为社会增加一份和谐。

广发银行发行自在卡，面向中老年客户推出综合性养老金融服务，持卡人可加入广发自在卡俱乐部，享受“省心、放心、舒心、贴心、开心”的金融体验（见图3-16）。

图 3-16　广发银行自在卡

兴业银行在全国42家分行均成立了“安愉人生”俱乐部，开展丰富多彩的“老年大学第二课堂”，为老年客户群体搭建了一个学习、交流、娱乐的平台，并成立安愉老年学院，联合第三方保险公司、法律顾问中介公司、专业的养老服务机构，合作开发并开展服务工作（见图3-17）。

图 3-17　兴业银行“安愉人生”俱乐部

上海银行围绕老年人日常生活需求，甄选上海地区20余家商户为老年人提供专属优惠；推出“养老无忧”特色养老理财产品；推出适应老年人需求，安全、简单、好用的“美好生活版”手机银行APP；建设养老金融支行，设置高龄客户绿色通道，配备导银志愿者，做好老年客户服务工作（见图3-18）。

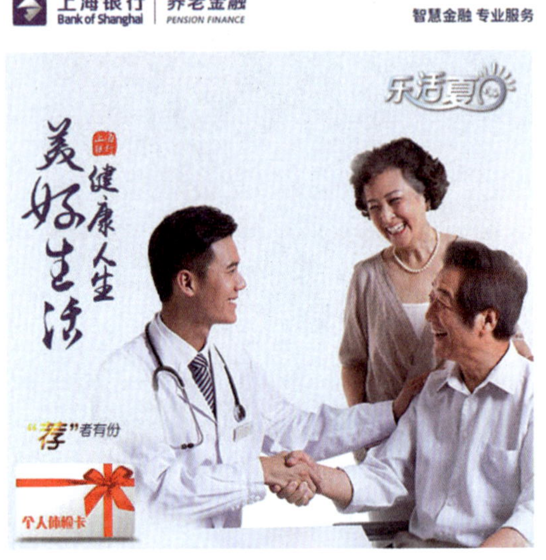

图 3-18　上海银行养老金融服务

（三）助农扶贫

2016年，多家银行开展了助农扶贫工作，走进贫困山区，对当地贫困户的具体需求进行考察评估，制定有针对性的扶贫举措。比如，通过引入专业生鲜电商公司，打造公益电商品牌，利用电商渠道向更广范围的客户销售贫困地区农副产品，帮助当地群众提高收入。

中国银行在北四县开展定点扶贫销售，借助“双十二”、春节等电商营销的有利时机，基于中银e商平台推出两轮北四县苹果外部推广活动，并同步协调专业生鲜电商公司通过其官方APP、天猫超市等渠道营销北四县苹果（见图3-19）；招商银行坚持每年选拔优秀员工前往云南永仁、武定两县挂职，开展定点扶贫，打造公益扶贫品牌“招仁爱”青皮石榴，销往全国各地，累计销售额达到580多万元，实现税收50余万元。

图 3-19　中国银行扶贫北四县活动

三、搭建爱心平台，凝聚社会力量

2016年，各发卡行不仅自身积极投入公益和慈善事业中，更通过产品和服务平台搭建爱心渠道，集合全社会爱心人士的力量，传递社会温暖，构筑和谐家园。

（一）积分捐赠

多家银行利用积分捐赠的形式支持公益事业发展，搭建积分捐赠平台，号召持卡人通过积分兑换善款和物资，扶持贫困边远地区，关爱老人儿童，支持教育事业，助力经济发展。

建设银行创建龙卡信用卡积分慈善捐赠平台，走进26个省市区，开展关爱孤老、贫困地区改善居住环境、爱心助学及改善校舍设施等活动，累计超过25万人参与，捐赠总量突破24亿分（见图3-20）。

招商银行推出“小积分·微慈善”平台，持卡人可通过掌上生活APP、微信等渠道，将积分捐赠给贫困山区和自闭症儿童（见图3-21）。

中信银行“积分圆梦”项目为乡村和外来工子女捐赠多媒体图书教室和硬件设备，以及有助孩子们成长的30门素养教育课程（见图3-22）。

图 3-20　建设银行龙卡信用卡爱心 100 贫困地区小学捐助仪式

图 3-21　招商银行打造“积分众筹”“积分拍卖”模式帮助自闭症儿童

图 3-22　中信银行“积分圆梦”项目梦想教室

（二）专项基金

2016年，部分银行通过成立专项基金向社会爱心人士募集善款，搭建成连接发卡银行、捐赠人、公益组织、商户、受益人的开放型金融公益生态圈，如广发银行希望慈善基金（见图3-23）、平安银行橙基金、东亚银行公益基金（见图3-24）、浙商银行打造“彩虹计划”，长期参与社会公益事业，引导全行员工投身志愿服务等。

图3-23 广发银行希望慈善基金

图3-24 东亚银行公益基金爱心支教活动

第四节　社会贡献

2016 年，在我国经济稳定发展的大背景下，银行卡产业积极响应国家政策号召，把握时代脉搏，加快供给侧结构改革步伐。在自身快速稳定发展的同时，银行卡产业全面带动了消费金融相关行业的发展，在促进消费增长、提升经济效率、推动经济发展、发展普惠金融、带动上下游产业等方面作出了重要贡献。

一、释放内需潜力，促进国民消费

在国际局势动荡、全球经济发展陷入低迷的大背景下，中国经济也进入改革的深水区，面临结构转型的新常态。投资、出口和消费三驾马车中，消费发挥的作用愈发关键。国家统计局公布的数据显示，2016年我国消费品零售总额达33.2万亿元，消费对国民经济的贡献率达44.6%。其中，银行卡产业实现了稳定快速的发展，在推动消费方面功不可没。

截至2016年末，全国银行卡发卡量达63.7亿张，同比增长13.5%，连续十年实现了两位数的增长；实现交易额743.6万亿元，较2015年增长了20.9%；银行卡卡均消费116 735元，同比增长6.5%。上述数据表明，银行卡作为国民目前最主要的消费支付手段，在促进消费、拉动内需方面起到了至关重要的作用。

信用卡方面，透支和分期功能通过信贷扩大持卡人的即期消费能力，通过提升持卡人的消费意愿，有效推动了交易达成。2016年全国信用卡累计发卡量达6.3亿张，信用卡人均持卡量为0.46张；信用卡授信总额为9.14万亿元，同比增长29.06%。信用卡的普及和广泛使用契合我国国民经济和社会发展“十三五”规划的要求，适应消费环境的新变化，迎合了合理且适度超前消费的心理，有利于释放消费潜力，促进消费升级加快，拉动经济增长。

二、助力产业融合，推动消费升级

经济发展带来的消费升级，推动各行各业进入产业结构优化调整的阶段，在技术的推动下，各行业间的跨界与融合达到了前所未有的深度。在这个产业跨界融合发展的过程中，银行卡作为联动多个行业的重要枢纽，起到了关键的作用。

银行卡产业处于连接资金的供给和使用、融合虚拟平台与实体经济的关键环节，是金融业服务实体经济发展的重要工具。作为现代信息技术与金融创新融合的产物，其发展可以直接促进与银行卡相关联的硬件和软件开发，与客户信息挖掘相关的互联网技术开发，与支付结算相关的生物识别技术开发，与居民消费相关联的衣食住行各类产业……银行卡通过与上下游整个产业链的各类行业深度合作，实现资源共享、互惠互利，推动了新时代服务业与实体经济的融合，促进了多个相关行业的渗透。

此外，银行卡的使用也可以直接带动与国民衣食住行等相关消费产业的发展，从而全面地推动经济增长。2016年，各银行先后推出了多种以市场为导向、以客户为中心的消费分期产品和支付产品，广泛覆盖交通出行、旅游休闲、租车买车、家居家装、留学教育、网上海淘等消费热点，解决了创新商业模式落地的痛点难点，有效促进了相关产业的快速发展。图3-25为中国银行分期营销活动。

图 3-25　中国银行分期营销活动

三、降低社会成本，提高经济效率

银行卡的普及降低了现金交易所产生的交易成本，节省了现金交易中的人力、物力，大大提高了结算效率，从而提高了经济效率，对社会发展作出持续性贡献。

2016年，国家发展改革委联合中国人民银行共同发布《关于完善银行卡刷卡手续费定价机制的通知》，对银行卡手续费再次作出全面调整。其主要内容包括：发卡行收取的服务费从按商户分类改为按借记卡和贷记卡分类，且费率调整为借记卡不超过交易金额的0.35%，贷记卡不超过0.45%；网络服务费由收单、发卡机构各承担50%，费率降为不超过金额的0.065%等。此项规定一方面贯彻降低企业经营成本的政策精神，降低了企业交易成本，另一方面适应市场和产业发展客观规律，根据借记卡和贷记卡的功能定位区别设置了不同费率，有助于使银行卡得到更为全面的应用普及，有效提高全社会的经济效率。

四、推进普惠金融，支持创新创业

2016年，国务院印发了我国首个发展普惠金融战略规划，明确了大力推进普惠金融的指导思想。银行卡产业坚决贯彻落实党中央的普惠金融战略，从统筹规划到积极落实均付出努力并取得了成效。

根据国家普惠金融战略规划，银行卡产业从健全机构体系、创新金融产品、加快推进金融基础建设、完善金融法律法规体系、发挥政策引导和激励作用以及加强金融教育与金融消费者权益保护等方面制定了详尽的规划。一方面加大对城镇低收入人群、困难人群、创业大学生等初始创业者的金融支持；另一方面逐步完善小微企业的融资服务平台，为小微企业提供全方位的融资服务。2016年，各银行在普惠金融方面做的主要工作包括：第一，推出因地制宜的涉农信贷政策，完善农村金融服务。根据农村建设、农产品加工等多个涉农信贷政策，因地制宜，推出了适合农村地区的银行卡、理财等金融服务。第二，提供特色助农卡产品，完善农村用卡环境。例如，邮储银行与邮政集团公司电子商务局在全国范围内合作发行农村电商联名卡“绿卡通”；建设银行在河北范围内推出两款“燕赵乡情卡”和“供销一卡通”特色助农借记卡，同时联通供销社共同建设了“供销金融市场”，由建行投放现金自助设备，以便满足农民的各种金融需求。

五、构建诚信社会体系，维护良好经济秩序

信用卡作为大众化的消费信贷载体，在建立和推进社会信用文化建设方面发挥着巨大作用。信用卡的使用可以完整记录消费者的交易数据和还款数据，有利于健全社会个人信用体系，培养人们的诚实守信理念，对于维护经济秩序和社会文明进步起到不可估量的积极作用。

截至2016年末，我国金融信用信息基础数据库累计接入机构数2 996家，同比增长12.4%；建档个人数共计9.1亿人，同比增长3.4%；有信贷记录的自然人有4.3亿人，同比增长13.2%。其中，信用卡产业累计提供中国人民银行征信中心的信用信息数10.7亿条，同比增长23.0%，成为金融信用信息基础数据库的主要来源，为征信体系建设贡献了重要力量。

党的十八大以来，全党全社会在反腐倡廉方面积极作为，取得了显著的成绩。包括信用卡在内的各类银行卡记录个人的收支信息，在打击腐败行为方面也发挥了重要作用。地下经济活动不仅扰乱国家经济秩序、影响政府财政税收收入，还成为滋生腐败、经济犯罪的温床。而使用银行卡支付，可以有效预防和遏制腐败。同时，政府监管机构可以通过对商户银行卡交易信息的了解掌握，为企业营业税、增值税及所得税的征收提供可靠依据，防止偷税漏税行为。由于纳税人的收入和支出有记录可查，通过对纳税人的税收监控，可有效地防止个人所得税税收的流失。使用银行卡支付，还有利于防止洗钱、掌握和控制非法收入。

因此，银行卡的使用和广泛普及，不仅有助于构建诚信社会、维护经济秩序，更能够完善税收管理、堵塞征管漏洞、抑制地下经济行为、打击洗钱、赌博等违法犯罪，并在反腐败斗争中发挥积极作用。

六、增加就业扩大税收，服务大众便民惠民

我国银行卡产业在增加就业、扩大税收方面发挥了重要作用。银行卡产业已经成为一个以银行卡为载体的综合性产业，其发展带动了制造业、IT业、广告业等行业的发展。据中国银联数据估算，全国直接参与全产业链的就业人数约30余万，预计银行卡产业链带动的相关就业人数达1 000万。在实体经济发展遇到“瓶颈”的关键时期，银行卡产业带动相关产业稳定发展，也为全国各地税收作出了突出贡献。

银行卡产业因其身处消费支付前端，在便民惠民、服务大众方面作用明显。各发卡银行根据不同消费场景、不同需求的持卡人研发了差异化的产品服务。比如，发卡行与百货商场、航空公司、网上海淘等场景合作推出联名卡，并提供特定商品分期、专属折扣、积分回馈等活动。对有境外消费需求的商务人士、留学生提供全币种产品，并提供免除外币交易及境外取现手续费、退税奖励、购物返现等多种增值活动。同时，为了顺应当前互联网以及新兴移动支付发展的潮流，各行不断研发各类新兴支付产品，包括二维码支付、无卡支付、非接支付、生物技术支付等等，为持卡人带来了更方便快捷的支付体验。

七、发展公益爱心事业，传递社会正能量

银行卡产业多年来在自身得到蓬勃发展的同时积极投身公益慈善事业，践行社会责任，回报社会，发展了多种形式的公益爱心事业，大力弘扬社会正气，传递正能量。2016年，各发卡行积极承担社会责任，以银行卡产品为介质，整合自身优质资源，开展了捐资助学、扶贫助农、保护生态等公益活动，为实现伟大的中国梦贡献力量。

第五节　自律规范

在互联网和信息技术的推动下，金融要素市场化、金融主体多元化、金融产品快速迭代化正在不断发生，银行卡产业正处于改革创新和产业融合的前沿。金融行业的属性要求它必须在严密的监管体系下运行，而快速发展的产业形势又需要高度创新，在这一过程中离不开行业自律规范的约束作用。

2016 年，银行卡产业各方主体依托中国银行业协会银行卡专业委员会及中国支付清算协会银行卡基支付工作委员会两大自律组织，围绕建立自律体系、统一行业标准、促进交流沟通、丰富信息平台、优化行业环境、创新探索研发等方面开展了一系列工作，为推动我国银行卡产业的发展发挥了重要作用。

一、加强与监管沟通，规范产业发展

2014年12月，新一轮银行卡刷卡手续费定价机制改革正式启动。发卡银行、收单机构、银行卡组织作为完善定价机制调整方案的主要参与方，多次组织进行专题研究，就可能的价格改革方案进行了反复探索讨论，综合产业各方的诉求，向发展改革委价格司和人民银行支付司进行了有效的传递，以最大的努力争取产业中多方共赢的局面。2016年3月，发展改革委、人民银行发布《关于完善银行卡刷卡手续费定价机制的通知》（发改价格〔2016〕557号），最终出台的方案采纳了银行卡产业提出的多条意见，取消商户行业分类、实行借贷分离定价等措施，有利于发挥市场机制决定作用，形成合理收费水平。

二、探究前沿业务，制定行业标准

2016年4月，中国人民银行发布《关于信用卡业务有关事项的通知》，从推进利率市场化、减少行政干预、保障持卡人合法权益等方面作出制度安排。为适应银行卡业务市场化改革要求，强化行业自律机制，维护金融秩序，营造公平竞争环境，促进银行卡市场健康发展，发卡银行积极响应政策号召。首先，在中国支付清算协会组织下，召开了落实信用卡业务最新监管规定相关事宜讨论会，就《通知》政策落地事宜进行讨论，会后向中国人民银行报送《中国支付清算协会关于〈中国人民银行信用卡业务有关事项的通知〉相关建议的报告》。其次，根据人民银行的反馈建议，主要发卡银行达成一致意见，通过中国银行业协会牵头拟定了《信用卡业务利率市场化工作自律公约》，从依法合规经营、防范价格风险、维护市场竞争秩序等方面进行规制，发挥自律规范对行业发展的促进作用。

2016年，为应对第三方支付公司在面对面、小额支付市场上的快速发展，各发卡银行会同中国银联积极推动行业性二维码支付产品的前沿研究，先后制定产品方案、银行改造点说明及客户端流程建议等多份规范文件。中国银联于2016年5月出台了《中国银联二维码产品编码指南》，为银行间发行二维码相互受理制定了依据。中国支付清算协会移动支付工作委员会也召开会议，听取各成员单位在移动支付、条码支付业务开展及监管自律制度执行过程中的建议和需求，审议通过了《条码支付业务规范》。

三、应对风险事件，发布风险提示

2016年1月，多家商业银行接到客户关于代扣接口的投诉，反映其银行账户中的一些扣款交易非本人操作。经各发卡银行联合调研分析，发现这些交易主要是由于某些支付机构滥用跨行代扣接口所致，给客户资金信息安全带来极大威胁。对此，各家银行共同研究制定了《关于规范代扣业务的风险提示》，面向全体商业银行公开发布，建议采取积极的行动，使代扣业务回归“小额、便民、公益”的本质。

新型技术的推广应用和快速升级为银行卡支付业务提供了更为快捷便利

的手段。与此同时，支付犯罪手法在技术层面也在不断翻新变化，银行卡使用安全面临更为严峻的挑战，银行卡信息安全保护为各方所瞩目。2016年7月，为进一步提升支付行业整体风险防控能力，加强银行卡敏感信息安全管理，维护银行卡产业及支付清算行业健康发展环境，中国支付清算协会银行卡基支付工作委员会发布《关于加强银行卡敏感信息安全管理 防范终端机具改装的倡议书》，要求会员单位采取相应措施防范相关风险。

四、搭建同业交流平台，建立信息共享机制

2016年，为加强业务数据信息交流与共享，主要发卡银行联合制定了《银行卡业务数据统计及共享管理办法》，依托中国银行业协会银行卡专业委员会组织业务数据报送及统计工作，并在修订完成后发布，对于商业银行银行卡业务发展起到了重要参考作用。2016年9月，中国支付清算协会支付清算综合服务平台的行业风险信息共享系统完成优化升级，银行卡收单外包机构登记及风险信息共享系统、风险事件协查管理系统正式上线，提高了银行卡行业风险的整体防范及处置能力，能够更好地保护消费者和支付服务提供者的权益。

此外，根据成员单位诉求，中国银行业协会和中国支付清算协会还多次举办银行卡相关业务培训班，邀请来自监管机构、卡组织、商业银行、支付机构等多家单位的专家进行授课，对从业者提高银行卡业务风险认识水平、提升业务规范执行能力、加强对前沿业务的认识了解等方面起到积极作用。

当前，我国银行卡产业步入改革创新的关键时期，如何解决银行卡产业发展面临的问题，充分发挥银行卡市场各参与主体的作用，协调好效率与安全、创新与规范之间的关系，需要各方共同努力。金融监管与相关政府部门在鼓励行业创新的同时，也在观察、认知行业的发展，并作出相应的调整。行业协会将及时根据业务发展和政策制定情况，开展行业研讨，在求同存异的基础上，统一各方意见，多与监管部门进行沟通，对行业发展提供专业建议，进一步推动行业的自律规范。

业界聚焦

鸿联九五：信用卡客服中心服务模式创新与发展趋势分析

2016 年是中国信用卡诞生 31 周年，互联网金融时代给了信用卡这个传统行业更多的发展空间。在面临创新与变革大潮的 2016 年，传统的信用卡市场正在创建一个全新的生态系统。随着科技发展，在新一代消费者的认知中，银行已渐由一个场所的概念，转化为无处不在的服务，是可以满足客户在任何时间和地点需要的银行服务。Bank3.0 时代，银行运作方式正经历根本上的转变，这是一段从产品、流程和实体经营转向适时地为客户提供所需的服务以完善客户消费的历程，是真正意义上从“一个地方”成为“一种行为”的转变。

一、信用卡客服中心服务模式发展与变革

（一）多渠道联动能力增强，有效提高客户服务感知

一直以来，传统客户服务中心还停留在电话、邮件的方式在为客户解决问题。随着互联网的网络大环境发展，除了传统的电话、邮件、PC端的客户服务渠道，APP、微信、微博、飞信等沟通渠道也不断出现，并在客户服务沟通中显示出各个渠道的重要性。如何利用沟通的多渠道提高银行客服中心的客服水平和客服体验，是所有银行都面临的重要问题。很多信用卡客服中心为了不错过每一个渠道的沟通需求，分配不同客服坐席负责不同渠道的客户服务，这样不仅会大大增加客户服务的运营成本，也不利于提升客服的服务水平。随着互联网时代的到来，2016年，为了解决这一问题，“云客服”“云平台”概念产生，在线客服系统自动识别网站熟客，自动调取不同

渠道的历史聊天记录和访客信息，使信用卡客服人员能够轻松分析访客访问浏览动机、历史遗留问题，从而解决服务的可连续性问题，有效提升客户满意度。

（二）精细化客户看管模式，有效保障资源及服务力利用

在互联网金融盛行的今天，第三方支付以及共享经济的盛行，将社会分散的、小微的客户实现了集中，并从小业务点延伸到大价值面。过往传统金融业将目光集中在集团、高价值客户，中小客户因其类型和需求的多样性使得他们很难成为传统意义上的目标客户。但是在大数据的背景下，中小客户业务也已经成为银行未来最重要的增长机会之一，银行需要快速转身，具备个性化服务、全服务的能力。因此，利用大数据优势，银行开始用服务周期的方式经营中小客户，塑造为细分客户提供成熟产品和服务的能力。银行通过多渠道加深对中小客户的私人接触，优化风险和定价决策，交叉销售更多的产品。同时，用“多维度客户服务看管模型”对客户进行分解，利用外部的信息和内部的数据，对客户形成全方位了解，进而选准目标客户群，通过系统的分析，按一定的顺序/场景来与客户联系。通过联系获得目标客户的细分信息后，银行将匹配相对应的产品和服务，为日后的交叉销售提供基础。最后通过经过优化的报价战略以及事件营销和专题营销活动，增加交叉销售并增加客户产品持有量，实现中小客户的产业链覆盖。图1为多维度客户看管服务模型。

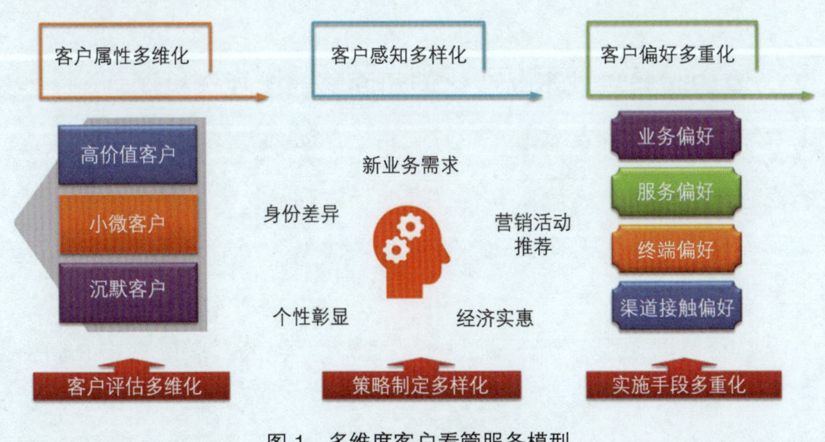

图1 多维度客户看管服务模型

全服务、为客户提供各种各样的服务与建议来深化客户关系，已经被证明是一个非常成功的策略。银行采取独到的营销手段：从账户开设、激活、续约、休眠、保留……整个过程都纳入一个全局的营销机制中，使得客户在某个特定的情况下出现特定的活动时，银行都能够自动应对。这样，就能让银行的活动量始终保持较高的水准，实现对客户精细化看管、全面却不失个性的全服务。

（三）知识库碎片化管理，进一步提升客户自助能力

由于有坐席人员对知识库内容的转化和处理，客户服务中心基于人工和语音的基础服务对于知识内容碎片化的要求较低，但随着用户对于客户服务的多渠道需求的增加，则要求客户服务中心知识库内容有更细的碎片化，需要将之前较长、较复杂的知识内容进行分解，才能真正支撑短信、邮件、微博、微信等多种社会化方式的应用，也才能满足多职能对于知识库的需求。业务知识的基本组成元素是单个的知识点。在“线下+线上”客服时代，知识的支撑必须经由完整统一的知识管理系统延伸到各个触点，并提供给客户自助、互助所需的空间与支持。在提供自助与互助支持时，知识内容需要直接面对客户，再无坐席代表从中“翻译”进行客户化的转换，因此，各大信用卡客服中心开始组建“共享智能结构化知识库”，搭建一个全行共享、智能化知识库体系，实现知识库统一管理和分级使用，将知识内容客户化和碎片化管理，成为各渠道服务的辅助应用工具。

二、客户服务需求不断变化下所面临的挑战与机遇

互联网的火热将“客户体验”这个词不断放大，银行在客户服务领域面临的挑战也越来越大。移动设备和技术知识的普及让大家都希望自己动手，客户对服务的高效性、便捷性、体验性、个性化以及企业快速解决问题的能力都提出了更高要求。

一是从传统电话服务到全渠道服务的需求。伴随互联网成长的80后、90后，更喜欢通过网上聊天、社交媒体等渠道进行交互，这势必要求客服中心的服务模式不断升级，让客户真实感受到多入口的服务标准一致化感受。

二是从统一标准到个性服务的需求。客户体验将成为保留客户的关键因素，还能够为不同机构挖掘消费者的潜力，并根据他们的价值来满足客户的需求。它能够使服务与其价值相对应，识别销售时机并能有效管理客户的不确定因素，以便于精准营销。银行必须注重每一次的交互过程中客户体验对于银行将来的利润和收益的作用与影响，并且要优化客户体验，确保跨渠道和跨市场营销的正常运作。

三是从“成本中心”到“利润中心”再到“价值中心”的转变需求。几乎所有的银行都在尝试逐步建立线上营销平台，利用互联网大范围搜集市场需求、拓展客户群、提高营销效益。这种定位下的客户服务中心就是“利润中心”的概念。未来，客户服务中心的价值将被进一步深入挖掘，除了作为客户关系管理中心、营销中心、品牌展示中心、业务受理中心之外，还会成为企业的知识中心、人才中心、质量监控中心、流程优化和管理中心、风险预警和管控中心……如果客户需求是企业价值实现的驱动力，那么互联网时代的客户服务中心则是客户价值汇集的价值中心。

因此，“互联网+”时代为正在经历“客户服务重塑”这一转变的银行提供了一次难得的转型机遇，也带来了新的技术可能，并开辟了新的服务领域与应用机遇。置身其中的银行信用卡客服中心，作为一个传统的服务中心与成熟市场，也将在未来智能科技创新下发生翻天覆地的变化。

三、客户服务模式在未来智能科技影响下的发展趋势

（一）客户服务模式将由被动向主动转变

传统客户服务处于被动服务模式，基于客户的反馈提供具有针对性的服务，随着客户服务渠道的多样化及服务水平的不断提升，客户对服务体验提出越来越高的要求。因此，未来的服务模式将会越来越关注从客户需求出发，基于大数据前向解决问题，后向进行投诉预测与风险控制来提高客户满意度、提升客户体验。

其中，在投诉预测与风险控制方面，传统信用卡中心往往只是在收到客

户的投诉之后，尝试帮客户解决具体的问题，并没有意识到在客户的投诉信息中，包含了大量的客户偏好、建议和需求信息，可以有效帮助金融机构改进自己的产品和服务。通过采集并整合客户的投诉、问卷调查、互联网舆情等数据，全面挖掘出客户对产品和银行的诉求和期望，从而为客户制定有针对性的服务策略，在后续和客户接触时，提供更符合客户预期的服务，有效减少客户投诉，提升客户满意度。此外，基于全面的客户画像，客服人员也能全方位了解客户的基本信息、购买历史、投诉历史等，从而可以给客户推荐更合适的产品，增强客户体验。随着智能质检的普及，通过语音转文本、文本挖掘等技术对通话录音进行百分之百的覆盖检验，自动识别风险合规点、市场热点、销售特点等关键信息，客服中心可以对这些关键信息提前作出反应，对于风险点提前对客户进行二次回访，并修改话术内容；对于市场热点提供对应的产品服务；对于销售特点进行归纳总结予以推广等。

（二）客户价值挖掘将从模糊向精准转变

随着信息技术的飞速发展，各行业聚集大量客户信息数据和交易数据，同时，“大数据”时代的快速到来，正深刻改变现有银行商业生态。随着互联网大潮的推动，银行业从“数据大”提炼“大数据”，试探大数据对于银行发展的推动作用。而客服中心作为客户信息集中接触点，拥有客户属性、行为特征、价值分层等大量清晰、完整的客户数据，依托大数据技术，银行业呼叫中心正从客户服务中心向客户关系管理中心新常态发展，推动银行整体战略升级与转型。

与其他行业相比，银行能够提取很多与客户相关的个人信息，特别是对于营销非常有利的客户消费能力以及消费习惯，同时与客户服务中的客户需求信息数据以及外部的客户生活场景信息相结合，就能打造全方位、多维度的客户画像，进而形成对客户兴趣、爱好、价值观、生活方式、沟通方式等的精准预测。在此基础上，通过外呼、短信、微信或呼入转营销等多种形式，为客户提供定制化“吃、住、行、游、娱、购”等全方位精准消费推荐服务，充分提高服务效率以及细分客户群体满意度与价值（见图2）。

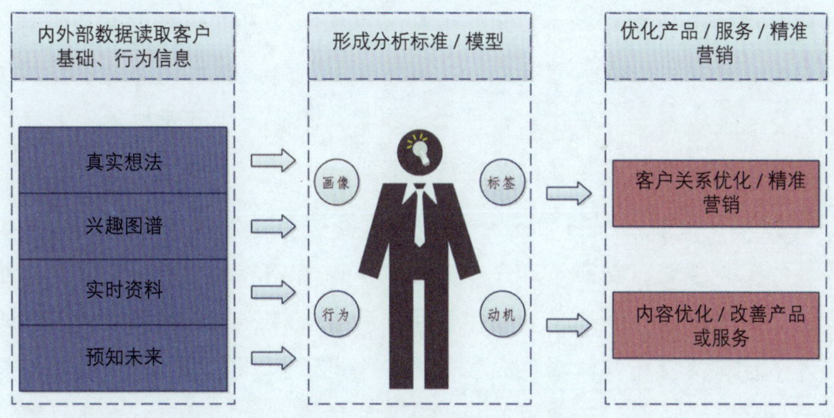

图2 大数据与客户画像分析模型

（三）客户服务维度将从单一向多元转变

中国大数据应用投资规模最高的五大行业，第一是互联网行业，占28.9%；第二是电信领域，占19.9%；第三是金融领域，占17.5%；政府和医疗分别为第四和第五，分别占8.8%和6.3%。无论是投资规模还是应用潜力，金融业中银行又是重点，占41.1%；证券占35.1%；保险占23.8%。驾驭好大数据，走特色化、差异化发展之路是银行取得行业领先的关键，客服中心作为银行数据产生的先头部队，承担着对客户全量信息搜集的责任。目前，我国不同部门之间、行业之间都存在着信息不畅问题，形成了一个个信息孤岛，社会征信体系的建设将会受制于此。相比纯互联网企业，银行具备更多精准的线下交易数据，另外，在社会层面还有税务、工商、法院、水电气等大量外部数据，这些信息都能为互联网上的行为数据提供强有力的支撑和补充。银行可以积极推进行内与行外数据的跨界融合，解决信息孤岛问题，从而能够形成更加清晰的市场需求。在这种情况下，银行与多行业进行深度合作，无论是对存量客户的价值深度挖掘，还是对增量客户进行扩充，都将带来新的突破，客户服务中心的需求又将面临爆发式的增长，服务模式的多样化也会继续增强。

（四）客户服务响应将从准实时向真实时转变

在“以客户为中心”的市场竞争环境下，客服中心只有更快、更好、更周到地响应和满足客户需求，才能提升客户感知，为银行带来更多的利润。进一步提升呼叫中心的运营效能，“智慧客服”这一新的理念为我们提供了思路，将智能机器人、智能质检、文本挖掘、VR等新的行业技术融入客服领域，依靠智能科技引领客服行业的技术革新。

机器人客服的出现目前来看至少是承担了一部分话务需求，减轻了客服人员的工作强度，提高了客户服务的效率，未来，随着这一技术的日趋成熟，机器人客服将向全渠道多媒体智能交互中心转变，搭建全渠道多媒体统一接入平台，支持多媒体输入方式，接入全渠道客户信息，机器人将拥有具有强大中文自然语言和专业领域知识分析处理能力的高级智能服务引擎，自动完成对客户的情绪、诉求、影响力、分词归类，标注可能涉及的产品、服务，并自主作出灵活反馈。从单一的机器人客服向智能服务平台的转变，将使客服中心服务效率得到质的提升。在这一情形下，呼叫中心的人力空间得以释放，很多原有客服人员的工作将被智能服务平台所承担，精简后的客服人员将主要面向高价值客户提供具有针对性的服务。

未来的银行一定是数据驱动型的银行，客户服务中心也必然面临着互联网发展及大数据技术带来的冲击与变革，作为客服中心的从业者，也作为银行产业链条中的一个节点，我们相信信用卡客户服务中心在保留基础服务属性的同时，正向着“轻平台、轻服务、轻运营”转变，结合自身实际，寻找一套切实可行的方法来进行流程的规范与优化，促进银行产业与客户服务中心服务价值的体现。

作者：高路、赵蕊、李该、卢波

中信·鸿联九五：中信·鸿联九五成立于1995年，股东为中信国安与阿里健康两家上市公司。在全国拥有呼叫中心坐席总数达到9 000席，6大交付中心布局全国10余个城市，涵盖金融、运营商、市政、电商、物流、交通出行等领域50多家合作伙伴，是国内一流的综合性客户服务解决方案提供商。□

2017

BLUE BOOK
ON THE DEVELOPMENT OF CHINA'S
BANK CARD INDUSTRY

中国银行卡产业
发展蓝皮书

（第四章）

跨境突围：

2016年中国银行卡产业的国际化征程

伴随着经济全球化和人民币国际化的步伐，中国公民在境外旅行、境外购物和留学教育等领域的跨境交易规模迅速扩大。银行卡作为传统金融业务与现代化信息技术结合的产物，在跨境交易中扮演着重要角色。2016年，我国银行卡产业境外业务平稳发展，实现了较快增长，创新业务蓄势待发。

第一节　跨境业务发展状况

随着我国居民生活水平的提升，境外旅行、境外购物和留学教育等跨境交易的支付需求日益旺盛。2016 年，我国国民出境旅游人数 1.22 亿人次，同比增长 4.3%；出境旅游花费 1 098 亿美元，同比增长 5.1%[①]。在强大的境外消费需求推动下，2016 年，我国银行卡跨境业务规模和范围持续扩大，营销推广活动取得了良好的效果。

一、境外发展规模与现状

2016年，我国银行卡产业境外业务平稳发展，在发卡、受理和技术标准等方面均取得了一定的突破。

（一）境外发卡与使用

随着中国银行卡产业境外业务的拓展，我国银行卡逐步成为当地居民的主要支付方式之一，在本地餐饮、酒店、超市和日用百货类商户被使用比例不断增长。2016年，境外有40多个国家和地区发行了银联卡，累计发行超过7 000万张，同比增长近35%。我国各家银行境外发行的银联卡在125个国家和地区被频繁使用，中国香港、韩国等多家发卡行发行的银联信用卡跨境POS交易增速超过70%；新加坡、菲律宾、越南等东南亚国家发行的银联卡跨境交易增幅均超过80%。

（二）境外受理

截至2016年末，我国银行卡在境外受理网络已延伸到160个国家和地

① 资料来源：国家旅游局数据中心，《2016 年全年旅游统计数据报告及 2017 年旅游经济形势预测》。

区，境外受理商户累计超过2 000万户，受理ATM超过130万台。其中，当年新增商户将近300万户，新增ATM终端8万台。为响应国家“一带一路”战略，东南亚、中亚、俄罗斯等沿线区域已经成为我国银行卡业务拓展的重点战略市场。目前，在“一带一路”涉及的79个国家和地区市场，有59个国家和地区已经可以受理银联卡，在部分主要经济体国家和地区，ATM和POS终端的银联卡受理覆盖率接近100%。此外，部分银行在2016年大力发展海外收单业务，拓展与海外主流知名商户及第三方机构的合作。以中国银行为例，其在2016年的收单交易额达24亿美元。

（三）技术标准

我国银行卡产业抓住境外支付产业升级发展机遇，积极推动具有自主知识产权的金融技术标准在境外落地。例如，泰国的本地转接系统TPN（Thai Payment Network）是根据银联的技术标准建设的，成为境外第一个采用银联标准作为本地统一的芯片卡标准的国家；中国银联与缅甸支付联盟（Myanmar Payment Union，MPU）签署芯片卡标准授权协议，银联芯片卡标准成为MPU受理、发卡业务的唯一技术标准。此外，亚洲支付联盟（Asian Payment Network，APN）以竞标的方式，最终确定中国银联为APN跨境芯片卡标准的唯一提供商。亚洲支付联盟(APN)是由新加坡、泰国、新西兰、韩国、澳大利亚、日本等11个国家的13家转接清算机构组成的，在亚太支付产业中有一定的影响力。目前，已有7家APN会员机构与银联达成芯片卡标准授权合作，新加坡、泰国、韩国、马来西亚等国家的主流转接网络将银联芯片卡标准作为受理、发卡业务的技术标准。

二、境外银行卡营销与推广

为满足国人在境外的用卡需求，我国各银行有针对性地推出了一系列的创新产品与服务，开展了大量的营销和推广工作。

（一）境外产品与服务

2016年，银行卡产业在原有境外业务的基础上持续创新，从方便持卡人出行、提升支付体验等角度，推出了多样化的创新产品与服务。

在境外发卡方面，各银行推出了多种境外信用卡产品，部分银行还在境外建立了分支机构。

中国银行在中国香港、中国澳门、新加坡、泰国、加拿大、英国、悉尼、金边等8家海外机构发行信用卡，2016年推出新加坡分行中银优享卡等产品。交通银行发行了环球信用卡，提供任意货币交易0转换费、境外交易10倍积分等权益（见图4-1）。

图 4-1　交通银行环球信用卡

在便利出行方面，各银行推出了多种出境旅游服务，包括便捷的签证申请、优惠的机票预订、舒适的贵宾候机、顶级的酒店住宿和餐饮等。

光大银行在其推出的“2016光大环球优惠季”中，为客户提供免费官方签证和线路规划服务，同时支持游客通过自由选择和任意组合量身定制个性化行程（见图4-2）。

图 4-2　光大环球优惠季——澳大利亚营销活动

中信银行推出“全球签”服务，为客户提供美国、加拿大、日本等全球70多个国家的签证服务，同时集合全国线下1 300余个网点的出国金融专员和线上客服平台百人专属团队，为客户提供签证咨询和办理服务（见图4-3）。

图 4-3　中信银行“全球签”服务

在方便用卡方面，各银行关注到客户境外用卡消费的每一个环节，在境外临时额度、交易提醒和消费后APP退税等方面着力创新。

交通银行信用卡推出综合出境报备服务，以“出境管家”为核心服务理念，通过“买单吧”APP平台，整合客户在境外常用的“免货币转换费”“境外临时额度预约”“交易安全监控”“微信交易提醒”和“72小时境外失卡保障”等五项核心功能，为客户提供全方位的出境用卡服务（见图4-4）。

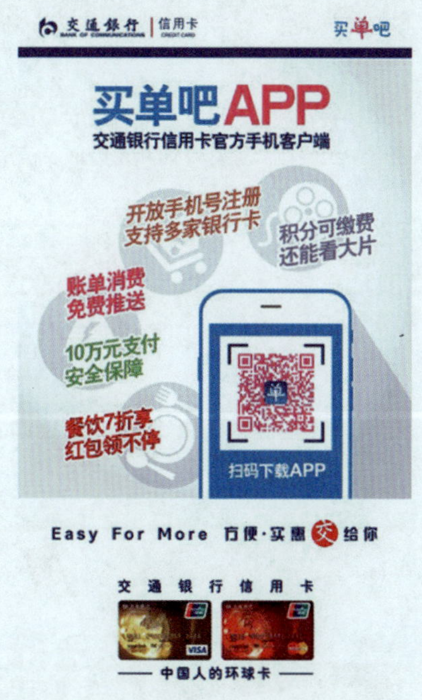

图4-4 交通银行“买单吧”APP

平安银行信用卡推出APP境外专区，汇总出境机票、酒店、购物等刷卡优惠，并提供签证、免费境外wifi、境外消费返现、0货币转换费、专属额度、备用金等便捷服务，优化了客户出境用卡体验。

在出国留学方面，各银行也在不断完善海外分行产品体系，积极探索创新，持续完善功能，提升客户用卡体验。

中国银行在2016年推出长城环球通新东方联名信用卡，为有出国留学的学生家庭提供家庭账户集中管理和留学相关境内外用卡优惠。进一步深化与国际卡组织的合作，实现互惠共赢，加强与商业合作伙伴的联动发展，共同打造全球化、海内外一体化发展战略（见图4-5）。

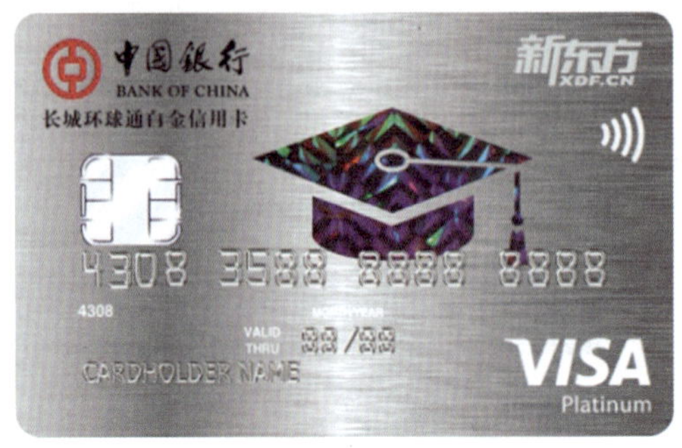

图 4-5　中国银行长城环球通新东方联名信用卡

东亚银行与国际学生证协会（ISIC）在中国境内联合发行东亚中国·国际学生证维萨联名信用卡，该联名卡提供了专享服务，如质押提临额，旅行类保险项目和留学生海外援助及医疗救援服务等，为中国学生提供了境内外学习生活的便利（见图4-6）。

图 4-6　东亚中国·国际学生证维萨联名信用卡

（二）境外营销活动

2016年，我国银行卡在境外开展了一系列营销活动，在15个市场近40家发卡行进行推送，为10个市场34家大商户开展个性化推广。其中，平台性营销活动扩大至35个市场，约2 000家商户参与，同比增长33%。活动期间，DFS、乐天、新罗、王权免税店、中免交易量增长超50%；旅游类商户交易笔数增长51%，此外，我国各银行还对旅游预订、留学缴费、黑五圣诞海购、航空等主要线上交易领域开展营销活动，活动形式包括商圈主题活动、节假日营销、境外游活动、境外消费优惠等几个方面。图4-7为邮储银行与途牛合作开展境外营销活动。

图 4-7　邮储银行与途牛合作开展境外营销活动

商圈主题活动方面，中信银行和银联国际于2016年10月在美国举行“中信—银联美国宣传推广月”活动，启动地点选在赴美旅游人群最喜爱的旧金山Livermore Premium奥特莱斯，向Livermore Premium奥特莱斯持中信银联卡购物的客户提供专享折扣（见图4-8）。

图 4-8　中信—银联美国宣传推广月活动

节假日营销方面，工银亚洲、工银澳门、工银阿根廷、新加坡分行等10家境外机构联合开展为期4个月的首次境外信用卡旺季营销。该活动抓住圣诞、新年、春节的黄金消费旺季，大力推行境外发行的长隆联名卡、环球旅行卡、银联双币卡等产品，为客户提供“刷卡赢大奖”“开卡享好礼”“在线抢礼遇”等优惠；上海银行以最高17%的优惠力度重磅推出境外消费优惠活动（见图4-9）。

图 4-9 上海银行境外优惠活动

境外游活动方面，中国银行开展了“环球精彩 一卡尽享”“环球精彩”和“中银海淘”等一系列营销活动，升级“基础返现+产品返现+叠加活动”跨境营销活动体系。

浦发银行信用卡通过与各大卡组织及商户积极开展合作，开展了里约奥运旅游大奖秒杀等活动（见图4-10）。

图 4-10 浦发银行里约奥运旅游大奖秒杀活动

上海银行信用卡中心结合日本游热潮推出刷卡赠日本游指定线路往返机票活动，在上海迪士尼开园前夕推出刷卡赠境外迪士尼门票活动，结合出国留学风潮为游学客户提供行李托运、购物优惠、机票优惠、退税返现、租车优惠等全方位贴心服务（见图4-11）。

图 4-11　上海银行信用卡刷卡赠境外迪士尼门票活动

境外消费优惠方面，国内部分银行在境外交易领域亦推出形式多样的诚意回馈和主题活动，例如境外交易“返10%刷卡金”、首刷送5美元、消费满额获5 000元刷卡金等。图4-12为北京农商银行境外营销活动宣传海报。

除了营销活动，我国银行卡产业还通过公关宣传、广告投放、赞助等方式，持续提升品牌的知名度和美誉度，营造良好的舆论环境。各银行还实施多个跨境联动传播活动，强化正面舆论引导力，例如与中央电视台开展跨年直播合作，展示品牌形象和业务信息，在社交媒体曝光超过22亿次。全年在超过40个市场的地标及国际机场、旅游大巴、游轮、Super ATM等场所投放品牌广告[①]。

① 资料来源：中国银联。

图 4-12　北京农商银行境外营销活动宣传海报

第二节　国际银行卡市场发展借鉴

一、国际银行卡产业整体发展情况

从交易金额来看①，2016年，全球主要国际卡组织②总交易金额约为175.2万亿元，同比增长26.5%。计入Visa收购Visa欧洲的影响，中国银联的市场份额仍保持全球第一位，全年总交易金额达到72.9万亿元，市场份额达到41.5%，相比上年增加1.6个百分点；Visa、万事达、美国运通市场份额，

① 本节第一、二部分内容摘录于中国银联《银行卡研究资讯》（2017 年第 02 期）文章——《国际支付产业年度回顾与展望》。

② 此处主要研究对象为银联、Visa、万事达、美国运通。根据 JCB 提供的数据，截至 2016 年 9 月 30 日，JCB 全球发卡量达 1 亿零 91 万张；2015 年 4 月至 2016 年 3 月，JCB 全球年总交易金额达 25 兆 5 001 亿日元（约 2 263 亿美元，按 2016 年 3 月 31 日的汇率计算，1 美元 =112.68 日元）；截至 2016 年 9 月 30 日，JCB 全球商户数为 3 192 万户

则分别为32.2%、20.0%、4.22%[①]。

从发卡量来看，中国银联继续领先其他国际卡公司，且境外发卡占比从2015年的0.9%提升至1.2%。估计2016年末，全球通用卡数量超过110亿张，同比增长3%，中国银联、Visa、万事达、美国运通发卡量占比分别为54.8%、23.3%、20.9%、1.0%[②]。

从受理环境来看，Visa、万事达保持领先，其全球商户数均达到4 330万户，POS超过4 330万台，ATM分别为230万台和250万台，开通国家超过200个（见表4-1）。

表 4-1　2016 年主要卡组织核心数据对比

2016年		银联	Visa	万事达	美国运通
交易	总交易金额（万亿元）/同比	72.9/35.3%	61.5/20.7%	33.5/5.6%	7.3/1.1%
	总交易笔数（亿笔）/同比	271.1/16.8%	1 248/14.7%	775/12.0%	—
	全球总交易金额市场份额	41.5%	32.2%	20.0%	4.2%
发卡	总发卡量*（亿张）	63.6	25.7	23.1	1.1
	境外发卡占比	1.2%	67.6%	77.0%	57.1%
受理	全球商户（万户）（境内）	4 089/(2067)	4 330	4 330	2 100
	全球ATM（万台）（境内）	212/(79)	230	250	—

注：Visa 总发卡量截至 2016 年 9 月底，万事达（包含万事顺）、美国运通截至 2016 年 12 月底，美国运通为流通卡量。

从地区数据来看，截至2015年末，亚太地区通用卡累计发卡量达68.5亿张，同比增长9.8%；美国地区累计发卡12.6亿张，同比增长4.3%；欧洲地区累计发卡11.3亿张，同比增长4.5%；拉丁美洲地区累计发卡6.4亿张，同比增长2.4%；中东非洲地区累计发卡2.5亿张，同比增长12.7%；加拿大地区累计发卡1.6亿张，同比增长6.5%。

① 国际卡组织相关数据按 2016 年 12 月 31 日汇率，1 美元 =6.94 人民币折算，同比变动剔除了汇率影响。Visa 自 2016 年第三季度起数据包含 Visa 欧洲。

② 本节 2016 年的部分数据为依据相关数值的预估值。

估计2016年末，亚太地区通用卡累计发卡量78.1亿张，同比增长14.1%；美国地区累计发卡13.8亿张，同比增长5.8%；欧洲地区累计发卡13.3亿张，同比增长10.8%；拉丁美洲地区累计发卡6.8亿张，同比增长4.3%；中东非洲地区累计发卡2.9亿张，同比增长13.8%；加拿大地区累积发卡1.6亿张，同比增长3.6%（见表4-2）。

表 4-2　2015 年和 2016 年全球通用卡地区分布及占比　　单位：亿张

地区	2015年		2016年	
	通用卡量	占比	通用卡量	占比
亚太地区	68.5	65.8%	78.1	67.3%
美国地区	12.6	12.5%	13.8	11.8%
欧洲地区	11.3	11.5%	13.3	11.4%
拉丁美洲地区	6.4	6.3%	6.8	5.9%
中东非洲地区	2.5	2.4%	2.9	2.5%
加拿大地区	1.6	1.5%	1.6	1.4%
总计	104.1	100.0%	116.2	100.0%

数据来源：2015 年，The Nilson Report；2016 年，根据往年增速数据进行预测。

从各地区占比来看，亚太地区持续提升，中东非洲地区略有微增，美国、欧洲、拉丁美洲和加拿大地区发卡量占比略有下降。估计到2016年末，亚太地区发卡量占比进一步提高，为67.3%，其后依次是美国（11.7%）、欧洲（11.4%）、拉丁美洲（5.8%）、中东非洲（2.5%）和加拿大（1.3%）（见图4-13）。

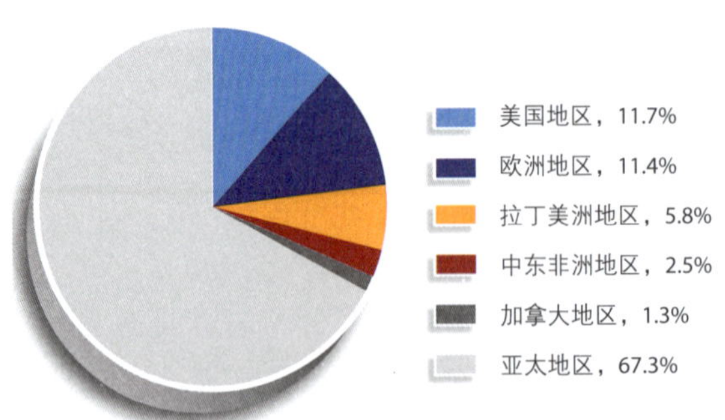

图 4-13　2016 年全球各地区通用卡量份额

二、国际银行卡产业发展特点

（一）银行卡移动支付市场竞争持续升温

用户端，新的市场参与主体不断涌现，用户流量抢夺愈加激烈。商业银行在已有账户体系的基础上推出加载多种应用的移动支付钱包，通过特色权益服务提升用户体验，增加使用黏性。比如花旗银行推出采用万事达白标支付方案Masterpass的移动钱包应用Citi Pay，并支持33个城市的店内NFC非接支付。摩根大通推出移动支付应用Chase Pay，用户使用大通银行登录信息进行注册后将同步所有银行卡信息并可用于手机支付。社交平台、电商、零售商等利用用户流量优势向支付领域延展，通过打造生态闭环引导用户形成支付习惯，如Facebook Messenger已接入第三方支付应用Azimo，研发店内购物支付服务。

商户端，由平台及操作系统主导的移动钱包等创新支付产品快速发展，并积极抢夺新兴市场。2016年，Apple Pay交易量实现大幅增长并已经超过PayPal成为美国商家最普遍支持的移动支付平台[①]。Samsung Pay已成为韩国使用量最大的支付应用，在韩国拥有超259万名用户，并宣布进一步拓展全球化战略。此外，国际卡公司及支付机构积极布局印度、泰国等新兴市场，收购当地移动支付机构，推出具有针对性的移动支付解决方案。

（二）芯片卡行业加速整合、物联网发展推动智能设备支付应用进一步普及

芯片作为金融IC卡、移动终端等支付产品的核心组成部分，其行业发展情况与支付产业紧密相关。2016年，国际芯片行业加速并购整合，深刻改变了全球芯片行业的格局。其中，高通以470亿美元收购恩智浦，刷新了芯片行业的收购记录，美国芯片制造商Microchip以35.6亿美元收购半导体公司Atme，西门子以45亿美元收购芯片软件设计公司Mentor Graphics，射频芯片供应商Skyworks以53亿美元收购芯片制造商Microsemi，ADI以148亿美元收购电器制造商Linear Technology，软银以320亿美元收购芯片IC设计公

① 资料来源：零售咨询公司 Boston Retail Partners。

司ARM。芯片行业的并购整合将增强芯片巨头在技术和产品方面的宽度和深度，为银行卡支付产业提供更完善的解决方案，支持新型支付技术的不断涌现和迭代融合。2016年，包括硬件厂商、商业银行、卡组织、非银行支付机构等支付产业相关方，均在可穿戴支付以及更广泛的智能设备支付领域展开积极试验，如Visa在奥运期间推出可开车门、解锁手机的支付戒指，与巴克莱银行合作推出Bpay支付手环，巴克莱银行推出移动支付手表Loop，金雅拓与RioCard、希腊银行共同推出支付腕带等。

同时，物联网的发展将催生出更多人工智能的场景，也推动着银行卡支付流程全自动化。未来，随着智能设备用户体验的优化、产品定位的清晰、功能的集中丰富，支付产业链主体的不断扩充，智能设备本身将出现多样化的发展趋势。各种智能设备配置的传感器与后端数据库相互连接，通过人工智能商业分析，随时为用户提供及时的服务。

（三）银行卡产业标准逐步实现全球化统一

新市场主体的加入使得银行卡移动支付产业链愈加复杂，增加了标准化和协调的难度。2016年，国际芯片卡标准化组织EMVCo与不同领域的机构达成合作，借助各家机构在不同领域的推动力和领导力，推动标准兼容。

移动互联网支付方面，EMVCo针对PC端和手机端的网上支付安全认证发布3DS2.0技术标准的说明，并筹备开展在线支付标准制定工作。2016年7月，EMVCo成立二维码特别任务组（QR Code Task Force，QRTF）并由中国银联担任组长，旨在从互操作性与安全性的角度推出采用二维码加芯片数据的方案，为二维码支付提供统一的技术框架，该标准有望在2017年颁布。

身份认证方面，由于生物识别认证的应用环境较为混乱，各种产品及解决方案在同一设备上不兼容，造成资源浪费，也给厂商及用户造成困扰与不便。EMVCo通过其移动支付工作组（Mobile Payment Working Group，MPWG）提出了Shared CDCVM（Consumer Device Cardholder Verification Method）的技术架构和用户场景，专门成立了CDCVM特别任务组并由中国银联担任组长，旨在为支付行业制定统一的技术框架、技术标准及相关认证。并且，EMVCo与FIDO联盟正式达成合作，将FIDO身份认证标准纳入EMVCo的支付用例中，探索在持卡人设备的认证程序上运用生物识别技术。

芯片卡方面，EMVCo在EMV下一代规范中运用下一代公钥体系，以有效保证EMV芯片规范的兼容性。此外，EMVCo还发布非接支付设备测试认证规范，首次涵盖SE和HCE等NFC移动支付设备相关内容。2015年7月至2016年6月，全球42.4%的卡片支付已采取EMV标准，同比增长33%[①]。产业标准的全球统一，有力推动了受理市场的进一步优化完善，提升了支付安全规范水平，同时有助于NFC等新兴支付方式的发展，为支付机构全球化拓展创造了条件。

（四）产业各方搭建开放生态体系吸引更多合作伙伴

随着市场竞争不断加剧，“竞合关系”成为支付产业最本质的业态。产业各方纷纷采取更为开放的模式寻求多方合作，通过积极打造开放式服务平台构建生态体系。2016年2月，Visa、万事达相继推出新的开发者平台Visa Developer及MasterCard Developers，开放更多技术、产品以及服务来帮助金融机构、商家和技术公司来满足其客户需求（见图4-14）。Square推出Build with Square商户自定义支付平台，商户开发者可利用其中的APIs将Square支付方式个性化地集成至自有系统内。微软与初创企业Blockstack Labs和ConsenSys达成合作，将共同搭建开源身份认证平台，目的是整合比特币和以太坊区块链，并在Azure平台发布开源框架，供开发者搭建身份认证应用。

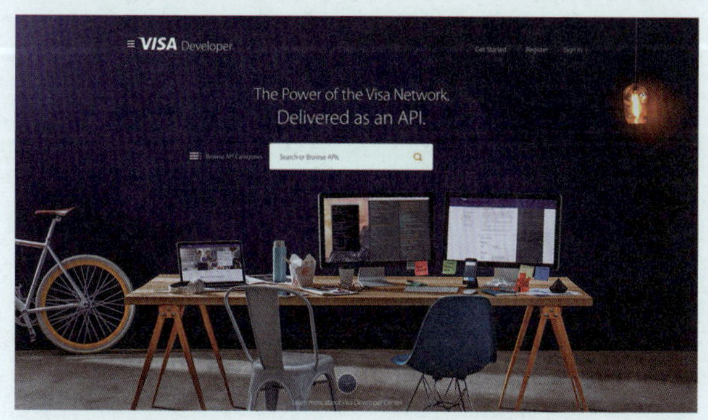

图 4-14 Visa Developer Platform (VDP)

① 资料来源：EMVCo 官网。

同时，产业各方不断扩大合作服务范围，拓展业务维度。如Visa联合40家金融机构发布了一款移动应用白标解决方案，能够让金融机构向客户提供包括实时账户信息查询、卡片管理、欺诈交易提醒以及非接支付Token服务在内的一揽子卡片管理服务。同时，Visa面向第三方合作供应商开放Token标记化服务平台（VTS Platform），允许设备制造商、发卡行、物联网开发人员、钱包服务商、商户及其他企业在相关设备上使用Visa的Token电子支付服务。此外，Visa还向合作伙伴开放Visa Checkout平台，合作伙伴可在其电子钱包中加载Visa Checkout服务（见图4-15）。

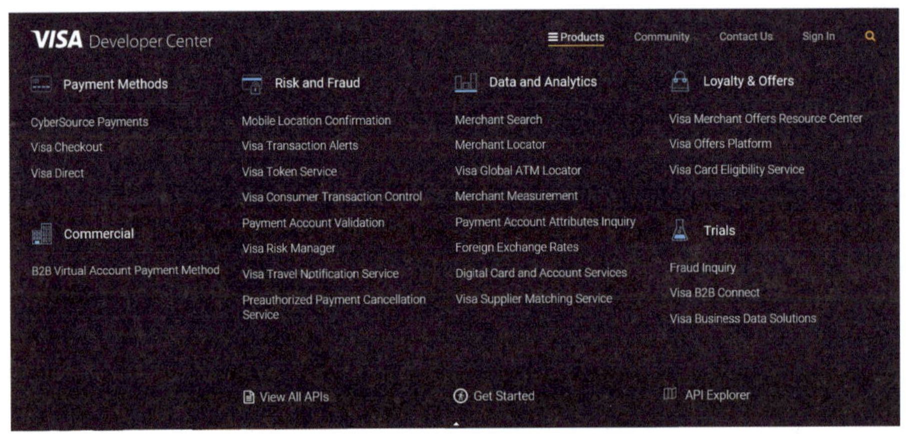

图 4-15　Visa 开发者：助力移动支付

三、国际银行卡经典案例借鉴

（一）精益客户服务的理念

日益精细化的市场和更加差异化的客户服务在世界范围内为银行卡产业注入了更多的活力。

日本卡组织JCB面向持卡人提供位于世界各地众多热点地区的工作人员服务台——JCB PLAZA Lounge、JCB PLAZA（见图4-16），能够用多种语言为客户提供商户预约、紧急救援、旅行问题以及免费一日行李寄存等多种旅游支持服务。同时，JCB还为赴日旅游人士提供免费智能旅行指南手机应用程序、机场大巴车票折扣、免费游览热门观光景点等。

图 4-16　JCB PLAZA Lounge 檀香山

（二）开展优势互补的跨界合作

支付行业日益全球化、电子化的特点，特别是移动互联网技术的不断发展，要求必须以开放平等的姿态进行行业内和跨行业的合作，来推动产业的持续发展。

美国的Adobe公司开发的Adobe营销云系统使用实时的互联网、社交网络和移动终端数据，将客户的多项体验有机整合在一起，帮助银行测试和改善客户体验。银行对客户提交的信用卡申请会第一时间发送欢迎信到客户的邮箱，介绍各种信用卡产品的特点，后期还会发送具有高度互动性和各种统计分析信息的对账单、营销推广资料。客户可以即时在手机月结单的界面上申请办理何种分期业务。这些界面全部是高度个性化和形象化的。银行的后台可以对客户申请的图表、网页的架构、对账单的布局进行分析和实时的修改，提高了客户的个性化感受。

（三）提升支付流程的安全性

互联设备的崛起将快速扩展我们购物和支付所使用的平台，但这也为黑客提供了新的攻击点，为了应对这一安全挑战，银行卡产业积极利用先进技术，提升支付交易的安全性。

为了提高电子结算的安全性，JCB提供实名认证服务——J/Secure。

J/Secure是指网上购物时，在参加J/Secure的加盟店中，通过输入事先在JCB发卡公司登记的J/Secure的密码，对持有JCB卡的持卡人进行实名认证的服务。通过与JCB发卡公司进行直接确认，防止第三者的非法使用（见图4-17）。

图 4-17 JCB 实名认证服务——J/Secure

英特尔与Visa共同合作，通过加密和身份验证技术打造物联网环境下更安全的支付流程，将Visa的加密技术与英特尔交易用数据保护技术集成，为商户提供更加安全的数据传递。通过合作，支付数据在具备加密功能的设备上进行传输时，若遭到黑客截获将立即失效。

（四）大数据技术的发展与应用

2016年，全球支付产业继续以超出人们想象的速度发展和演变，特别是以大数据为代表的技术发展继续对支付行业产生深刻的影响。大数据技术催生了金融业务模式创新，拓宽了传统金融服务的边界，将数据挖掘与数据分析等先进技术运用于支付领域，对产业的发展提供了强大的技术推动力。

纽约的大数据评分公司（Big Data Scoring）开发的大数据评分系统通过搜集客户在社交媒体、博客、随机网站等多个渠道的数万个外部数据，了解客户的网上行为、消费偏好等信息，评估客户的信贷风险。当客户提交信用卡申请时，银行会查询同一社区客户的交易数据、客户的网上行为和交易信息、当地商户的交易信息以及这一IP地址的相关信息，并进行评分，从而有效降低信贷损失的风险，提高银行客户信用卡的审批通过率。

（五）区块链技术的应用

区块链是一种数字经济的新式记账方法。区块链基于密码学技术，通过特定算法，依靠一定的共识机制（比如比特币的工作量证明），点对点交易可以快速得到确认，信息存储在各节点（node），无须信任单个中心。每个节点通过保存一套完整历史数据库的副本，参与维护信息的安全性和准确性。区块链能验证、转移和记载任何可以通过一致数学算法转化成数据的事实。

世界各地的商业银行顺应区块链技术的发展，积极探索区块链的使用。区块链可以应用于股权交易、债券业务、贸易融资、保险理赔、支付清算等领域，在支付结算领域，区块链可以提供实时的支付，7×24快速的结算，而无需银行账户。传统的支付交易通过支付网络进行，一旦交易被批准，银行保证对商户的汇款，对商户的清算一般需要1-3天时间。新型的区块链支付交易使用区块链网络进行，一旦交易被批准，网络保证交易的唯一性，对商户的清算在10分钟内就能完成。商业银行可以尝试在银行卡业务中使用区块链技术，加强持卡人的信用管理，提升交易的处理速度和客户的支付体验。

2016年Visa公司宣布推出基于区块链技术的Visa B2B Connect预览版，Visa正在与Chain合作开发接近实时的交易系统，在代表企业客户的银行参与方之间提供大额国际支付的交换，由Visa端到端进行管理。Visa希望为交易过程提供清晰的成本、改善的交付时间和可视性，从而大幅改进当前国际B2B支付的方式。使用这一系统，银行及客户可以在几近实时的情况下获得通知和支付的最终结果。

第三节 银行卡产业国际化展望

随着我国参与全球经济治理程度的加深、更高层次开放型经济体系的形成，中国银行卡产业走出去将获得更进一步的发展动力和基础。未来，我国银行卡产业的国际化进程将进一步提速。

一、产业国际化发展进程整体加快

近几年，我国跨境电商、出境旅游、留学教育的市场不断增长，中国人民银行、国家外汇管理局等监管部门也相继出台了支持跨境支付业务发展的政策，这将使我国跨境支付市场维持高速增长态势，并将推动自主品牌走出去。2016年，全球已有超过40个国家发行银联卡，我国银行卡在境外受理网络已延伸到160个国家和地区。与此同时，国家“一带一路”战略的深入推进将逐渐释放沿线国家支付产业的发展潜力，我国与这些国家在支付产业方面的合作有望进一步深入，帮助这些国家和地区完善银行卡受理环境，提升服务能力。未来几年，我国银行卡产业将持续扩大境外的受理面，同时在有条件的市场加速推进业务本地化，逐步扩大在境外发卡数量。

二、中国技术标准将与国际接轨

伴随着我国银行卡产业的境外发展加速，中国银联在2016年积极推动具有自主知识产权的金融技术标准在境外落地。2016年10月12日，银联宣布与亚洲支付联盟（APN）的7家会员机构，达成了芯片卡标准授权合作，新加坡、泰国、韩国、马来西亚等国家的主流转接网络将银联芯片卡标准作为受理、发卡业务的技术标准。此次合作，既标志着国际市场对银联技术实力和服务水平的认可，也有利于促进相关国家和地区电子支付产业的升级与合作，与国际接轨。此次授权后，APN品牌卡片将使用银联芯片标准，必能实现当地支付产品升级换代。作为大多数创新支付产品的基石，我国制定的自主品牌芯片卡标准走出去，将为未来非接支付、移动支付等创新产品在境外的推广打下基础。

三、多样化多币种卡满足境外用卡需求

2016年，中国公民出境旅游人数达到1.22亿人次，出境游最热门的十大国家和地区为泰国、韩国、日本、中国香港、中国台湾、新加坡、马来西亚、美国、印度尼西亚和越南。随着人们出境游的选择越来越丰富，国人对于跨境支付的需求也越来越高。

一方面，人民币跨境支付系统CIPS的成功上线，以及人民币正式加入国际货币基金组织特别提款权（SDR），人民币国际化进程将加快，未来人民币有望在贸易、投资、融资、跨境支付等领域充当计价和结算货币，这将给我国自主银行卡品牌进一步走出去增加新的动力，以方便国人在境外的消费需求。

另一方面，国内不少银行联合Visa、万事达等国际卡组织推出多样化的多币种产品，以满足人们在不同国家面临不同货币结算时的用卡需求。该类产品可以免除货币转换手续费（通常为消费金额的1.5%左右）。

中国银行推出的全币种国际芯片卡，是符合EMV标准的芯片卡产品，可有效降低被伪冒与欺诈的风险。同时，所有消费、取现均可减免1.5%的跨境交易货币兑换手续费。持卡进行的任何币种外币交易，都可自动转换为人民币入账，且该功能可根据客户需要开通或关闭。

工商银行推出的工银环球旅行信用卡，承载了美元、欧元、英镑、日元、新加坡元、加拿大元、澳大利亚元等10种外币直接支付的多币种功能，可用10种外币直接还款，也可使用人民币购汇还款。在10种外币对应的国家或地区境外网络使用时，直接以相应币种入账，无需货币转换；在10种外币以外的国家或地区境外网络使用时，系统自动将交易币种折算为美元并记入美元账户，同时自动免除

相应的货币转换费。

未来，伴随中国银行卡产业的国际化发展进程加快，国内各银行将推出更多、更丰富的多币种卡，以满足国人的出行需求。

四、国际支付产业不断升级

受经济、政治、技术、人口等因素影响，未来全球支付产业发展将持续分化，新的支付服务商大量涌现，价值链前端的不断创新使得国际支付市场的格局更为复杂。在国际市场，亚马逊、谷歌等非支付行业巨头已借助移动APP和电子钱包进入支付领域，给传统银行业带来脱媒威胁。在国内市场，以支付宝和微信为代表的非银行支付机构推行的二维码支付在全国范围内迅速扩张，对传统银行业也造成一定的冲击和影响。

在此背景下，传统银行卡产业将借助新型技术稳固市场份额，近场支付、可穿戴设备、智能POS的兴起会使银行卡产业焕发出新的活力，二维码、电子钱包、P2P支付应用等移动支付方式的创新和多样化也将带来新的需求和机遇。

此外，2016年各国监管机构对支付基础设施建设的重视度不断提升，在鼓励市场竞争的同时，着力推动支付系统创新升级，提升支付体系的总体服务水平。未来，商业银行将着力升级核心系统、拓展交易处理种类、提升交易处理能力、优化操作流程，确保能提供更多高效的银行终端业务，消除支付延误、提升服务质量，以应对技术变革带来的市场竞争。

业界聚焦

银联智策：银行卡数说我国春节假日消费

近年来，大力发展以消费为主的假日经济已成为我国国民经济的重要组成部分，也随着走出去的国人成为一抹亮丽的“中国红”。人们利用节假日集中购物、集中消费的行为，带动供给、带动市场、带动经济发展，已形成了一种综合经济模式假日经济。假日经济的主要特征是消费，其文化特征是休闲与旅游，空间特征是流动与聚合，包括人流、物流和资金流。它主要包括旅游、休闲、娱乐三种形式，涉及商品消费、旅游服务消费和文化消费三个领域。

假日经济的好坏对一年经济水平有着重大的影响。自 1999 年第一个黄金周以来，假日经济的出现对我国长期疲软的消费市场产生了无可比拟的拉动作用。假日经济的驱动因素包含了各种需求、供给和资源配置，其消费条件是既要有消费能力，又要有消费时间，还要有文化内涵。在经历了初期阶段的粗放式发展之后，实现假日经济的可持续发展，依然面临着诸多挑战。

历经多年发展，银行卡成为居民日常生活中必不可少的非现金支付工具，也承载了中国老百姓在假期的海量消费行为数据。因此，本文以 2017 年春节与平日[①]消费做对比，刻画中国居民假日与平日的不同消费特征，为政府和商家在决策过程中提供参考。

① 考虑到季度统一性，避免公共节假日以及热门度假时间等因素，选取 2017 年 3 月 3 日至 3 月 23 日三周的交易数据为对照组，作为平日数据采集。

一、春节消费概览

（一）消费总量

从2016年劳动节至2017年清明节，所有的公众假期消费数据来看，元旦假期及劳动节假期为假期日均交易金额最大的节日，分别为423亿元及364亿元，而中秋节及春节为假期日均交易金额最小的节日，分别为272亿元以及167亿元（见图1）。

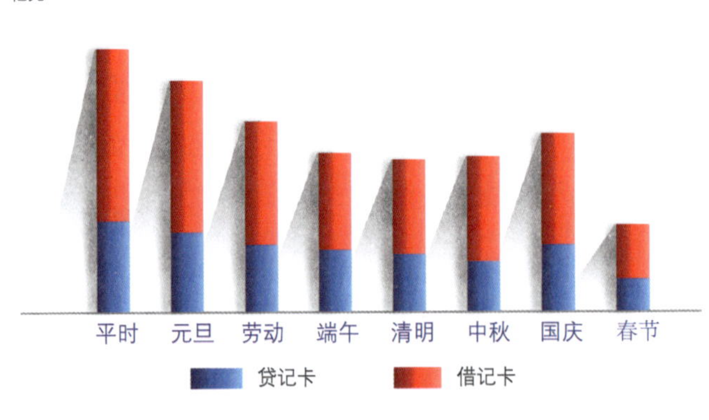

图 1　全年假期日均总交易金额

从各月月交易总额来看，全年月交易量趋于稳定，而在11月至12月有小幅上涨，并在2月间，春节前后有较大幅度的下降，之后反弹至平均水平（见图2）。

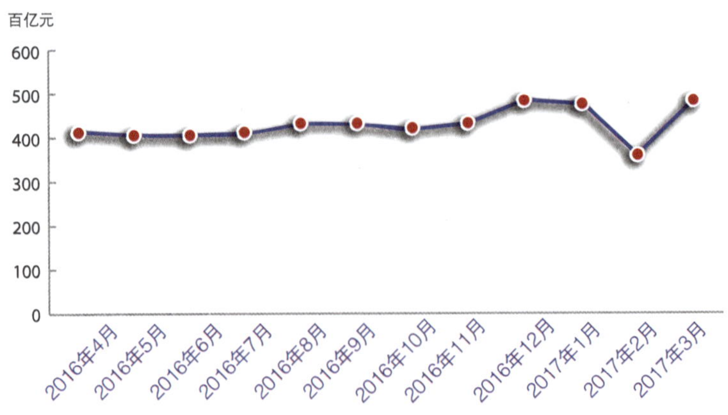

图 2　月交易总金额

（二）消费结构

本文重点关注六大类消费结构，分别为购物、交通、娱乐、餐饮、酒店和旅游。图3显示了银行卡数据体现出的在春节与平日的消费特征对比。在春节期间，银行卡的消费金额普遍大幅下降，尤其体现在娱乐、购物和交通方面。这与实际情况比较符合，春节期间，人们普遍在欢度春节，阖家欢乐，较少人群会选择外出就餐和娱乐，同时较多的商家会选择在这期间停止营业，与家人团聚。所以，春节期间银行卡消费总体较少。

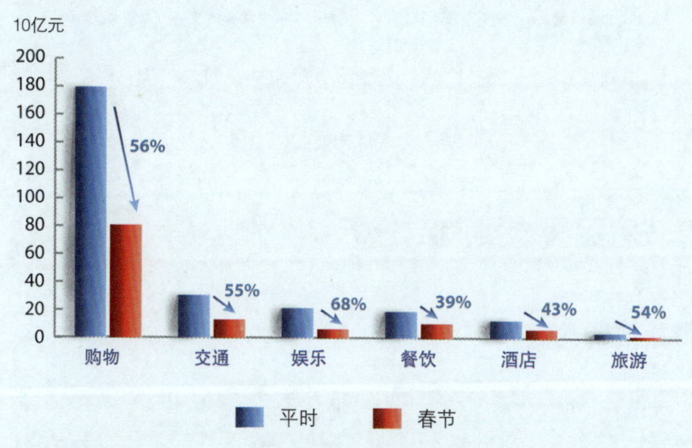

图3　平日与春节交易消费结构对比

（三）消费地图

春节期间，海南省、安徽省以及浙江省成为卡均消费最高的三个省市，而在平日，浙江省、海南省以及天津市为卡均消费最高的省市。另外，春节期间消费更集中在沿海地区，而平日消费区域相对较分散，集中在东北三省、京津冀及沿海地区。

（四）消费趋势

将平日一周与春节七天作对比，相较于平日较为稳定的消费趋势，春节期间除夕成为一周消费之最，大年初一消费触底，之后缓慢上升并趋于平稳。

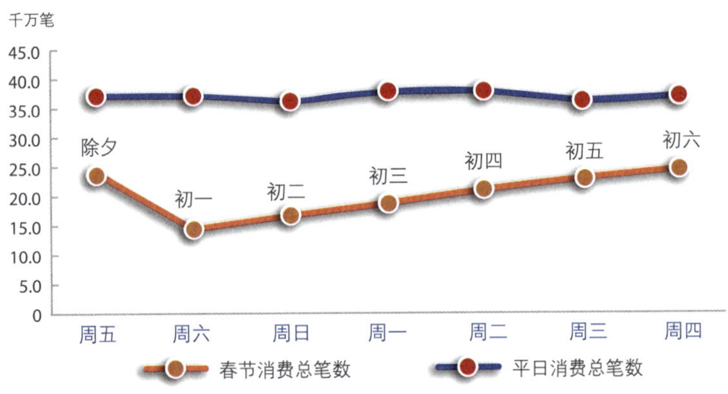

图 4　春节七天消费趋势对比

二、春节居民餐饮类消费分析

（一）餐饮消费热门省市

在春节期间，餐饮消费最高的省份为广东省，其后依次为浙江省、上海市、福建省和江苏省等东南沿海地区。然而在平日，上海市和江苏省却跌出了前五名，取而代之的分别是北京市和山东省（见表1）。

表 1　餐饮消费热门省市

餐饮消费热门省市	春节	平日
广东省	1	1
浙江省	2	5
上海市	3	6
福建省	4	2
江苏省	5	7
山东省	6	4
北京市	7	3

（二）春节年夜饭热力图

出门在饭店吃年夜饭的家庭更集中于沿海地区，东北三省以及京津冀地区。

三、春节购买趋势分析

（一）平日及春节期间购买趋势对比

相较于作为对照时间的平日三周里较为稳定的购买量趋势，春节前两周交易笔数迅猛增长，在除夕前后骤降，随后缓慢上升，逐渐接近平日购买水平（见图5）。

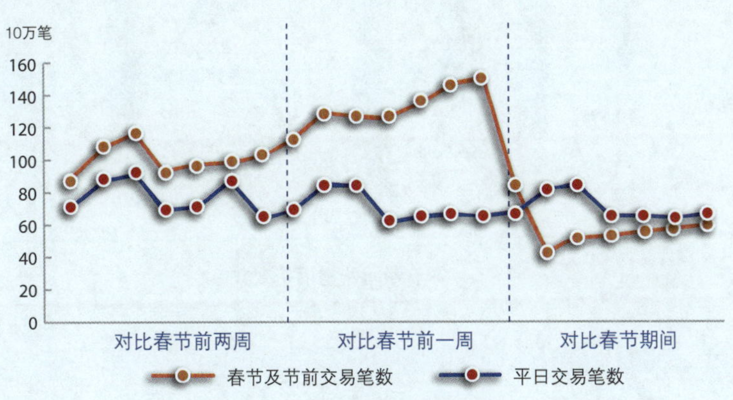

图5 平日与春节购买趋势对比

（二）省市购买能力分析

春节期间，购买能力最强的省份为山东省，其后依次为广东省、河南省、江苏省、福建省和浙江省。在平日，购买能力排名有所差异，山东省仍然是购买能力最强的省份，但江苏省由春节期间第四名下降到了第七名（见表2）。

表2 购买力省份排名

购买力省份排名	春节	平日
山东省	1	1
广东省	2	5
河南省	3	3
江苏省	4	7
福建省	5	2
浙江省	6	4

（三）春节期间购物消费分析

2017年春节期间，免税商店和金银珠宝类消费金额比平时增多，而百货、超市、服装、家电类消费均有减少（见图6）。

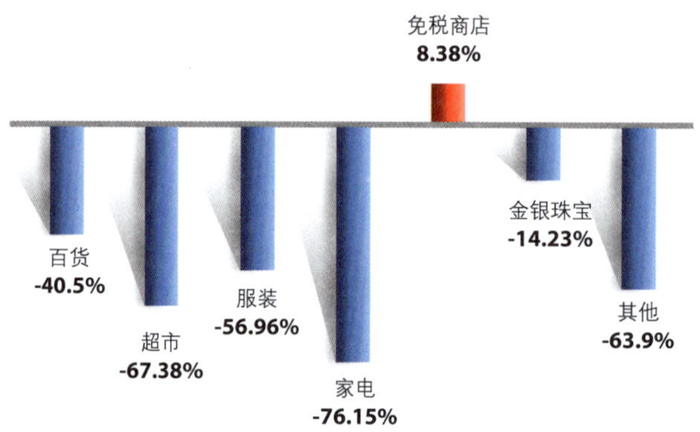

图6　春节期间购物消费变化

四、春节娱乐消费分析

（一）娱乐活动最活跃省份

春节期间，娱乐活动最活跃的是广东省，其后依次为河南省、山东省、福建省、江苏省和北京市，较平日差异较大。在平日，福建省成功登顶，成为榜首，北京市平日的娱乐活动也很活跃，从春节期间的第27名攀升至第4名（见表3）。

表3　娱乐消费热门省市

娱乐消费热门省市	春节排名	平日排名
广东省	1	2
河南省	2	3
山东省	3	5
福建省	4	1
江苏省	5	9
北京市	27	4

（二）最受欢迎娱乐项目分析

相较于平日，春节期间娱乐消费大幅度缩减，尤其体现在保健和美容SPA、按摩院以及私人俱乐部行业，分别降低77.9%、64.8%和63.8%（见图7）。

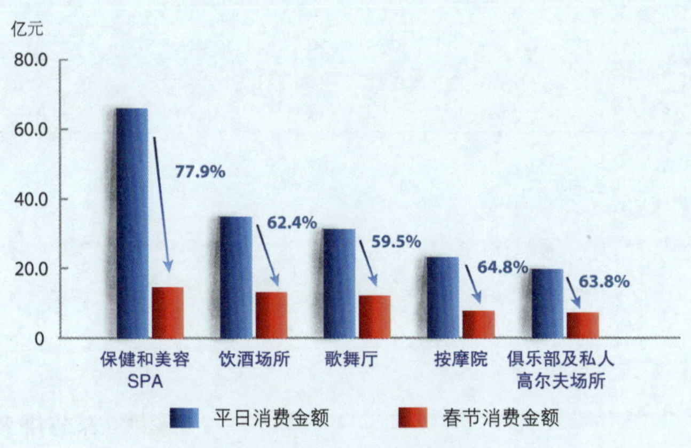

图7　最受欢迎娱乐项目对比

五、春节出行路线

（一）最爱境内游城市

在春节期间，北京、上海和成都成为境内游的三大出发地，其后为郑州和西安。这一排名与平日比变化不大，平日里，北京和上海依然是境内旅游的前两大出发地，重庆、广州和成都的居民也紧随其后。

（二）最爱出境游城市

在出境游方面，春节期间上海成为出境游最火热的城市，其后依次为北京、广州、深圳和成都。由于这五个城市较繁华，较多元化，拥有较多国际航班，所以，平日里这五个城市仍然是最热衷出境游的城市，只是排名较春节期间略有不同（见表4）。

表 4　最爱出境游城市

出境游城市	春节	平日
上海市	1	2
北京市	2	1
广州市	3	4
深圳市	4	3
成都市	5	5

（三）迁徙热点城市

作为迁徙的目的地城市，春节及平日里的排名较为相似，前四名分别为上海、深圳、北京以及广州，而重庆成为排名第五的春节迁徙热点城市，相较于平日排名上升了11位（见图8）。

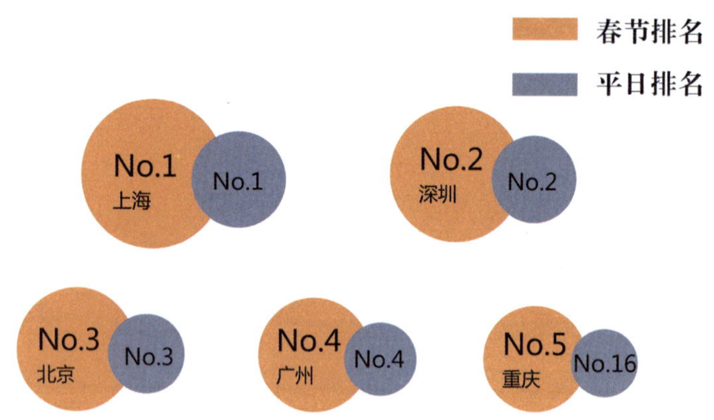

图 8　迁徙热点城市

（四）热门境外消费地区分析

春节期间与平日对比，中国香港常年为国民境外消费的首选，与日本、中国澳门一道保持国民“境外”消费的三甲。对比春节期间排名前10的境外消费地区，及其相对于平日排名的变化趋势和程度，其中，韩国与美国是相较平日排名上升幅度最大的两个国家，分别上升两个及三个名次（见表5）。

表5 “境外”消费地区排名

境外消费地区	春节	平日
中国香港	1	⇨
日本	2	↑
中国澳门	3	↓
韩国	4	↑
泰国	5	↓
中国台湾	6	↓
新加坡	7	↓
美国	8	↑
马来西亚	9	↓
意大利	10	↓

（五）旅游和回家探亲路线

北京、上海、深圳鸡年春节主要迁徙路径：北京出行至广东、上海、河北的最多，上海出行至江苏、浙江、广东的最多，深圳出行至广东、上海、湖南的最多（见图9）。

北京出发迁徙热门地　广东　上海　河北

上海出发迁徙热门地　江苏　浙江　广东

深圳出发迁徙热门地　广东　上海　湖南

图9 旅游和回家探亲路线

经过三十多年的普及和发展，银行卡日益成为我国居民最为重要的消费支付工具。透过银行卡大数据，我们可以分析银行卡所承载的中国老百姓在春节假期吃、购、游、娱等消费行为，从银行卡消费的独特视角洞悉居民假日和平时的消费特征及趋势，同时也得以透视银行卡在我国消费经济新常态下的地位和作用。

作者：赵萌

银联智策：银联智策是业界领先的大数据金融科技公司，全面、准确、实时把握消费脉搏，帮助客户增强业务能力、扩大利润空间、优化决策流程，打造以大数据分析为基础的核心竞争力。公司的大数据服务平台分别向客户提供个人大数据综合服务、商户大数据综合服务、大数据投资宏观分析及大数据智能策略分析等服务，在金融、征信、商业、媒体、咨询、政府等众多客户中拥有广泛好评，是上海市高新技术和科技小巨人培育企业，亦是业界公认的“高品质”大数据智能策略服务商。□

2017

BLUE BOOK
ON THE DEVELOPMENT OF CHINA'S
BANK CARD INDUSTRY

中国银行卡产业
发展蓝皮书

（第五章）

他山之石：

聆听业界的百家之言

我国银行卡产业历经30余年的发展，规模持续稳步增长，同时也逐步形成较为完整、完善的产业链条，主要包括监管机构、发卡机构、收单机构、银行卡组织、持卡人、特惠商户以及第三方专业化服务机构，如卡片制造商、外包服务商、技术服务商等。本章选取了一些具有代表性的银行卡产业链参与主体的分析研究成果，希望集业界的百家之言，从不同的角度勾勒出一个更加清晰、立体的银行卡产业。

第一节 捷德（中国）：银行IC卡制造创新与发展趋势

一、银行IC卡的前世今生

银行IC卡，是以芯片作为介质的银行卡，它是由商业银行发行的，采用集成电路技术，遵循国家金融行业标准，具有消费信用、转账结算、现金存取全部或部分金融功能的金融工具。按介质类型，银行IC卡可以分为纯芯片卡和磁条芯片复合卡；按照交易方式，可以分为接触式卡、非接触式卡以及接触+非接触的双界面卡。

众所周知，银行IC卡由磁条卡演变而来，它是一张涂有一层磁性微粒材料的PVC卡，在卡片的背面有个磁条。磁条卡的工作原理类似于录音机磁带，借助记录磁头来录入信息，存储在磁道，读取时再借助记录磁头进行读取。磁条卡的优点是数据读写方便、成本低廉；缺点是容易磨损、容易被其他磁场干扰，特别是安全性较差，磁条信息易被复制。近年来，伪造磁卡条、盗用磁卡信息的案件频繁发生，给持卡人和发卡机构造成了巨额损失。

为了解决磁条卡的安全性问题，银行IC卡应运而生。IC卡与传统的磁条银行卡外观基本一致，只是多了一块芯片。银行卡所有的信息都存在这块芯片中。与传统的磁条卡相比，芯片卡容量大，可以存储密钥、数字证书、指纹等信息。卡片的信息被写在芯片里，要读取或写入都受到密钥的保护，不易被破译、复制，因此，大大提高了银行卡的安全性。同时，银行IC卡还具备电子现金账户，可以使用非接触界面，支持脱机小额支付、即刷即走的快速支付和智能卡手机支付。

IC卡在整体安全性、促进技术升级、满足多种应用需求等方面都比传统磁条卡具有明显的优势。为了大力推广IC卡应用工作，国家实施了银行卡从磁条卡向金融IC卡迁移的战略。根据《中国人民银行关于推进金融IC卡应用工作的意见》（银发〔2011〕64号）要求，自2015年1月1日起，在经济发达地区和重点合作领域，商业银行发行的、以人民币为结算账户的银行卡应为金融IC卡。《中国人民银行关于进一步加强银行卡风险管理的通知》要求，2017年5月1日起，全面关闭芯片磁条复合卡的磁条交易。从此，IC卡成为了银行卡实体卡片的主流模式。

二、银行 IC 卡制作流程

银行IC卡主要由卡基、芯片组成，其中，制作银行IC卡的塑料片称为卡基，使用最广的卡基材料为PVC、ABS，其尺寸需符合ISO国际标准85.5mm×54mm×0.84mm；芯片主要由国外芯片厂商提供，但是国产芯片已经具备商用条件，未来芯片国产化是重要发展趋势。在卡基和芯片的基础上，银行IC卡制作还包括COS系统和封装、卡片个人化、在卡片上印刷信息等步骤。

一张完整的银行IC卡生产过程如下（见图5-1）。

一是制作工厂接收卡片制作信息文件，主要包括：（1）卡面设计图片信息，卡面设计图片信息主要是指卡面设计文件，供卡片生产过程中版面印刷环节使用；（2）个人化数据信息，芯片写入信息（卡号、密钥、证书、配置文件）和卡面印刷信息（卡号、有效期、姓名等）。

二是制作工厂生产预处理，主要工作是将卡面设计图片转为印刷文件，同时对个人化数据进行批量处理。

三是卡片制造商专业生产，主要流程包括：（1）芯片生产，包括芯片焊接与芯片个人化处理；（2）卡体生产，包括卡体开槽、卡体芯片模块封装与卡片冲切。

四是卡片制作商安全交付卡片。根据卡片制作商的严格安全运输规范要求，对成卡进行包裹，同时交付由通过资格审核的运输公司进行安全运输，采取点到点的运输方式，并由专门押运人员确保成卡的运输安全。

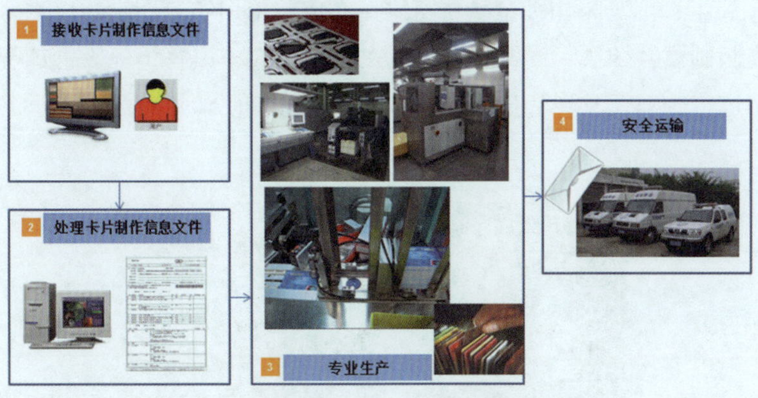

图 5-1　银行 IC 卡制作流程

三、银行 IC 卡制作创新

随着金融IC的快速普及应用，在制作过程中，各种新材料得以利用，创新工艺也层出不穷。

（一）银行IC卡印刷技术创新

3D打印卡：通过在图案上印刷特殊的金属油墨来实现光影浮现的立体效果。将三维视觉效果呈现于卡片上，使整个卡面如同置身于三维立体空间（见图5-2）。

图 5-2　3D 打印卡

（二）银行IC卡卡基材质创新

金属卡：卡基采用纯金属材料制作而成，采用领先新工艺技术，经过设计、线割制模、冲压、腐蚀、印刷、抛光、电镀、填色、包装再加智能卡芯片等多道传统工艺及现代化先进技术精制而成，使卡片有浑金璞玉之感（见图5-3）。

图 5-3　金属卡

碳纤维卡：采用碳纤维材料制作的卡体，由于碳纤维的特点，碳纤维卡强度为钢的7~9倍，且耐化学腐蚀性好，耐磨性好，耐高温性好。在卡面设计中，碳结晶和孔洞组成的特有的二维有序纹理能令作品充满时空感（见图5-4）。

图 5-4　碳纤维卡

（三）银行IC卡卡面设计元素创新

银行IC卡卡面创新元素，通常是指在PVC卡表面增加一道特殊产品工艺，可以植入各种特殊材质、采用特殊工艺，经过特殊加工转移到卡片表面，使卡片呈现出类似的纹理效果。卡面特殊材质的增加，使卡面图案更加丰富多彩，立体逼真。

彩贝卡：在透明基材中夹入带有贝壳纹理的薄片，使卡片如珍珠般晶莹。通过贝壳纹理与版面设计的巧妙结合，卡片不仅有着与众不同的视觉，手感也独特不凡（见图5-5）。

图 5-5　彩贝卡

木纹卡：顾名思义就是将木材纹理通过特殊加工转移到卡片表面，使卡片呈现出类似的纹理效果。卡面的特殊材质使木纹卡比普通卡面更加耐划伤，从而延长卡片使用时间，降低换卡率，也顺应了时下倡导的环保理念（见图5-6）。

图 5-6　木纹卡

（四）银行IC卡应用创新

LED卡：将LED及电路部分封在卡片中，通过卡片上控制按键控制LED灯自动循环闪烁，并且采用LED闪烁工艺的卡片，在用户刷卡时，卡内的LED灯会随之亮起（见图5-7）。

图 5-7　LED 卡

可视卡：这是一款富含高科技元素的产品，采用的是电子纸显示技术，内含超薄微处理器，这样就能脱机实时显示电子现金账户余额。卡上的右上角有个LCD显示屏，10个数字键整齐地排列在卡片下部。根据银行IC卡规范要求，卡面平整如常，并无多大凹凸感。但只要按一下电源键，左上角就会显示出包括电子现金余额在内的多种信息（见图5-8）。

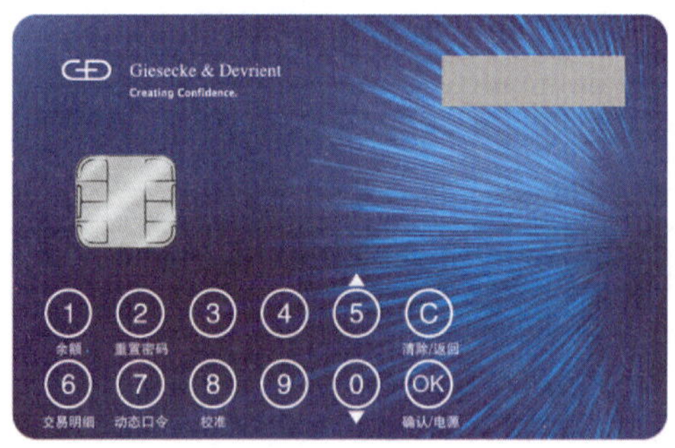

图 5-8　可视卡

（五）银行IC卡品形态创新

异形卡：这是根据个性化需求量身订做的非国际标准卡，卡片尺寸有别于常规卡片，并可以在卡片封面上使用个性化的图案或有纪念意义的图片（见图5–9）。

图 5–9 异形卡

可穿戴设备：随着智能穿戴设备在中国市场的概念普及和持续增长，金融功能日益成为可穿戴设备乃至智能硬件的基础功能。卡片制造商看好这一领域的未来市场发展潜力，利用在银行IC卡领域前期积累的技术，将智能穿戴产品和银行IC卡应用相结合，为用户提供更加安全、高效、便捷的全新金融体验（见图5–10）。

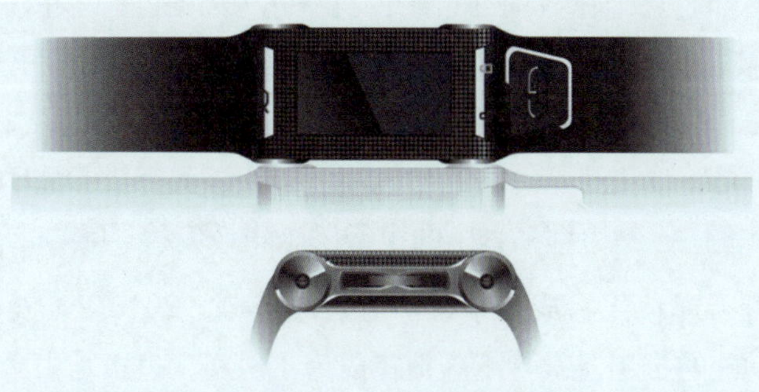

图 5–10 可穿戴设备

四、银行 IC 卡制作发展趋势

在近三十多年时间里，我国银行卡产业的“跨越式发展”取得了巨大的成就，银行IC卡已成为我国新发银行卡主流产品。随着银行卡产业分工不断细化，参与主体逐渐增多，除了卡片制造、设备制造、检测认证等，更多的企业开始提供多样化的金融服务。在国家相关政策以及创新产品的驱动下，银行卡产业将有着广阔的未来。

一是银行IC卡制作的创新发展。在追求个性化的今天，人们对卡片的视觉美感提出了越来越高的要求。因此，IC卡制造商必须持续进行创新外观设计，提升银行卡平面设计水平，获得更多的社会认同感，吸引消费者，从而提升消费者的认同度，获得更多市场份额。在提升银行卡平面设计的同时，还需要不断对卡片介质进行创新。比如，加入一些特殊材质元素，从而达到独特效果；对卡片材质进行优化，如卡片生产采取可回收材料，从而达到环保效果等。

二是芯片国产化大势所趋。银行IC卡的快速发展离不开标准的制定与政策的推动。作为银行卡产业的发展方向，国家对IC卡普及推广有着长远的布局。2014年12月，中国银联正式面向成员机构发布《中国银联银行卡联网联合技术规范V2.1（SM算法试点技术指引）》《中国银联IC卡技术规范——产品规范第11部分：国产密码应用指南》，在银行卡核心技术规范层面支持国产密码算法，支持银行按照国产密码算法接入银行卡跨行交易系统，并支持银行发行国产密码银行IC卡。

目前，国外芯片卡在我国的市场占有率达9成以上。站在国家安全的战略高度，推行银行IC卡的国产化是大势所趋。此举符合自主可控的国家信息安全战略要求，银行IC卡制造商已完成基于国产IC卡芯片的研发、产业化，完成支持国产密码算法产品的研发和应用，并积极配合PBOC3.0 技术规范和国产算法的推广，助力推动本土的银行IC卡市场发展。

三是银行卡虚拟化将成为未来产业发展趋势。2016年，随着中国银联HCE云支付功能的推出，实体卡虚拟化成为了现实。也正是由于虚拟卡的应用场景建设日趋完善，以及Token技术的广泛应用，打造出了一个云端平台产品，能够帮助银行开发可快速实施、快速发展用户的移动平台产品。银行卡的虚拟化就可以通过即时授信、空中发卡来完成整个发卡过程，而不再需要邮寄实体卡。用户只要带着移动终端，如手机、智能穿戴产品等就能完成实体银行卡的功能。因此，未来的银行卡产业，实体银行卡也将会呈现下降趋势，而虚拟银行卡势必将成为银行卡产业未来发展方向。针对这一发展趋势，传统银行卡制造公司也将顺势而为，由“制造生产”向“平台服务”转型，依赖新技术，向虚拟卡、无卡化迁移集成是必然的趋势。

互联网尤其是移动互联网时代，随着用户需求的多元化和应用场景的多样化，金融市场将呈现出多种银行产品并存发展的态势。以区块链为代表的数字货币，以NFC、HCE、二维码、蓝牙4.0为代表的交互技术，以指纹、声纹为代表的生物识别验证技术，以AR、VR为代表的智能场景都有可能推动银行卡市场的创新发展，新兴认证、通信技术对于银行卡产业的推动作用将进一步加强，带给了银行卡这个传统产业更大的发展空间。银行卡产业中各个参与方应该积极投入时代带来的创新与变革大潮中，共同创建一个全新的银行卡生态系统，打造一个“新银行卡时代”。我们有理由给予更多的期待！

作者：白雪晶

捷德（中国）信息科技有限公司：捷德集团创建于1852年，总部位于德国慕尼黑。1994年，捷德集团移动安全事业部正式进入中国市场。历经二十多年的发展，捷德中国现已成为捷德集团战略性亚太区运营中心、最大的卡体制造中心及软硬件研发中心。公司为银行、公交、轨道交通、社保、卫生、通信、石油石化、电子设备、物联网等行业提供相关系统服务，是可信赖的支付解决方案、安全身份认证及物联网供应商。□

第二节　通联支付：2016年银行卡受理市场发展分析

2016年，银行卡市场稳步发展，监管制度持续完善，市场主体日益多元化，产品和服务方式不断创新，移动支付成为产业新热点，同时银行卡受理环境不断改善，保持了平稳较快发展的态势。

一、银行卡受理市场的产业链格局

（一）银行卡产业继续保持稳步发展，受理环境持续优化

2016年，我国银行卡产业继续保持了平稳较快发展的态势。根据中国人民银行发布的《2016年支付体系运行总体情况》报告，截至2016年末，全国银行卡在用发卡数量为61.25亿张，同比增长12.54%；银行卡跨行支付系统联网商户2 067.20万户，较上年末增加397.20万户；联网POS机具2 453.50万台，较上年末增加171.40万台。联网商户及POS终端规模的不断增长，促进了银行卡受理环境的持续优化，为持卡人提供更便捷、安全的银行卡支付服务（见图5-11）。

（二）从独立收单到联网收单，基本形成稳定的四方模式

在现行四方模式成熟之前，早期的银行卡收单业务是由各银行自成系统独立发展的。各银行的POS机具只能受理本行银行卡，直接导致“一城多网、一柜多机”现象。2002年，中国银联的成立解决了银行各自为营的问题，实现了银行卡统一标准，全国跨区域、跨行的联网通用。自此，银行卡收单结束了初期“谁发卡、谁收单”的链式业务结构，即以银行与特约商户

为主体的二方模式，并形成以发卡机构、卡组织、收单机构与特约商户四方为主体，各机构共同合作完成发卡、清算、收单各环节的成熟产业链（见图5-12）。

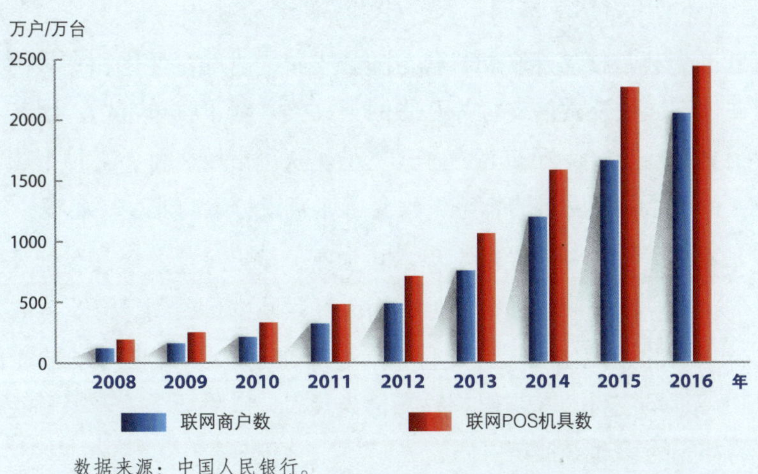

数据来源：中国人民银行。

图 5-11　2008—2016 年银行卡跨行支付系统联网商户和 POS 机具数据

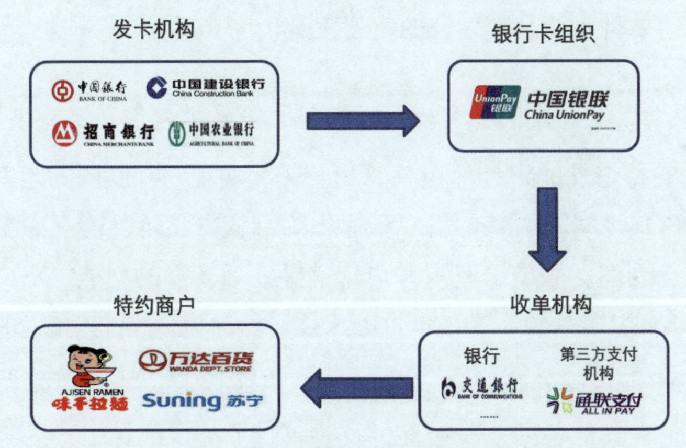

图 5-12　银行卡收单产业链的四方模式

从产业链的各环节来看，目前只有商业银行具备成为发卡机构的资格；在清算方面，目前国内银行卡组织为中国银联，为产业链参与方提供信息交换以及清结算服务等；至于收单机构，在实现联网通用后，市场上出现了一批以银联商务、通联支付为代表的第三方收单机构，为各商业银行提供代理拓展商户、布放并维护机具的外包服务，部分承担了银行非核心业务的职能，改善了运营效率，促进了产业发展初期的繁荣。

（三）移动支付快速发展，成为产业链新亮点

互联网尤其是移动互联网时代，随着支付需求的多元化和支付场景的多样化，支付宝钱包及微信支付等互联网工具接入线下收单市场，因其具有强大的营销支付功能、良好的客户体验，迅速获得市场认可。支付市场将呈现出多种支付产品并存发展的态势，改变了原有银行卡商业运行环境。

近年来，支付产业的发展进程不断加速，越来越多的参与者加入支付市场的竞争，商业银行、非银行支付机构、互联网支付公司等产业各方共同推动了支付市场的多元化发展，支付介质也正加速从PC端向移动端迁移，形成了以NFC近场支付、二维码扫码支付为代表，以手环、手表等智能移动终端支付为补充的移动支付新格局。

与此同时，二维码作为一种简单、便捷的交互方式，以其推广成本低、受众面广等特点，在消费者、商户、商业银行中的接受程度不断提高，已经成为当前移动支付小额高频领域的重要工具。

（四）从单一支付走向综合支付，第三方支付机构推动产业创新

在移动支付爆发的市场环境下，商户需要实现与互联网的紧密结合。当传统单一的POS终端无法满足用户多样化的付款方式时，第三方支付机构率先以兼具综合受理、会员管理、客户营销等多项功能的智能POS替代传统机具，赢得更多商户的青睐，2016年也因此被业界称为智能POS爆发的元年。

从2002年借鉴国外模式建立我国自主的银行卡品牌，到如今移动支付远远领先于世界其他各国，我国支付及收单行业的发展在近10多年里突飞猛进，甚至逆行而上，第三方支付机构有不可磨灭的功劳。无论是在从银行独立收单走向第三方支付机构代理收单的模式创新，还是从单一的传统POS收单走到多功能智能POS综合收单的技术创新，抑或是从银联转接清算走向直联银行的业务流程创新过程中，第三方支付机构始终扮演着探险家的角色，不断探索新生事物的可能性，从而推动产业创新。

二、2016年银行卡受理环境建设情况

2016年，监管部门加快了监管制度的建设步伐，加大市场监管力度，促进市场健康规范发展。同时，移动支付（特别是扫码支付）的快速发展，加速改变了用户支付习惯。在“互联网+”的发展大势驱动下，各行各业的商户触网意愿强烈，传统POS加快向智能终端进化，加速了收单业务线上线下融合。

（一）监管政策进一步完善，受理环境不断改善

在银行卡清算市场方面，人民银行联合中国银行业监督管理委员会发布了《银行卡清算机构管理办法》（中国人民银行中间银行业监督管理委员会〔2016〕2号），进一步完善了我国银行卡清算市场准入制度；在银行账户管理方面，人民银行印发了《关于落实个人银行账户分类管理制度的通知》（银发〔2016〕302号），对Ⅱ、Ⅲ类账户的开立及使用作出了细化规定；在信用卡管理方面，人民银行发布了《中国人民银行关于信用卡业务有关事项的通知》，于2017年1月1日起实行，进一步改进信用卡服务和保障消费者合法权益，取消滞纳金等费用，提高消费者使用信用卡的积极性，激活卡消费的市场活力；在定价改革方面，国家发展改革委联合中国人民银行发布了《关于完善银行卡刷卡手续费定价机制的通知》（发改价格〔2016〕557号），于2016年9月6日正式实施，规定取消商户行业分类定价，实行借贷记卡差别计费、收单服务费改为市场调节价等多项内容，进一步降低商户经营成本，改善商户经营环境，扩大消费，大大消除了商户编码套用的现象，改善了收单行业内混乱的现状，促进收单市场健康规模发展。

在市场规范方面，中国人民银行等14部门联合发布了《非银行支付机构风险专项整治工作实施方案》（银发〔2016〕112号），要求支付机构开展跨行支付业务必须通过中国人民银行跨行清算系统或者具有合法资质的清算机构进行，逐步取缔支付机构与银行直接连接处理业务的模式，这对市场将起到重要的指引作用；中国人民银行等14部门联合发布了《关于促进银行卡清算市场健康发展的意见》（银发〔2016〕324号），要求按照“防范风险、自主可控”的原则，依法建立银行卡清算服务等金融领域安全审查机

制，对银行卡清算机构业务系统、终端、设备和密码产品等提出信息安全管理要求。支付清算协会发布《非银行支付机构自律管理评价实施办法（试行）》（中支协发〔2016〕33号），推动非银行支付机构（以下简称支付机构）建立自我评价、自我管理、自我约束机制，防范支付风险，保护客户合法权益，进一步加强支付清算行业自律管理。一系列法律法规的出台和实施，将进一步促进支付市场在规范中健康发展。

（二）移动支付应用场景不断丰富，线上收单业务增长较快

移动支付产业进入突破式发展的关键时期，整体市场将迎来三个浪潮：一是移动互联网远程支付，即基于移动互联网把 PC 端照搬过来的模式；二是O2O电子商务支付，为移动支付产业带来一个短期的高速增长态势；三是近场支付，随着近场行业标准、受理环境、应用场景、应用内容等基础条件的逐步成熟，将会迎来市场的爆发式放量。

2016年，我国移动支付保持了平稳较快发展。中国人民银行《2016年支付体系运行总体情况》数据显示，2016年银行业金融机构共处理网上支付业务461.78亿笔，金额达2 084.95万亿元，同比分别增长了26.96%和3.31%；移动支付业务257.10亿笔，金额157.55万亿元，同比分别增长了85.82%和45.59%。非银行支付机构共处理网络支付业务81 639.02亿笔，金额99.27万亿元，同比分别增长了99.53%和100.65%，移动支付在支付市场中的地位日益重要。

移动支付应用场景涵盖消费者的衣食住行各个方面，以支付宝、财付通为代表的O2O电商，将其B2C或C2C在线支付的优势及产品形态平移至移动端，通过大力度的营销推广活动，利用扫码支付等创新产品和消费引导来培养用户的使用习惯，使国内消费者逐渐习惯了出门只带手机，使用扫码支付、NFC支付等支付方式。工商银行、建设银行等商业银行、银联以及通联支付等支付机构也正积极地将收单业务移动化，大力推广二维码支付产品。

随着互联网特别是移动互联网的快速发展，电商业务获得了迅猛的发展，严重冲击了线下零售业务。为留住用户以及获得更大的客流，线下零售商也纷纷从单纯的线下向线下线上相结合转型，与IT公司、银行以及通联支

付等第三方支付公司合作打造专属的线上（PC端和移动端）销售平台；一些实力不足的小微商户，则选择与大的电商平台合作，或者迎合“互联网+”的潮流，选择接受支持扫码支付、NFC支付等新兴支付方式，以获得更好的客流和销售收入。商户端改变加速了整个市场格局的变化，促使各机构加快了创新收单产品、丰富收单产品应用场景的速度，这也加快了传统银行卡刷卡消费的分流速度。在“互联网+”趋势下，商户触网的意愿也日趋强烈。

（三）智能POS结合大数据辅助商户营销，加速收单业务线上线下融合

在“互联网+”的发展大势驱动下，各行各业纷纷开启触网模式，加之移动互联网的普及以及消费者支付习惯的改变，传统POS也加快向智能化进化。2016年，智能POS得到快速发展。智能POS集刷卡、扫码、挥卡等主流支付方式于一身，作为商户的收单工具，满足了商户和消费者双方的收付款需求，大大提升了双方的收付款体验。同时，智能POS还成为商家与消费者互动的平台，例如卡券派发、会员管理等更多更强大便捷的服务。

针对消费者在支付环节产生的大量数据，智能POS利用大数据挖掘技术以及云计算技术，帮助商户分析消费者消费行为，以开发消费者潜在需求，帮助商户制定特定的营销策略，提升消费者黏性或者忠诚度，提高商户收益。智能POS行业应用也越来越丰富，比如智能POS餐饮行业应用，通过实现餐位预订、取号叫号、在线点餐、收银、会员管理、外卖管理等多种功能，将下单、消费到结算各个环节进行了改造。

不管移动支付还是线下收单，都在向场景化发展。支付场景和进入方式将越来越复杂，场景的支付方式将不断增加，消费者的选择也将趋于更加多样化，因此，智能POS的快速发展，将加速收单业务线上线下融合。

三、2017年产业发展前景及趋势

2017年是国家实施“十三五”规划的重要一年，是供给侧结构性改革的深化之年，相关制度和举措将逐步实施，我国经济将稳中求进、稳中向好，继续保持稳定增长的态势。宏观经济的向好为我国银行卡产业继续创新变

革、快速发展奠定了良好的基础。同时，支付方式的快速变革也对产业创新提出了更高的要求，支付渠道、工具和模式的推陈出新，支付技术呈现融合跨界趋势，这些因素的综合叠加作用使得银行卡产业爆发出巨大的创新活力和动力，促进银行卡产业步入稳步发展阶段。

（一）银行卡产业稳中有升，收单市场进一步规范

随着改革红利的不断释放和经济增长方式的持续转变，政府经济政策将把释放消费潜力、扩大消费规模放在突出位置。在积极的宏观政策引导下，2017年预期我国银行卡产业稳中有升。

2017年，收单市场主体将呈现多元化的特点，收单方式创新活跃。中国人民银行近期发布《关于持续提升收单服务水平，规范和促进收单服务市场发展的指导意见》，从合规、创新等角度对聚合支付未来发展作出了明确规定，鼓励收单机构服务创新，持续改善特约商户支付效率和消费者支付体验，提升支付效率，鼓励收单机构为特约商户提供聚合支付服务。

值得关注的是，自2016年价改后，第三方支付机构普遍存在常规业务利润较微薄的情况，备付金利息收入的减少再度挤压了其有限的利润空间，将促使支付机构加快自身业务转型，包括向互联网金融、平台金融这些目前最前沿领域积极转变。

（二）收单业务线上线下融合加速，呈现多元化、智能化发展趋势

当前，支付业务创新已经逐渐成为收单机构的核心竞争力。收单业务线上线下融合加速，二维码支付、声波支付、指纹支付等产品层出不穷，集成银行卡支付和基于近场通信、远程通信、图像识别等技术的互联网、移动支付方式，正在逐步改变和培育持卡人新的用卡习惯，线上线下支付界限日渐模糊。

2016年，各行业机构纷纷推出线上线下一体化的移动支付品牌及产品：中国银联以NFC全手机和HCE技术为基础，联合产业各方推出了“云闪付”移动支付新体系；中国建设银行基于打造金融生态系统、围绕客户体验推出了统一支付品牌“龙支付”，包括“建行钱包”和“二维码支付”（见

图5-13）；通联支付推出“收银宝”品牌，构建线上线下一体化的“支付+”服务平台，推广场景化聚合支付。

图 5-13 建设银行“龙支付”

此外，随着POS技术的不断发展，POS的成本将下降到合理区间，POS智能化水平将大幅提高，兼容多种支付工具、满足商户多元化增值业务需求的智能POS将成为市场的重点发展方向，POS将有可能迎来更新换代的高峰期。

（三）银行卡清算市场全面开放，市场竞争促进收单服务升级

目前，中国支付服务市场是全球最开放的市场之一，民营和外资的参与程度都较高，但银行卡清算市场却一直未达到与之相适应的开放程度。2016年6月，中国人民银行正式发布《银行卡清算机构管理办法》，标志着中国银行卡清算市场开放在即，境内转接市场将可能出现多个卡组织并存的局面，此举将极大地促进银行卡及支付市场创新发展和效率提升。

未来，其他卡组织都可能通过其会员银行在中国境内发行人民币信用卡，消费者将有更多品牌的银行卡可供选择，不同卡组织发行的同类别的信用卡产品之间相互竞争，信用卡利率、年费等费用不再 “一刀切”，同一银行不同卡种的利率等成本或将不同，卡片的功能和权益也可能更加精细

化。市场中有了更多竞争者，国内商户得到的收单服务也将更加完善，商户的经营成本有望进一步降低，并可能更多地让利给消费者。

（四）以区块链、大数据为代表的新技术逐渐落地，引发支付市场新变革

当前以区块链为代表的数字货币，以NFC、HCE、二维码、蓝牙4.0为代表的交互技术，以指纹、声纹为代表的生物识别验证技术，以AR、VR为代表的智能场景，都在推动支付市场的创新发展，引发支付服务新变革。

随着区块链技术的成熟，支付服务价值链将重构。在“中央银行—商业银行”数字货币运行二元模式下，商业银行是数字货币服务机构，直接面向个人、商户、企业提供数字货币的支付结算服务；银行卡组织将逐渐退出历史舞台或者转型；数字货币的发行与使用均通过数字钱包来完成，支付服务的成本将极大降低；众多第三方支付机构将逐渐转向提供技术服务和商户专业化服务。

大数据推动了传统金融与新金融的融合。一方面，大数据在业务处理模式、综合服务、营销、风险管理等多个维度推动了传统金融的深刻变革；另一方面，大数据又有效地驱动了新金融的发展，例如，将金融业态从基础的第三方支付、网上金融产品销售，逐步延伸到金融资讯服务、信用信息服务、网络融资中介服务、互联网小贷等形态。

在2016年“科技助力金融新变革”论坛上，通联支付董事万建华指出，传统金融、支付与新金融的融合，是大数据时代的金融发展趋势。在这种融合的趋势下，平台金融和支付的融合应该会成为当代金融的一个重要特征。互联网金融、金融科技、大数据金融、人工智能金融、区块链金融等，都应当是未来产业发展的方向。

作者：谢晓艳、寇明顺、赵永轩、范荣

通联支付网络服务股份有限公司： 通联支付成立于2008年10月，是中国万向控股有限公司、新华人寿保险股份有限公司、上海国际集团等机构共同出资设立的一家综合性支付服务企业，总部位于上海，注册资本金为14.6亿元人民币，是目前国内第三方支付企业中注册资本最为雄厚的企业。□

第三节　华拓金服：银行卡服务外包产业发展现状与趋势

2016年是“十三五”的开局之年，宏观经济在“新常态”下持续企稳向好，并呈现出差异化、复杂化、多元化的特征。我国银行业历经金融市场化改革和科技金融创新带来的冲击与挑战，蓄势谋远，御风前行。银行卡产业作为商业银行转型发展的良好载体，在总体保持了较快发展的同时，产业活力不断增强，产业升级持续加快，产品和服务创新不断深化，业务经营模式也发生了重大变革，正朝着专业化、规模化、精准化、智能化的方向迈进。

随着银行卡业务内涵与外延的日益丰富，银行卡产业价值链也不断通过发展与重构广泛拓展到外包服务领域，渗透到业务经营的多个环节。产业各方顺应国家“积极发展金融服务外包业务”的促进政策，外包关系也逐步呈现出从简单的雇佣关系转向战略合作的趋势，合作共赢，风险共担，协同发展。

一、银行卡服务外包发展的内生需求

（一）银行卡服务外包模式的发展集中体现出专业化分工的比较优势，规模经济和经验经济的机制优势

金融业务外包的思想基础源于迈克尔·波特的价值链理论，商业银行的竞争优势取决于其在整体价值链上核心业务环节的优势。银行将有限资源集中于产生价值的核心业务环节，将其他辅助环节外包给外部的专业企业。同时，以合理的社会化分工提升生产效率和专业服务能力，也符合经济学和管

理学的基本理论。综合来讲，银行卡运营业务外包以比较优势、规模经济和经验经济等机制来提高效率，获取更大的收益。

银行卡业务领域的外包活动由来已久，从初期的人力资源派遣与信息技术外包，到非核心业务单点式、单环节的流程处理外包模式，对银行业务运营在提高效率、提升质量和降低成本等方面形成有效助力。随着银行业金融市场化进程的日益深化和成熟，金融机构在融资模式和资源配置上的竞争加剧，经营风险增大，迫切需要进一步压缩自身运营成本来获取市场份额和客户收益，同时金融产品的流程、环节和服务充分细分，促使外包活动呈现出专业化、集约化的特点，进而发展出全国化、集中化的高阶外包运营形态。图5-14为华拓金服外景。

图 5-14　华拓金服外景

（二）银行卡服务外包体现了商业银行卡业务发展的内生动力，帮助银行机构降本增效强化核心竞争优势

银行卡业务的发展基于产业化协同运作，因此，也受制于市场运行规律的制约，具体体现在供求关系的相互影响上。随着银行卡市场竞争的日趋激烈，以及差异化服务形态的逐步深化，银行越来越迫切地需要通过银行卡产品和服务的优化与创新来吸引新客户、留住老客户，做好客户的深度维护，实现客

户价值最大化。银行卡外包的服务专业化和模式多样化发展，促进了各商业银行在社会化产业分工和运营管理方面的转变，具有十分积极的意义和作用。图5-15为华拓金服内景。

一是强化核心竞争力。外包活动的广泛开展有助于银行将主要精力和优势资源集中于对业务的拓展，对盈利能力、服务能力、风险控制、产品创新以及市场占有率等关键指标进行提升。

二是降低成本。专业化分工和规模效应使得外包商拥有更深入的专业服务经验和更高效的资源利用率，外包可有效降低银行的业务运营固定成本、人力成本和管理成本，还能够减少由于资产专用性而引致的成本。

三是降低风险。商业银行可充分利用外包商的优势资源缩短金融产品从开发、设计、生产到销售的时间，降低由于技术或市场变化所造成的产品风险，从整体上降低运营成本和投资风险，从而能更灵活地应对迅速变化的市场环境和顾客需求。

图 5–15　华拓金服内景

（三）市场环境的变革给银行卡服务外包带来机遇的同时，也促使银行机构对外包的态度发生积极转变

随着利率市场化进程的深入开展，金融机构在融资模式和资源配置上竞

争加剧，经营风险增大，迫切需要通过降低自身的运营成本来保障收益，这为金融服务外包提供了更为广阔的发展空间，也为银行卡的服务外包提供了更加丰富的发展机遇。目前，商业银行对于银行卡业务外包的态度随着行业的发展已经发生了转变，从谨慎观望到积极合作，众多银行已普遍接受了外包模式，区别在于依据银行类型、资产规模、目标市场以及卡业务经营策略的差异，外包活动开展的深入程度和业务规模有所不同。

以四大国有银行为例，其在银行卡领域的业务经营能力和专业化程度非常高，全面掌握了产业价值链的核心环节，主要在辅助环节借助外包商专业领域的能力，实现“锦上添花”。股份制银行在业务经营能力和专业程度方面也拥有深厚的积累，但出于服务布局和资源投入的考虑，需要更多地借助外包商的资源与能力，作为业务发展的有效助推动力。经营较好的区域性商业银行，取得信用卡经营资质时日尚短，在银行卡业务开展方面积累较少，为了赶超行业发展整体趋势，需要在更多环节依赖外包商助其进行业务经营能力的建立健全，实现“共同发展”。

由此可见，无论银行的类型差异和规模大小，开展运营业务外包都是促进其自身银行卡业务发展的必然选择。

二、银行卡服务外包主体内容

（一）银行卡服务外包内容的确定基于多维度评估模型的评价分析与筛选

银行卡服务外包所包含的内容和服务形态，与商业银行整体卡业务运营开展过程中的各个环节密切对应，根据具体的业务需求和运营需要进行外包服务的设计与实现。从商业银行业务经营的角度，业务外包活动的开展需要从业务核心程度、业务难易程度、风险级别评估和信息安全管控，以及外包成熟度等多个方面进行评价分析和综合考量，筛选出适合进行外包的业务类型与具体环节。因此，现阶段银行卡业务外包的产品和服务形态，与商业银行整体卡业务运营开展过程中的各个环节密切对应，根据具体的业务需求和运营需要进行外包活动和服务的设计与实现。除了对应基本的业务处理环节之外，外包业务的深度和广度还将随着银行业务的细分和发展进一步拓展。

银行相应业务部门的主要职能从原有的业务执行转变为对外包商的日常运营管理，并定期对外包项目进行考核和评定，从而确保在海量客户服务的情况下保障业务平稳开展，服务质量和效率还能得以有效提升。

鉴于借记卡和信用卡在业务经营形态方面的差异，对外包服务的需求也不尽相同。以典型的信用卡运营业务为例，其主要运营活动划分为获客发卡、发卡后业务经营，以及账户服务几个大的环节，具体可细分为获客进件、扫描录入、进件资料存储、信用审核、卡片制作、卡片寄送、客户维护、整合营销、账单寄送、账户管理、欠款催收等业务处理阶段。鉴于信用审核阶段在产业价值链中属于核心业务环节，同时基于风险管控和核心竞争力管理等因素考虑不可外包，除此之外，其他环节均可不同程度和不同形式地开展外包活动。但通过对信用审核环节的业务处理流程依照业务特性、操作类型和业务难度等标准进一步细分，又可分为电话查证、信用预审、电话征信，以及发卡审核与额度评定几个子环节。因此，通过外包可行性评估分析，还可将电话查证、信用预审和电话征信等操作类为主的业务阶段纳入外包活动管理范畴。

（二）外包的内容和服务模式也随着业务与技术的发展创新不断调整

行业创新和技术发展带来的挑战需要银行卡进行业务流程调整与应对，相应地，外包产品和服务就需要考虑业务模式的转变。例如：信用卡网络申请和电子化进件的普及，给扫描录入环节的业务操作带来了冲击甚至替代性改变，将需要人工服务的扫录操作外包转变为基于系统平台的业务实现外包；基于扫描录入外包环节的信息切片和实时调度类技术发展，可实现信息录入的后台集中处理与实时回传，扫录外包从信用卡业务领域拓展到零售与对公业务领域；在营销外包环节，基于大数据分析与客户画像技术，实现对目标市场和客户需求的相互匹配，在提升销售成功率的同时最大程度避免对客户的骚扰；在信用卡催收外包环节，按照欠款客户的风险级别与账龄长短设定多种催收策略，适时通过短信、信函、语音IVR、人工电话、上门和司法手段等多种方式达成业务目的。

诸如此类的情况集中体现出银行卡服务外包全面化、多样化的产品与服务已深入到银行金融机构的经营发展活动中来。未来，业务外包领域还将与时俱进，不断创新，达到更好地服务与支撑银行卡业务发展的目标。

三、银行卡服务外包活动的落地执行

（一）银行卡服务外包的运营模式选择，与商业银行整体卡业务的开展策略和所处阶段密切相关

归纳起来，银行卡服务外包产业大致分为信息科技外包、人力资源外包、运营资源外包、业务流程外包、知识流程外包等多种形态，以及基于这些基础形态衍生出的联合运营与更加细分业务类型的经营外包。

从目前我国银行卡业务开展所处的阶段以及银行卡业务外包的市场分布来看，诸如单纯的人力资源派遣和运营资源外包类型在逐渐萎缩，涉及核心业务领域且流程高度复杂的知识流程外包类型的项目方兴未艾，主要的银行卡业务外包形态集中在业务流程外包领域，其他类型的占比较小。

各商业银行也都纷纷根据自身的银行卡业务发展规划，以及业务开展情况和运营需求，制定相应的业务外包策略。总体而言：现阶段国内银行卡服务外包市场中，股份制商业银行占据了较大的业务外包份额比例，并将继续扩大项目规模和深化服务领域；大型国有银行开始逐步放开了对操作类业务外包的需求，集中体现在扫描录入、推销和催收类语音业务的外包；对于具有发卡资格的区域性商业银行，信用卡业务的开展相比于大型银行尚处于起步阶段，除了在传统的业务流程外包类项目合作领域之外，还在业务流程优化类项目外包和专项业务领域的运营外包方面有旺盛的需求，以达到健全整个业务流程的整体服务能力，形成标准化、流程化、合规化的服务管理体系，从而快速、稳健发展的战略目标。

（二）多维度风险管控确保银行卡服务外包活动的顺利开展，全方位多角度保障信息安全

为应对激烈的市场竞争，银行金融机构的信用卡部门从业务和管理方面不断推陈出新，管理也越来越精细化。尤其对于公众和监管最为关注的信

息安全问题，切实从流程规范、技术手段以及安全审计等层面进行全方位管控。

一是通过合同规范来约定。商业银行通过与外包商签订严谨的合同条款、制定完备的管理制度和流程规范，对外包活动的范围、信息资料的数据安全约束、外包商的人员管控等方面内容制订全面且详尽的规定，实现对操作风险、业务连续性风险和信息安全风险的管控。

二是通过系统平台来限定。一方面基于流程设计尽量减少客户信息流转到外包商的情况，另一方面利用技术手段（例如切片录入）屏蔽或隔离关键客户信息，对外包信息进行脱敏处理，实现对信息安全风险的有效控制。

三是通过安全审计来确定。借助银行风控部门的内部审计以及外部专业审计机构，定期或不定期对外包活动进行审计和评估，构建起信息安全防控的最后一道防线。

（三）外包商积极发挥自身优势和专业化服务能力，与银行机构建立起合作共赢的战略合作关系

在银行卡领域，信用卡业务的发展与国际接轨程度较高，在运营业务外包方面已具备独特的发展优势与空间。银行机构和外包商是基于发展银行卡业务的共同目标，建立起战略合作的伙伴关系，外包活动开展的战略目标应该是“双赢”，而非仅从甲乙方的角度考虑问题，需要构建有利于双方平衡的外包业务沟通与管理机制，充分发挥各自的能动性。

相应地，外包商也在提高自己在服务外包领域各方面的能力。银行卡服务外包市场一直处于群雄并起的局面，竞争异常激烈，其中具有银行卡全面外包服务能力并具备在全国开展业务的外包商，包括华拓金服、华道数据、信雅达、京北方等。业务外包开展的地域分布，也受到人力成本、人才培训、税收政策、政府扶持等因素影响，呈现明显的区域集中化发展特征。考虑到成本、交通、安全等诸多因素，区域集中的外包服务基地通常选择在距离中心城市周边100公里区域范围内，例如江苏的昆山花桥、安徽的合肥等城市，凭借其地缘优势和相对低廉的成本优势，定位为银行卡服务外包中心的后台服务基地，提供全面的外包服务支持，体现了银行卡产业集聚化、规

模化的发展特点（见图5-16）。

图 5-16 华拓金服远景图

四、服务外包产业应对压力谋求发展

在银行业经营环境的激烈变革以及互联网创新技术大发展的当下，随着银行卡服务外包活动的深入开展，外包产业也面临着多方的压力。如何进一步挖掘银行卡服务外包各类业务的潜在价值，提升运营效率，实现新的业务增长驱动力，成为包括对银行机构与外包商在内共同的新挑战。

银行业监管趋严，在督促银行机构健全外包管理机制的同时，还将大力推进技术防控和监管规范化；外包商精细化运营的自身要求，亟须通过规范化、流程化的作业处理流程强化业务精细化管理水平，并努力将自身的定位从成本取向朝着价值取向提升；成本压力越来越大，伴随着市场竞争的日趋激烈，需要通过有效的成本管控和效率提升来获取市场份额和运营收益；适岗劳动力逐步紧缺，直接造成运营成本提升和服务质量的下降，对外包服务产业形成连锁反应；创新技术的挑战，创新技术与工具的深化应用，对外包服务产业的发展造成了非常可观的比较差异。

一是拥抱科技，将科技创新与业务创新相结合，推动外包产业链向高端延展。技术创新的高速发展为银行卡服务外包产业升级带来想象空间，亟须通过业务模式创新来突破旧有模式的惯性依赖，并借助创新技术与工具的深化应用，使外包产业规模迅速扩大，实现跨越式发展。未来，银行卡服务外包产业将依靠科技创新和模式创新来开疆拓土，朝着“智慧服务、科技运营”的方向发展，在促使其向产业价值链高端延伸的同时，还将催生新的服务外包业务领域。

首先，协调利用外包商的多样化资源，积极拓展业务合作领域，加强与各相关行业的资源共享与业务互动，将场景化服务应用在产品与服务创新方面。

其次，未来银行可通过创新信用服务新产品，加强与行业、金融科技和互联网公司拓展业务合作的模式，例如将分期类产品有效地植入客户的消费场景中，实现信用卡业务产品营销效果的有效提升。

再次，营销方式的创新也将从单一的电话营销向多渠道、全媒体的营销方式转型，从单一营销向服务与营销相结合转型，从产品营销向细分消费场景营销转型。

最后，加强精准营销领域的能力建设，充分挖掘数据价值。一方面，改革传统数据分析方法，从经验建模到让数据主动说话，充分利用行内现有业务数据；另一方面，积极引入大数据，并学习在大数据环境下的数据分析方法。

未来将积极布局探索利用人工智能技术，使用语音识别、语义理解等相关技术降低运营人员投入，尝试使用语音机器人进行简单产品营销的创新服务模式来实现服务外包领域的创新突破与跨越发展。

二是转变价值，从流程外包转向业务外包，积极拓展新兴的外包业务领域。现阶段银行卡服务外包产业正在从成本驱动向价值驱动转变，在现有的银行卡服务外包形态中，需要进一步创新外包业务模式，积极引导外包商发挥更大的价值。

现阶段的银行卡服务外包模式主要是BPO业务流程外包，由银行机构制定外包作业流程和详尽的运营管理体系，外包商严格按照流程来执行，并在此基础上做好流程管理、质量管控和成本控制。未来将逐步从流程外包转变为业务外包，银行机构只需要明确某具体业务领域的运营要求，从投入和产出的两端进行考核，具体的业务运营实现交由外包商负责。同时，还将进一步加强在营销互动、客户服务、资产处置等阶段的业务形态创新，体现服务外包的价值最大化。

未来，银行卡服务外包产业将依托金融科技方面的强大效能，“以科技为核心，以服务为本”，通过金融科技技术引领，继续创造业务价值，持续助力银行业金融机构的快速发展。

作者：徐岩

华拓金服数码科技集团有限公司：华拓金服作为国内金融外包服务领域的领军企业，以“中国金融企业最佳合作伙伴”为目标，始终致力于将金融科技与外包服务相结合，为中国银行业提供咨询服务、产品服务、外包服务等金融行业整体解决方案。通过十五载的不辍努力，与包括五大行在内的全国19家商业银行和互联网金融企业建立了长期稳固的合作伙伴关系，得到了客户和市场的广泛认可。□

第四节　Talking Data：信用卡移动化发展趋势分析

信用卡行业经过几年高速发展，已经成为银行业一个主要的收入来源。特别是中国进入消费金融黄金发展期之后，信用卡行业得到了银行战略性关注。信用卡行业的客户高速扩张期已经过去，现在进入客户存量经营时期，如果想保持业务收入高速增长，移动化成为一个重要战略方向。

一、信用卡运营移动化的背景

2016年，移动支付作为主流支付方式，以超过50%的市场份额在电商市场上居于首位。其中，80后、90后已经成为这一趋势中的主流人群，特别是90后使用移动支付的比例甚至达到90%以上。可以毫不夸张地说，移动支付已经成为年轻人支付的主要方式。因此，信用卡支付移动化成为必然趋势。信用卡可以通过APP端为客户提供丰富的消费场景服务，包含餐饮、酒店、飞机、火车、公共事业费、影票、产品分期销售等。信用卡可以利用APP抢夺客户支付入口，将客户消费习惯转移到移动APP上，实现消费需求与支付的统一。

信用卡的移动APP不仅能为用户提供消费场景，同时也可以积累数据，为信用卡其他的业务提供支撑。例如，参考用户的消费习惯可以为用户提升信用额度；依据点击行为和消费频次，可以预测哪些用户需要分期服务，增加分期客户比例；依据消费特点和消费比例，为目标客户提供消费信贷服务等。

移动化不仅能够提升客户体验，也可以降低信用卡运营成本。据统计，40%以上的电话客服功能可以转移到移动APP上，从而有效降低呼叫中心的成本。正常一万个信用卡客户大约需要配备一个客服人员，而通过移动化的发展，电话客服人员可以降低很多，大概一万五千个客户配一个客服人员即可，其他的电话客服人员可以转向电话销售、推广分期业务或其他增值业务，提升信用卡运营收入。

二、信用卡移动 APP 的功能定位

信用卡APP的发展方向主要有两种：一种是金融工具，大部分银行定位信用卡APP功能时都会选择这个方向。移动APP开发和功能设计，都围绕着信用卡业务和服务功能。将信用卡金融工具功能放在突出位置，按照业务收益高低安排各业务板块的位置。业务收益高的放在前面，业务收益低的放在后面。这种方式的APP金融属性明显，但是客户权益体现不明显，用户黏性不高，客户不愿意经常使用，基本上就是查账还款，APP活跃度较低，无法

成为金融服务的主要入口，更无法提供更好的客户体验、将移动APP发展成新的获客渠道。

信用卡APP的另外一种发展方向是以客户体验为中心，突出客户权益和优惠活动，强调为客户提供移动金融服务，包括移动支付服务。APP的功能规划和界面设计以客户为中心，客户喜欢的服务和功能放在显著位置，客户登录APP就可以发现优惠活动和客户权益，鼓励客户参与各种促销活动。金融服务灵活地分布在信用卡APP各个环节，主要为客户提供支付服务和融资服务。信用卡APP提供支付场景相关服务，将客户消费习惯转移到移动APP上，为客户提供丰富的消费场景，包含餐饮、酒店、飞机、火车、公共事业费、影票、产品分期销售等，主要目的是成为客户移动支付的主要入口，同时提升客户活跃度。

三、信用卡移动 APP 发展情况与客户特征分析

信用卡产业移动化发展始于2010年，招商银行信用卡中心开启了信用卡行业移动化进程，开发上线了信用卡领域的第一个APP应用“掌上生活”，并将其作为业务发展重点。此后，各家发卡行纷纷发力，设立专门的信用卡APP运营团队，加大市场营销力度，装机量和绑定客户数迅速增长，信用卡移动化趋势日益显著。

Talking Data的Android平台数据显示，2016年12月末，信用卡移动APP装机量前三位为工银融e联、招行掌上生活、交行买单吧，其中，工银融e联Android平台装机量突破8 700万台，招行掌上生活Android平台装机量突破了2 500万台，交行买单吧Android平台装机量突破了1 300万台；平安、中信、浦发、光大银行紧随其后，Android平台装机量均突破了300万台，中行卡缤纷生活Android平台装机量在百万台左右，排在第八位（见图5-17）。

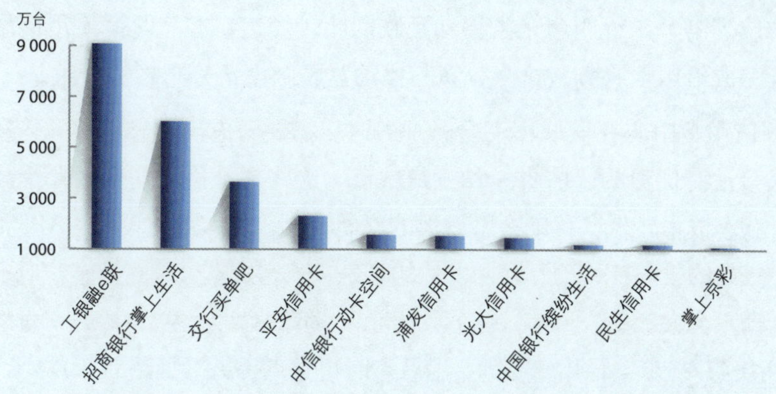

图 5-17　2016 年 12 月末，信用卡移动 APP 装机量排行

（一）客户年龄

信用卡移动APP客户年龄集中在26～35岁，占比达到了54.5%，超过了一半，说明“80后”和“90后”客户是信用卡移动APP的主要用户。这些用户也是移动金融的主要人群，更愿意通过移动互联网进行支付和消费。移动APP满足了客户在用户体验和交易便捷方面的需求，信用卡移动化发展成为赢得年轻客户的一个必要条件（见图5-18）。

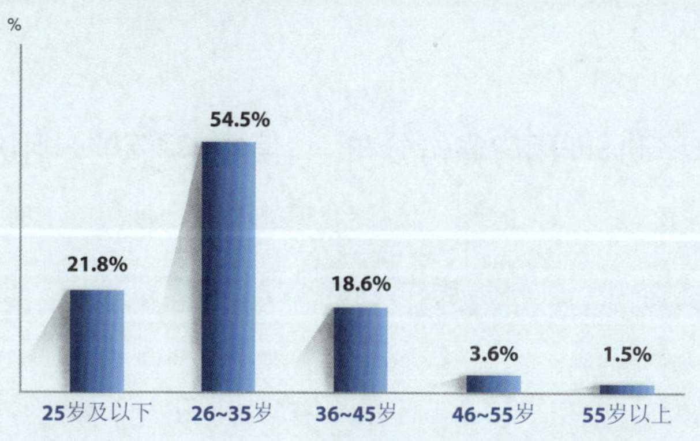

图 5-18　2016 年末，信用卡移动 APP 用户年龄分布

（二）地域分布

信用卡移动APP客户区域分布前三位省市是广东、山东、北京。其中，

广东省位列第一，说明广东省移动互联网比较发达，客户习惯使用信用卡移动APP完成信用卡服务。这个分布与移动互联网设备分布趋势一致。

各信用卡中心在发展移动金融业务时，需要考虑排名靠后的一些省份，包含人口占有优势的一些省份和三线城市，这些省份移动互联网处于高速发展中，获客成本较低，移动金融发展的空间较大，可以通过较低的APP推广费用产生较好的收益。移动互联网发达的省份，获客成本会较高，客户对一般的促销活动不会太敏感。目前，江苏、河北、湖南、湖北、福建等几个省的移动互联网渗透率较低，信用卡移动金融获客时可重点考虑（见图5-19）。

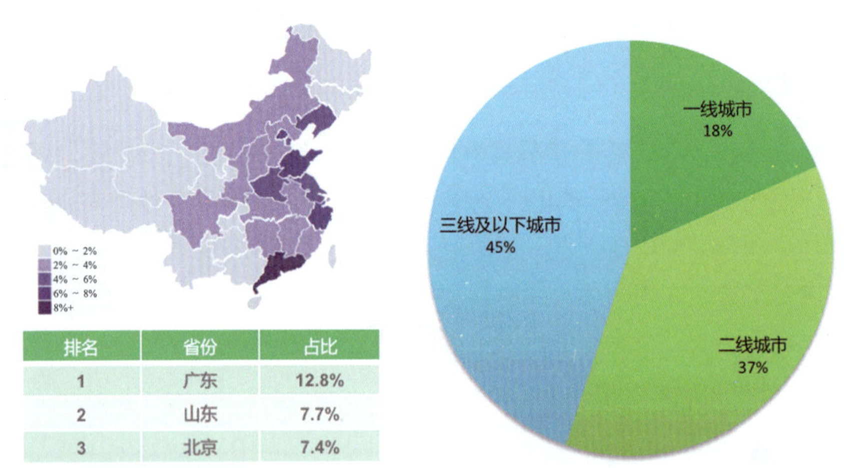

排名	省份	占比
1	广东	12.8%
2	山东	7.7%
3	北京	7.4%

图 5-19　2016 年末，信用卡移动 APP 用户省份和城市分布

一、二线城市的移动互联网比较发达，客户的金融意识也较强，信用卡移动APP渗透率较高。一、二线城市的移动互联网新增客户不太明显，综合获客成本比较高，信用卡移动APP用户增加量也相对不如三线城市。随着信用卡业务发展的拓展，二、三线城市成为新的业务增长点。信用卡移动APP用户过去一年主要增长客户也来源于中国的三线城市。

（三）信用卡与消费金融客户分析

2016年是互联网金融爆发的元年，消费金融持续保持增长，市场份额逐步扩大。有观点认为，互联网消费金融高速发展带来的一个结果就是，降低信用卡在消费金融市场的比例。从商业模式上看，互联网金融中消费金融的市场同信用卡有较大的交集，但是从目标客群上，二者没有较大的交集，因此，可以认为互联网金融的消费金融客群同信用卡目标客群重合度低。根据Talking Data提供的数据分析，消费金融APP的客户和信用卡APP的客户重合度仅有6.3%，也支撑了这个观点（见图5-20）。

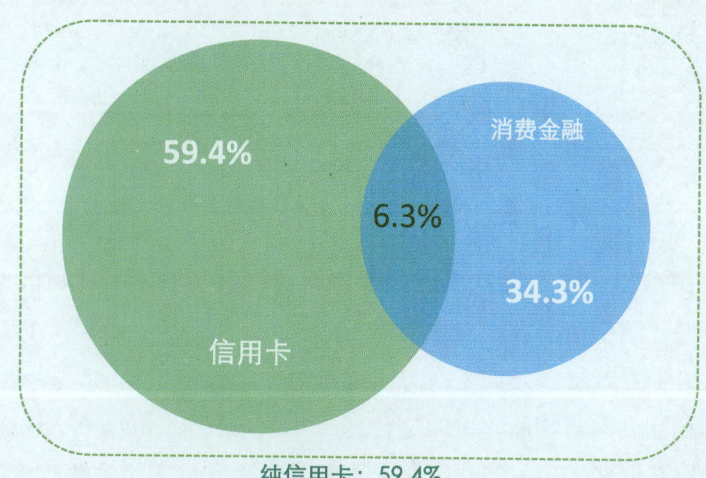

纯信用卡：59.4%
纯消费金融：34.3%
交叉用户：6.3%

图5-20　2016年末，信用卡与消费金融目标客群

对信用卡用户与消费金融客户作进一步分析可以看出，消费金融客户中男性比例较高，超过了60%，而纯信用卡客户中，性别比较均衡，男女比例相近，并且20～30岁的客户比例较高，属于信用卡活跃人群。

消费金融客户使用的手机设备主要集中在小米、OPPO、vivo等，大多数用户为二、三线城市年轻客户，收入处于中低水平，学历集中在高中和大专，从事职业也以中小企业主、手工业者、小商户、蓝领工人、低收入白领为主。这些客群并不是信用卡主体客户，其中也不乏信用卡客户，但是比例较低（见图5-21）。

人群洞察概览：信用卡和消费金融不同用户的特征差异化明显

纯信用卡用户

- 性别分布较为均衡
- 年龄更偏两极化
- 有车比例最低，已婚比例居中
- 设备品牌最爱华为
- 爱旅行更重健康

纯消费金融用户

- 男性占比62.3%，更偏男性
- 26~45岁中青年用户比例最高
- 已婚、有车用户比例最高
- 偏爱小米、OPPO、vivo
- 偏爱车主应用，暖男属性更强

信用卡&消费金融交叉用户

- 男性占比60.2%，更偏男性
- 26~45岁中青年用户比例较高
- 已婚比例最低，有车比例居中
- 最乐于追求新机型，喜欢尝鲜
- 爱娱乐、爱购物更爱熬夜

注：纯信用卡用户是指安装有信用卡应用，且未安装消费金融应用的用户；纯消费金融用户是指安装有消费金融应用，且未安装信用卡应用的用户；信用卡和消费金融交叉用户是指同时安装信用卡和消费金融的用户。

TalkingData

图 5-21　2016 年末，信用卡与消费金融客群特征统计

纯信用卡用户比较喜欢旅游和餐饮，说明其年轻客户比例较高，支付需求比较大；消费金融客户由于整体年龄较大，对汽车、房产、医疗需求较为强烈，兴趣爱好层面倾向于教育阅读和摄影；信用卡和消费金融的交叉用户，网购和社交需求较高，说明这些客户处于消费支出的高峰期，信用卡额度无法支撑其消费支出，愿意支付一定的利息来获得消费金融服务，提前享受汽车、3C产品、旅游等消费服务（见图5-22）。

信用卡和消费金融交叉用户的社交、娱乐需求较为强烈

纯信用卡用户爱旅行，对餐饮和健康美容的需求较为强烈；纯消费金融用户爱教育阅读、图片摄影，对汽车、房产、医疗的需求较为强烈；信用卡和消费金融交叉用户爱网购、影音、游戏，且社交需求较为强烈。

信用卡&消费金融用户应用类型偏好指数

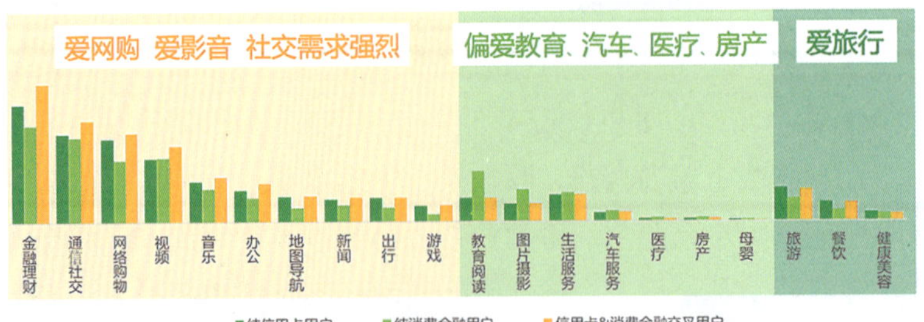

数据来源：TalkingData 移动数据研究中心。
注：应用类型偏好指数根据某类人群对不同应用类型的使用偏好度得出。

TalkingData

图 5-22　信用卡与消费金融用户偏好统计

四、信用卡移动化发展趋势分析

信用卡的移动化是伴随移动互联网发展起来的，同移动互联网的发展相辅相成，并且在2016年进入到发展高峰，其发展大致可划分为三个阶段。

（一）信用卡移动化发展的第一个阶段是服务转向移动互联网

信用卡移动化发展的第一个阶段是将信用卡标准服务转到移动APP上。在这个阶段，主要任务就是服务好客户，将过去网点和客服中心提供的信用卡服务转向移动APP，目的是为客户提供更好的服务渠道、更便捷的服务，提升客户体验，降低运营成本。

（二）信用卡移动化发展的第二个阶段是提供支付和消费场景

信用卡移动化发展的第二个阶段典型代表就是招商银行掌上生活，也是目前大多数信用卡中心希望发展到的阶段——电商化移动金融平台，为客户提供基本消费场景。包括电影票、餐饮优惠券、电子产品、火车票、飞机票、手机充值、生活缴费、交通罚款等，信用卡移动APP成为客户移动互联网消费的一个入口。

电商化移动金融平台通过消费分期、服务手续费、商家返利、零售商品差价等方式赚取利润。在这个发展阶段，用户体验仍然是核心，信用卡中心千万不要只为了营收而降低用户体验。

（三）信用卡移动化发展的第三个阶段是平台型服务和流量变现

信用卡移动化发展的第三个阶段是平台服务，实现用户流量变现。通过第二个阶段的发展运营，信用卡移动APP聚集了海量用户，这些用户都是高质量的金融客户，客户的黏度和活跃度较高。信用卡中心可以利用客户和流量来赚取收入，典型APP有支付宝等平台型入口企业。

信用卡中心可以借助移动APP平台，提供移动消费和金融服务，包括典型的餐饮消费、旅游消费、文化消费、合作商品购买，甚至消费贷款、车贷、信用贷款、金融理财、保险产品购买、基金产品购买等。当移动APP有了流量之后，信用卡中心的商品和消费议价能力提升，用户喜欢的商品会以较优惠的价格提供给消费者，提升客户的活跃度。

客户的金融相关需求，例如投资和理财，也可以通过这个平台得到满足，增加了信用卡收入的多元性，信用卡移动APP成为用户移动金融服务的一个重要平台，流量支撑了信用卡中心的业务发展。在这个阶段，移动APP的流量将逐步承担起线上获客的任务，帮助信用卡中心获得更多的新客户，降低获客成本。

信用卡移动化发展的第三个阶段本质上是利用平台进行流量变现，移动APP上积累了海量的客户消费行为和点击行为数据，其具有较大的商业价值，可以帮助金融企业了解客户，用于精准营销和风控。数据资产也成为信用卡移动化发展第三个阶段的重要资产，利用这个数据资产，信用卡中心可以挖掘出更多的客户需求，提升单个客户的价值，整体提高信用卡中心的收入。

作者：鲍忠铁

北京腾云天下科技有限公司：北京腾云天下科技有限公司（Talking Data）成立于2011年9月，致力于用数据改变企业的决策方式，用数据改善人类自身和环境，是中国领先的独立第三方数据服务提供商。目前，Talking Data智能数据平台已覆盖超过6.5亿/月活跃独立智能设备，累计覆盖超过40亿台独立智能设备，在行业中处于领先水平。□

第五节　天云融创：Fintech 参与重塑银行信用卡业务

脱胎于全球一体化的数字变革，对经济与社会的影响是持久且深刻的，同时又在强化着全球化的进程，扩大竞争的范围与强度，深刻地影响着全球经济发展的模式与轨迹。在数字经济时代，人们的衣食住行迅速数字化，在传统财务数据基础上不断叠加行为数据和社交数据，个人的画像更加细致和完整，使得以终端用户为中心的数字经济时代正在到来。顺应于时代的变革，数字经济中金融混业的趋势变革愈发显著，金融科技企业(Fintech)在时代召唤下应运而生，并应时发展壮大，作为时代的产物，Fintech为传统金融业态注入了勃勃生机，使之焕然一新。

一、Fintech的基本概念

Fintech是指运用大数据、人工智能、区块链等各类先进技术，帮助提升金融行业运转效率的一种新业态。它一方面可以帮助传统金融机构转型，另外一方面通过技术的迭代和创新，发展出传统机构无法提供的高壁垒的新产品和新服务，而机构可以通过投资和合作，与新兴金融科技公司形成业务互补。因此，可以说，技术带来的金融创新——金融科技，能创造新的产品、流程、应用或业务模式，从而对金融市场、金融机构或金融服务商造成重大影响。

未来五年，在数字经济时代，银行业将迎来前所未有的突破和跨越式发展。金融科技的核心是科技，是一系列新技术新模式在金融场景的应用，其独特的内在规律——鲜明的分散、多元、协同、跨界、试错、快速迭代等属性，及其分布式、合伙制的企业形态为集中式、金字塔式企业架构的传统金融机构带来了深层次的革新与换血，可以辅助传统金融机构快速跟上数字经济前沿更新迭代的步伐。金融科技的进步，正在促使传统金融机构正视数字化转型的战略意义，并重新思考与金融科技公司的竞合关系。

由于“企鹅效应”，Fintech企业带领传统金融升级改造的力量不断增强，金融行业的整体升级指日可待，而处于聚合场域焦点的Fintech必然会成为推动金融代际跃升的力量。

二、Fintech缘何而生

近两年，国际、国内资本市场见证了Fintech火箭式崛起的热度。然而，Fintech并非新生事物，它至少可以追溯到20世纪50年代。从50年代信用卡出现，60年代ATM出现，70年代电子股票交易市场成型，80年代进入银行超大型主机和海量信息处理的时代，90年代进入网络和电商时代，金融科技既已开始起步发展。不过那时的大趋势与现在稍有不同：虽然金融科技大行其道，但其与传统金融机构共生共荣，所以，传统银行业并未受到明显的消极影响，反而融合Fintech壮大了自身发展。

进入21世纪，Fintech的趋势有了变化。Fintech进一步数码化，手机钱包、手机支付、智能理财、股权投资等成为热点。这些Fintech不再仅仅强化现有金融服务机构，甚至在某些方面逐步取代传统金融服务，从而和传统金融公司处于竞争关系。这正在改变或者即将改变金融业的未来格局。

事实上，金融科技在Fintech概念提出之前已经从很多方面改变了金融的运作模式，然而之所以近几年才出现Fintech的集中爆发，是因为金融科技的基础技术，如云计算平台、大数据处理算法、移动互联网的普及等基础技术的成熟度曲线在此间得以发展并成熟（见图5-23）。

图5-23　金融与科技的融合创新

三、境外银行业的Fintech应用

从国内外金融科技现状来看，各国发展态势差异显著，发展中国家与发

达国家呈现出大分流的特征，其背后是国家间金融与经济的发展阶段不同，这也是培育金融科技行业未来发展的宝贵“土壤”。在市场潜力上，由于发达国家的传统金融体系较为成熟，留给金融科技发展的空间并不算大。而国内市场因为传统金融行业相对欧美国家较为落后，金融体制并不完善，金融市场仍存在着巨大的长尾需求。以移动支付为例，在美国，虽然除现金、信用卡外的支付方式正在逐渐多元化，但包括Paypal、Apple Pay、Google Pay等在内的移动支付方式的市场渗透率不到20%，而在中国这一数字高达60%。

综合而言，美国传统银行一般采取三种策略进行Fintech创新应用：

一是在银行内部开展互联网新技术创新，提高服务效率，降低运营成本。比如花旗银行开始把电子银行的安全认证工具，从物理的E-Token更新为内置在手机上的一个APP，大大降低了机具的投入费用开支；根据客户的信用卡消费记录，挖掘客户的生命周期，并主动推动消费分期的消费金融服务；在网银的页面上开展类似PowerBall（彩票）让客户参与博手气的营销活动，以增加银行服务的趣味性。这些内部创新，达到了提升客户体验，提高客户忠诚度的目的。

二是与金融科技公司合作，达到提升服务黏性或者拓展全新客群的目标。比如，大通银行与MCX（二维码扫码支付公司）合作，将8 900万个客户开放给MCX，作为使用扫码支付pilot的天使客户，意在为自己的零售客户提供全新的支付体验，提升黏性；再如大通银行与On Deck合作，使用该公司网络贷款平台的大数据挖掘和信用评价技术，拓展自己的中小企业贷款业务，而对市场则以银行服务面目出现，内部使用On Deck的技术平台并付license费用。

三是直接投资Fintech公司，为未来的经营周期转折作准备，比如富国银行对lending club的股权投资。

四、国内 Fintech 参与重塑银行信用卡业务的成功实践

在信息科技爆发的今天，创新型金融科技公司凭借互联网和科技基因，

在与传统金融机构的合作与竞争中，可以共同汇聚百年来金融产业积累的优势基因。大型金融实体与Fintech企业的合作具有独到优势，因其多年历史沉淀下来的数据，不仅仅是行为数据，更有有价值的违约数据，这又与人工智能目前的发展阶段非常匹配——提供给机器“答案”的学习。

在金融混业趋势下，国内银行与Fintech企业合作，纷纷探索创新，频频推出新动作。举例来说，天云大数据作为深耕金融领域的Fintech前沿企业，在与某大型股份制银行的合作中，在信用卡评分、信用卡风险评估、银行反欺诈等领域都推出了成功实践案例。

（一）信用卡评分模型及分群技术助力智能风险定价

金融的核心价值就是风险和定价，过去大多数采用的方式是以财务数据为主，但面对新经济行业，大量的资产数据和财务数据的权重不再突出，如何用新的方法去对银行的客户风险作一套有效的评估，显得尤为重要。

在谈风险定价的时候，最主要的问题之一就是量化，怎么把以前似是而非的内容精准地接近最小化的成本、最低的风险、最大的利润，在这个中间找到平衡点，是一个非常复杂的过程。而实现这一过程最核心的就是通过数据和算法模型在客户与风险中建立一个量化关系。在智能风险定价方面，从信用卡用户评分模型建立和客户分群模型入手，评估用户信用和差别，为智能风险定价提供有价值的评估依据。

（二）统一数据视图支撑信用卡风险分析

信用卡风险管理对信用卡业务具有重要的意义，由于缺乏统一的数据管控平台，无法实现风险数据统一存储管控，同时缺乏集中调度管理各风险模块的机制，各个风险子系统独立运行，不利于实现对业务风险全面整体把控，建设统一的风控平台实现风险数据及事件的统一管控。通过建立信用卡风险一体化平台，实现了数据统一融合、用户信息真实性判断、业务规则配置管理、统一事件管理等业务需求，结合风险前中后各环节的数据判定客户的行为，真正实现事件预警、风险可控。

（三）复杂网络与深度学习相结合增强银行反欺诈分析

欺诈一直以来都是银行业的主要风险之一。银行零售业务反欺诈的本质是对实施欺诈人员进行伪造身份、联系方式、设备信息、资产信息等虚假信息的识别。传统银行拥有上亿万级的信息数据库，但由于缺乏有效的科技手段，传统规则的经验式反欺诈模型已无法应对日益演进的欺诈模式和欺诈技术。

小众的欺诈事件越来越难以用商业经验和确切规则描述出来，国内目前的欺诈多是基于规则驱动，即凭借过往经验和从此前发生过的事实中，抽象出系列规则，每一条规则触发一种欺诈场景，交叉组合所施加的业务逻辑判断，就构成了欺诈模型。但在这个过程中，传统规则的模型就会带来很多问题，申请欺诈就很难将一些难以描述的规则抽象出来。对于抽象的、难以描述的金融现象，便可以借助机器处理（图5–24）。

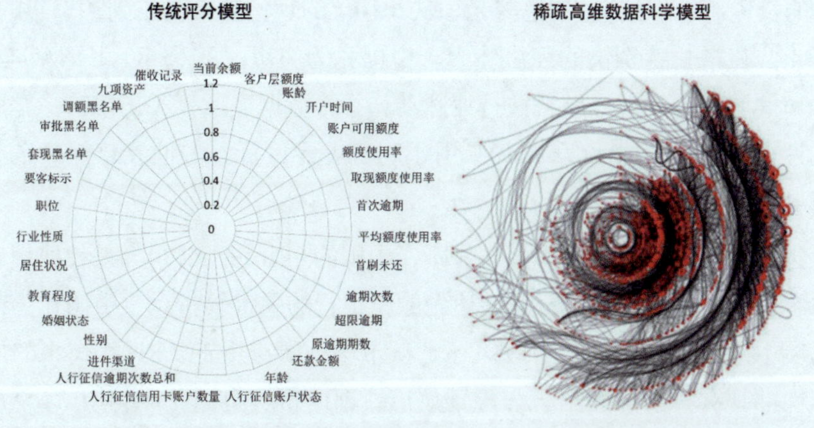

图 5–24　传统评分模型与数据科学模型维度比较

机器的深度学习作为人工智能最重要的技术，其最大价值就是能够做特征表达——通过一个数学的复杂结构来表达一些以往很难描述的金融现象，因此，特别适合处理风险、欺诈以及金融产品的营销等这些依靠过往经验难以准确定量的事件。其原理，实际上是从银行反欺诈的脆弱点着手，不再只通过传统策略引擎，而是通过机器收集到大量异构、多元化的信息形成共享库。通过对数据的采集和分析，再通过机器学习及复杂网络等模型算法技术，对数据进行深度挖掘。从传统历史数据中量化抽取风险特征指标，利用复杂网络关联分析技术从历史违约数据中发现实时欺诈业务风险指标，丰富深度学习风险模型的业务维度，建立人工智能反欺诈模型，从而发现欺诈者隐藏的蛛丝马迹，分析其数据的矛盾点和可疑点，识别欺诈者身份，加上与传统经验规则配合使用，大幅提升银行欺诈风险的防控能力。

五、Fintech未来发展展望

对金融科技行业的投融资活动，近三年呈现出井喷之势。在海量资本支持之下，以大数据、人工智能为技术基础的信息服务，以区块链技术为基础的交易、支付、清算、结算、跨境汇款、点对点转账等价值链已经初具规模，在银行、保险、基金等金融细分领域得以应用，也暗示着金融科技行业的生命周期已经迈入发展阶段。花旗银行报告显示，Fintech近五年来吸引的投资额累积接近500亿美元，从2010年的18亿美元增长到2015年的191亿美元。在增长特别快的经济体中，中国尤为突出。2016年，KPMG与CB Insight共同发表的《金融科技行业脉动》季报数据显示，2016年第一季度，由风投支持的中国Fintech公司吸引了24亿美元投资，占世界总额49亿美元的一半。

近日，花旗集团的一份报告显示，中国的 Fintech公司如果就使用者数量来看，已经超越传统银行业，达到颠覆银行的关键转折点。中国作为最大的发展中国家，无论从政府政策还是从市场创新应用上，对Fintech的成功可能性都具有极强的感召力与磁场效应，国内市场也因此成为Fintech从细分市场到规模市场应用的肥沃土壤与试验田。一是基于实体经济发展的内在需求，Fintech成为带动传统金融企业变革以及提升整体金融效率的重要抓手；二是中国处于经济与金融的旺盛发展阶段，市场空白为Fintech的规模式应用提供了广袤的试验田；三是全球对于Fintech的柔性监管正逐步成为共识，国内和国际资本正在向国内的金融科技行业聚合。三股力量形成合力，将中国打造成Fintech创新应用的新高地，中国也将因此成为新时代下金融代际跃升的典范。

能够预见的是，Fintech在未来金融业将逐步成为常态，乃至于变成中坚力量。它所带来的，除了更高效的金融服务和生产效率之外，还有全新的生活方式。驱动生活走向更美好的阶段，这正是技术创新最大的价值所在。

作者：雷涛、杨帆

天云融创数据科技（北京）有限公司：天云大数据早期由国际一线科技教父杨致远、田溯宁孵化，是国内唯一能够同时提供分布式计算平台产品和AI平台基础设施的科技厂商，拥有博士后工作站和国家级高新企业称号，并于2016年首批进入中关村前沿科技企业重点计划。□

（第六章）

展望未来：

我国银行卡产业的前方之路

回首过去，我国银行卡产业散发出蓬勃的生命力，积蓄了雄厚的市场基础，交出了一份满意的答卷。放眼当前，普惠金融吹响时代的号角，消费金融迎来绚烂的春天，科技金融掀起喷涌的浪潮，多重利好助力产业的转型升级。展望未来，前方是荆棘遍布还是康庄大道？银行卡产业又该如何开创新篇，续写华章，本章将从不同的角度去分析，寻找答案。

第一节 FICO：以大数据和云计算为依托发展核心竞争力

经过 15 年波澜壮阔的发展，中国信用卡行业实现了跨越式发展，全行业累计发卡超过 6 亿张，全国性商业银行绝大多数发卡量达到千万张以上。站在规模经济的基础上，展望 2017 年及之后的 5—10 年，中国信用卡行业下一步发展的焦点和趋势是以大数据和云计算为依托发展核心竞争力。

一切商业活动的核心竞争力，在于盈利能力。从信用卡行业来说，其核心竞争力，都蕴藏在简单的利润公式中：

利润=价格[①]–获客成本–风险成本–运营成本

因此，任何一个发卡行在规模经济的基础上，如果能够在上述影响利润的这四个核心要素中的一个或多个具备核心优势，就具备了一定的核心竞争力。具备优势的要素越多，核心竞争力越强大。而随着科技的进步和行业的发展，我们发现，核心竞争力四大要素中的每一个，都与大数据和云计算应用密切相关。

一、定价的核心竞争力

2016年4月，人民银行发布了于2017年1月1日开始实施的《中国人民银行关于信用卡业务有关事项的通知》（以下简称《通知》），中国信用卡利率市场化迈上了新征途。从之前信用卡分期付款自主定价的尝试推进到了透

① 这里的价格指：利率收入+收费–资金成本，相当于利差。鉴于当前中国各商业银行资金成本的高度相似，为了简化起见，把资金成本当成一个共同的常数简化。

支利率下限浮动。不仅如此，《通知》中规定发卡机构自主确定免息还款期和最低还款额，发卡机构与持卡人通过协议约定是否收取违约金以及相关收取方式和标准等等都在广义上推进了信用卡利率和定价全面市场化。

利率的市场化使得差异化定价优化成为可能，而且势在必行。一方面，定价必须足够高，以便在覆盖获客成本、风险成本、运营成本后还有合理利润；另一方面，定价必须足够低以保持价格竞争力、激励客户的循环信贷行为、挽留优质客户、规避逆向选择。定价过低，以至于发卡的收入小于成本，不是一种可持续的商业模式。而定价过高，一方面在面对同行的激烈竞争中会失去客户；另一方面也会消极影响客户的行为，导致实际收入的减少。由此可见，定价是受多方因素共同影响的一个结果。

定价可以表示为多维函数关系：

定价=F{f1(获客成本)，f2(风险成本)，f3(运营成本)，f4(批核率)，f5(响应率)，f6(额度使用率)，f7(循环率)，f8(流失率)，……}

而且，定价又将进一步影响批核率、响应率、额度使用率、循环率、流失率与坏账率，从而改变获客成本、风险成本和运营成本。所以，这个多维函数关系，不仅是传统意义上的预测模型函数，而且是深刻的行动响应模型函数。

一个优化的定价体系，需要通过针对不同客群实现差异化定价来实现，即对部分客群制定足够高的价格，同时对另一部分客群制定足够低的价格。难点在于获客成本、风险成本对不同客户是因人而异的，消费者的价格敏感度、循环倾向、流失倾向、收益潜力也因人而异。不同客群之间的划分并没有明确的界限和定义。而定价本身又会进一步引起客群的迁移，如偶尔循环的客群受低利率的影响可能变成经常循环的客户，而经常循环的客群可能因为过度的激励反而成为高风险客群。

因此，发卡行不仅需要做好客群划分，对不同客群的后续行为进行预测，也需要对不同定价对不同客群的影响进行评估和计量。这里，大数据的洞察力和在此基础上的精密的行动响应模型函数是关键。所以，人民银行新规下的定价优化必须有高度灵活性和差异性，必须是考虑到不同消费者的综合特征和价格敏感度的动态优化。不仅如此，对应利率市场化的广义范畴，定价优化还包括分期付款利率、透支利率、免息还款期、最低还款额、违约金等维度为一体的综合的全面的定价优化。

不言而喻，2017年将是各个发卡银行八仙过海，探索差异化定价优化核心竞争力的一年。定价优化的核心能力，首先在于对不同消费者的风险水平、价格弹性、信贷需求、循环倾向、收益潜力等各种价格敏感度的准确衡量和把握，这就要求打破信息的非对称，通过内部和外部的大数据挖掘、整合对客户的综合洞察力，建立精准的消费者倾向性预测模型和价格敏感度行动响应模型；其次是等通过决策最优化的算法，整合大数据模型的洞察力，实现限制条件下利润最大化的差异化定价策略。这归根结底，是在大数据场景下优化定价的数据竞争、技术竞争、经验竞争、人才竞争。

二、获客成本的核心竞争力

卓有成效的获客，是信用卡达到、发挥、强化规模经济的根本。如何有效地降低获客成本，提高获客效率？各发卡银行传统的主要获客渠道就是各自的分支行网络、直销团队，但这个正在被新的以大数据、云计算为依托的精准获客所取代。一方面，经过十几年的发展，分支行渠道、直销渠道已经耕耘得差不多了，传统渠道针对的厚征信人群已经是一片红海了；另一方面，依托于替代性大数据开拓无征信小白、薄征信、短征信人群的蓝海，依托于云计算开拓互联网发卡渠道的蓝海方兴未艾。

决定获客成本高低、决定获客核心竞争力的要素，关键在于响应率和批核率。用函数关系来直观展示：

获客成本=单位营销成本/(响应率x批核率)

在既定单位成本的营销活动下，响应率越高，平均获客成本越低；批核率越高，平均获客成本越低。而通过大数据整合提炼对消费者信贷需求的洞察力、产品偏好的洞察力、价格弹性的洞察力，并根据这种洞察力让信用卡的供给（产品设计）与消费者的需求有效对接，让信用卡产品对消费者“量身定做”，是提高响应率的根本。

举例来说，基于大数据的分析，可以清晰地刻画消费者的画像，如商旅客群、循环客群、偏爱网络游戏客群、年轻小白客群，等等。这每类客群对信用卡的需求、偏好、产品敏感度是非常不同的，商旅客群可能更关注商旅的便捷性权益、积分等，循环客群比较关注产品利率、额度等，而偏爱网络游戏客群则更关注游戏钟爱角色的个性化体验如卡面、卡友活动等。如果卡中心在做营销活动的时候，能事先了解目标客群的客户画像、响应模型，并基于客户画像和响应模型进行产品设计及营销活动的设计，势必大大提高响应率。通过大数据整合、提炼对消费者信用风险的准确评价、对申请欺诈风险的准确评价，从而精准批准风险合适的消费者、精准拒绝风险过高的申请而尽量避免误伤，是提高批核率的根本。也就是说，未来获客成本的核心要素是响应率和批核率，其根本核心竞争力都在于大数据精准获客，并且通过云计算的方式得以实现。尤其是在风险下沉、无征信小白、短征信薄征信人群蓝海耕耘的大背景下，更是如此。

三、风险成本的核心竞争力

信用卡业务的核心，在于经营风险。在规模经济的场景下，风险成本的看似微小的上升或下降，都对盈利有重大影响。经过15年来的发展，各发卡行都已经在风险管理上有了相当的积累和基础，比如对征信报告的应用、对身份核验的应用、对ABC评分卡（申请评分卡、行为评分卡、催收评分卡）的应用等。

今天，新的时代命题是：面对信用下沉、无征信人群的蓝海，如何能够填补空白，精准地识别、计量风险，做到放而不乱、收而不死，闲庭信步？对于有征信人群（尤其是薄征信、短征信人群），如何有效补充，更精准地计量风险、经营风险？这一切，都有赖于挖掘、提炼、整合消费者大数据中的洞察力并凝聚成统一标尺的大数据风险评分来进行精准计量，有赖于通过云计算打通数据孤岛以实时地、革命性地提升风险洞察力，从而建立起卓越的风险成本的核心竞争力。

大数据对于风险管理的根本提升价值，可以从下述函数来直观了解：

$$Y=F(X)$$

对于自变量集X，在引入大数据之后，这个自变量集X增加了许多宝贵的揭示消费者风险特征的维度，比如运营商特征（B1，B2，…，Bn）、交易特征（C1，C2，…，Cn）、小贷特征（D1，D2，…，Dn）、支付特征（E1，E2，…，En）…… 这些基于大数据的新的自变量系列集合，极大地填补、补充、完善、提升了对厚征信人群或无征信、短征信或者薄征信人群的风险预测精准度，从而降低了风险成本。

对于风险函数F，典型来说，每个自变量集系列需要一个独立的F函数来捕捉该数据源独特的风险关联。在大数据时代之前，由于自变量集仅一个或有限几个，因此，这个F典型是一个或有限几个函数，比如F1、F2，乃至F3；在大数据时代，基于大数据的自变量集非常丰富，因此可以应用许多创新的独立函数，比如F1，F2，F3，…，Fn，并且根据每个数据源的不同特点，函数可以各自采取评分卡、逻辑回归、神经网络、随机森林、其他机器学习、其他人工智能等各种技术形态，再综合成一个总的函数F。这些基于大数据的函数组合可以极大地提升模型精准度，降低风险成本。

针对应变量Y，对于厚征信人群，传统模型效果相对可用，因为发卡行能够有比较充分的Y来分析、建模、预测。但是，对于无征信、薄征信、短征信人群，单一的发卡行的Y往往有两个挑战：其一是样本量不足；其二是样本对未来开拓新客群的代表性不够。在大数据时代，由中立的专业第三方开发的大数据评分模型，基于云计算的加密保护和脱敏技术，汇聚了行业内多源的Y，这样既保证了样本量充足，又保证了对整个中国消费者客群的充分的代表性。这是大数据时代提升模型精准度、降低风险成本的另一个重要源泉。

综合起来，自变量集X、函数F、应变量Y都因为大数据而极大提升，从而对于无征信、短征信、薄征信人群的风险管理填补了空白，对于厚征信人群的风险管理提供了有效的补充。

四、运营成本的核心竞争力

信用卡的运营成本，很大程度上是人力成本。信用卡的审核审批、征信核实、交易欺诈核验、催收呼叫中心、客服等，传统上都是人力资源密集的运营。一方面，人力成本的高昂对运营成本是沉重压力；另一方面，用人指标、工资预算指标的严格控制，人员流动的挑战、波峰波谷的艰难平衡、人员素质参差不齐对于客户体验的冲击等，都呼吁轻资产的新的运营模式。

在这个业务需求的新背景下，依托于大数据、云计算的精准实时的应用来实现信用卡审批的“秒批”，既节约数百以上的审批人力资源，又实现良好的客户体验，增加市场竞争力，是一个新的潮流；依托于大数据和云计算的智能机器人催收替代传统催收人力呼叫中心、依托于大数据和云计算的智能机器人交易欺诈核验替代传统电核人力呼叫中心，既节约数千人的人力资源，又可规模化、标准化、智能化地运营，成本更低，效果更好，客户体验更优，彻底解决人员流动、人员培训、波峰波谷的挑战，做到“呼之即来、挥之即去、永远相伴”，是一种将革命性提升信用卡运营管理的新技术应用。可以预见，哪个信用卡中心在大数据、云计算的应用上有效实现“秒批”“智能机器人催收”“智能机器人交易欺诈核验”、智能机器人客服等，谁就在运营成本和客户体验上拥有领先的核心竞争力。

中国信用卡行业已经在规模经济的基础上实现了弯道超车，第二次飞跃的浪潮正在波澜壮阔地向我们走来。基于大数据、云计算打造信用卡核心竞争力，这个日子离我们有多远呢？“一万年太久，只争朝夕”！

作者：陈建

FICO：费埃哲（FICO）公司是世界决策分析市场的行业领袖。自1956年公司创立以来，费埃哲帮助80多个国家的数千家公司增加客户忠实度和利润，降低欺诈损失，减少信贷损失，更有效地获取新客户，提高决策自动化，降低运营成本，增加市场份额，以及满足监管机构要求。费埃哲信息技术（北京）有限公司是费埃哲公司的全资子公司，于2007年6月11日在中国北京市西城区注册。在中国的十年时间里，费埃哲为中国银行业和保险行业提供了200多个决策管理项目服务。□

第二节　传承与创新：携手共筑信用卡发展新愿景

时代的变迁，意味着挑战，也带来了蓬勃生机。经济发展的新常态、技术革新的新浪潮、产业融合的新举措纷至沓来，不仅对信用卡行业提出了新的挑战，也为信用卡发展注入了新的活力，迎来了繁荣革新的契机。由此引发的“产业之变”或具体而微、或事关宏旨，其来势迅猛、影响深远，如何在新形势下“顺势而为”力促信用卡业务革新发展，在业内受到了前所未有的关注。

一、产业之变：新时代浪潮下的机遇与挑战

（一）宏观环境

1. 消费持续成为经济增长第一驱动力

一方面，消费金融的马车继续高速前行，2016年国内消费总额超过33万亿元，消费对经济增长贡献率64.6%，比资本形成总额高22.4个百分点，持续成为拉动国民经济增长的最大驱动因素，旅游、医疗、保健、家政、家装家饰、汽车、住房等领域消费增长显著。另一方面，消费升级持续深化，2017年政府工作报告指出，要“适度扩大总需求并提升有效性”，2017年GDP增速目标6.5%，消费对经济的拉动作用日益突出，信用卡产业正在从转型和增长中受益。

2. 消费信贷市场潜力巨大

一方面，政策红利持续释放，近年来国家陆续出台促进消费金融发展系列政策，3月30日人民银行和银监会再次发布《关于加大新消费领域金融

支持的指导意见》，就培育消费金融发展体系、加快消贷管理模式和产品创新、改善优化发展环境等提出一系列政策支持；另一方面，消费信贷市场高速增长，我国个人消费贷款规模年复合增长率达27%，预计2019年将超过37.4万亿元；但消费信贷渗透率仅为2.5%，远低于其他成熟市场水平，整体发展空间巨大。信用卡作为居民消费金融业务的重要载体，将借此迎来新一轮强劲发展。

（二）行业竞争

1. 竞争主体多元化，跨界竞合成亮点

一方面，消费金融公司、P2P借贷平台、互联网金融公司、直销银行等机构纷纷推出消费金融产品，如蚂蚁花呗和借呗、腾讯微粒贷、京东白条等，与商业银行在消费金融市场中形成正面竞争。另一方面，商业银行也在积极与BAT为代表的知名互联网企业开展跨界合作，在获客引流、移动支付、征信查询、增值服务等方面推进跨界深度合作，形成竞合发展的有利局面。

2. 雄踞一方，第三方支付蓬勃发展

一方面，第三方支付行业交易规模急剧膨胀，自2010年以来年均增速保持在50%以上，2016年交易规模更是达到了57.9万亿元，同比增长86%；相比之下，银行卡传统支付增速放缓，2016年银联转接银行卡交易规模为72.8万亿元，同比增长32%。另一方面，第三方支付快速拓展线下场景和垂直细分领域，充分发挥“场景+普惠营销”的优势，从线上走到线下，从支付衍生信贷，快速拓展支付市场。

（三）监管新政

一系列监管新政的陆续出台，驱使信用卡业务转型进一步加快。一是《关于完善银行卡刷卡手续费定价机制的通知》实施，将政府定价改为政府限价，并取消行业分类，实行借贷分离，从价格要素入手重塑了银行卡产业格局。从长期看，解决了产业深层次矛盾和突出问题，营造了产业健康发展的环境；在短期内，对银行卡收入结构产生一定影响。二是《关于改进个人银行账户服务、加强账户管理的通知》通过将个人银行账户分类管理实现风险隔离，为银行探索和发展互联网金融、直销银行、小额便民支付业务提供便利，有助于商业银行和第三方支付形成差异化竞争。三是自2017年1月1日正式实施的《关于信用卡业务有关事项的通知》，标志着信用卡利率市场化大幕正式开启，本质上减少了对银行卡业务的行政干预，将归属于市场的权力归还市场，赋予参与主体更大自主权，同时要求向因客定价、产品细分、精细管理转型，为已经蓬勃发展的银行卡市场进一步注入活力。四是2017年2月，人民银行出台《关于持续提升收单服务水平规范和促进收单服务市场发展的指导意见》，鼓励收单机构服务创新和聚合支付规范发展。聚合支付在“四方模式”下整合支付、行业应用、O2O营销等，促使传统收单业务向简化收银、智能营销、移动管理、多元增值的方向发展。

（四）技术革新

互联网金融大潮磅礴来袭，以“互联网+”模式和传统行业深度融合、迅速崛起，不断创造金融新业态，促进产业转型、市场重塑和消费升级，不仅成为推动中国经济发展的新引擎，也为信用卡行业注入了新的活力，蜕变出充满大数据基因的新型支付生态链条，呈现出“去卡片化、去POS化、去中心化、去网点化”的特征。一是支付去卡片化，即从传统卡基支付向依托TOKEN支付技术的NFC、二维码支付等创新支付方式发展；二是收单去POS化，即从单一收单服务向结合分期、积分POS、二维码、快捷支付的一体化综合支付服务方案发展；三是交易去中心化，即通过应用区块链技术，实现跨交易主体的互联、互通，并在消费实时返现、红包送达、积分实时查询兑换等方面应用；四是服务去网点化，人工智能、移动互联科技和金融服务融合，形成智慧化服务新模式，国内各大银行先后推出智能网点机器人、智能在线客服、智能自助设备、智能人脸识别等新型服务，覆盖远程与现场服务，实现自助与人工服务高效衔接，为客户提供更加便捷、安全、前卫的服务体验，同时极大降低人工服务成本，提升服务品质和水平。

（五）风险态势

1. 经济下行周期，违约风险面临集中释放

当前国内外宏观经济增速下滑，下行压力增大，部分行业、企业经营压

力加剧，销售收入下滑、盈利能力下降、资金回笼困难，导致银行业信贷风险暴露加快。尤其是部分中小企业主、个体工商户等，甚至需要依托信用卡来满足经营资金周转，一方面带来套现及非消费类透支管控压力加大，另一方面易出现还款能力和还款意愿不足，导致违约概率上升，形成信用风险。经济筑底、结构转型和产能消化需要一定时间，未来几年也将是信贷风险的集中释放期，如何提升对宏观环境和市场波动的预判和应对能力，将是保障信用卡业务平稳发展的关键。

2. “多头授信”普遍，信用风险敞口扩大

互联网金融浪潮下，无抵押无担保类消费信贷业务层出不穷，P2P网贷、小贷公司、各类消费信贷平台林林总总，几大电商也纷纷推出了个人信用消费产品，授信主体日益增多。对于满足单一客户的消费和支付需求，“多头授信”已不局限于持有多家银行的信用卡，而是向互联网金融“跨平台授信”方向蔓延。在不借助外部数据支持的情况下，这类“跨平台授信”在传统信用卡审批授信过程中无法有效定位和识别，易存在因“多头过度授信”而超出客户实际偿贷能力的情况，造成持卡人信用风险敞口进一步加大，银行资金面临潜在损失风险。

二、应对之举：多点发力、协同布局是关键

（一）融于大势，着力构建数字支付生态体系

面对当前新科技浪潮的冲击，支付数字化、渠道线上化、入口移动化、服务全球化、体验便捷化等趋势特点逐步显现；尤其是移动互联技术的创新应用和智能设备的广泛普及，推动支付服务呈现在线化、虚拟化、便捷化发展，二维码、NFC、HCE、蓝牙、声波、刷卡器等移动支付形式不断丰富，Apple Pay、数字钱包、微信红包等广泛应用，宣示着无卡时代的到来比想象中快得多。商业银行应着力加快数字化信用卡体系建设，重点围绕NFC闪付、二维码支付、虚拟钱包支付等体验较优的模式，实施信用卡支付体系升级。在保障支付安全前提下，加大线上线下融合布局，搭载随机立

减、满额立减等普惠式营销活动，为客户提供快捷、实惠的移动支付体验，从而推动信用卡支付摆脱固化服务、固定模式的边界束缚，对接更多的移动终端，产生更多的服务触点，延伸更广阔的业务领域，更好的和电商连接，和第三方支付连接，和各种社区连接，和跨境连接。

（二）抢抓机遇，转型布局消费金融服务体系

面对消费金融市场高速发展的契机，商业银行应从战略层面调整布局，将消费金融业务作为信用卡转型发展的首要抓手。以旅游、家装、汽车等消费热点领域为主要场景，在业务模式上寻求突破，按照“场景+客群”的业务策略，着力实现从“资金驱动”的传统模式向“资金+场景+技术驱动”的新型模式转变。一方面，通过场景透析和定位将金融需求融入到居民消费场景，实现资金与场景的无缝对接，将消费信贷主动授予优质客群；另一方面，有效借助当前移动互联技术革新和商业银行传统优势，推动自身向全线上操作转型、向场景化营销转型、向专业化经营转型，从而实现消费金融市场竞争力的进一步提升，为客户提供全新的信用消费新体验。

（三）聚合支付，打造“泛收单”商户综合服务

在互联网支付的新形势下，收单业务的内涵不断丰富，外延不断扩大，逐步演变为各类支付创新的主阵地和场景化获客的流量入口，对驱动整体信用卡业务发展具有重要的支撑作用。面对支付宝、微信支付“打破平衡”力图改变传统“四方模式”的情况下，商业银行应共同推进互联网支付与传统收单业务的深度融合，协力打造“线下全能付+线上收银台”商户支付体系，加快布放集刷卡、闪付、扫码、指纹等功能于一体的智能POS，积极研发掌上收银应用，补齐互联网化带来的短板，并围绕商户金融需求，打包引入场景荐客、场景金融、优惠商户、资金理财和商户授信等金融服务，形成线上线下一体化、收付融通全能化的“泛收单”商户综合支付体系。

（四）深耕数据，全面提升客户风险画像能力

市场参与主体持续增加、国内征信市场逐步完善、科技创新应用不断飞跃，从根本上提升了商业银行多元化获取内外部征信数据的能力，丰富了数

据来源的深度和广度，提高了数据挖掘和运用的有效性，为更好地建立大数据风险经营模式奠定了有利基础。一方面，商业银行应该进一步深耕自有数据，通过精细化挖掘信用卡交易数据完善客户用卡行为画像，通过共享银行内部其他非信用卡个人数据，丰富客户申请信用卡时的准入画像，整体提升银行自有数据的运用效率；另一方面，除了对人民银行征信报告、公安信息等传统外部数据的应用外，需进一步丰富外部征信数据的应用种类和范围，如学历、电信运营商、司法、跨平台借贷、公积金社保等数据，打通行业内外、线上线下的数据边界，建立客户全景画像，主动选择风险可控的优质客户。

三、行业缩影：中国银行助力信用卡行业新繁荣

依托百年积淀的文化底蕴，历经三十余载的锤炼雕琢，秉持“担当社会责任，做最好的银行”的战略指引，中国银行在“成为业界领先的信用卡支付服务商、专业化的消费金融提供商、全球化的客户体验和增值服务商”的道路上不断前行，面对经济增长的新常态、支付多元化的新格局、消费金融的新机遇，能够以支付创新和场景金融为纲，以场景式获客、管家式服务和主动式风险防控为目，围绕财富、商旅、跨境、消费金融、都市时尚客户群，加速与移动互联融合，打造线上线下一体的信用消费新模式，为消费者提供随时、随地、随心的金融支付体验，实现中银长城信用卡客户体验和品牌美誉度的显著提升。

一是融合互联网基因，持续提升创新能力，推动获客方式向移动端迁移，支付体系向虚拟化转变，上线云闪付、二维码支付等具有影响力的创新产品和功能；二是加速场景化革命，完善消费金融产品体系，推动分期业务专业化和特色化经营；三是发挥跨境优势，丰富跨境服务权益，搭建国际化优惠商户网络，同时大力发展海外发卡和收单业务，打造跨境客户的首选品牌；四是夯实全面风控体系，深耕大数据挖掘应用，精细化客户分类和客户画像，完善信用卡专业化风控工具，建立信用卡反欺诈侦测平台，为信用卡业务的发展保驾护航。

“路漫漫其修远兮，吾将上下而求索。”新时代的大船已经启航，对于信用卡行业而言，既是全新市场格局重塑的起点，也是参与主体跨越发展的转折，只有勇于革命、拥抱改变、竞合发展，才能跟得上时代的步伐，携手共建一个开放、包容、创新的信用卡生态圈，为支付产业持续繁荣发展贡献力量。

作者：胡浩中

现任中国银行股份有限公司银行卡中心总经理。□

第三节　消费金融的春天

近几年，在中国经济步入“新常态”以及居民个人收入不断提高的背景下，消费成为拉动中国经济增长的强劲动力。而以信用消费为核心的消费金融产业正持续升温，表现出强劲的发展动力，迎来蓬勃发展的绚丽春天。

一、忽如一夜春风来，千树万树梨花开

消费金融能在不动用消费者积蓄的前提下，开发其购买力，进而拉动内需，刺激消费，提高消费在整个国民经济中的比重。在我国增长方式逐步调整，启动消费成为重中之重的大背景下，消费金融无疑是拉动经济稳健发展的重要引擎。

纵观我国消费金融的发展，可以用一句诗来形容：“忽如一夜春风来，千树万树梨花开。”包括传统银行、互联网公司在内的每个蓬勃发展的消费金融主体都是“一朵花”。那么“春风”是什么呢？

一是足够多的科技工具。随着互联网特别是移动互联网时代的崛起，金融科技（Fintech）的浪潮席卷而来，对提升金融效率和优化金融服务发挥了重要作用。金融科技聚焦于以大数据、云计算、生物识别、人工智能、

区块链等为代表的新一轮信息技术的应用与普及，给金融机构在消费信贷领域的产品服务、商业模式、经营理念等方面带来了深刻的变革。依托科技创新，发展消费信贷，拥有广阔的发展空间和巨大的上升潜力。

二是足够好的政策。近几年政府层面出台了一揽子提振国内消费、促进消费升级的政策，为消费金融发展释放了巨大的政策红利。2016年政府工作报告中明确指出“在全国开展消费金融公司试点，鼓励金融机构创新消费信贷产品”；人民银行及银监会发布的《关于加大对新消费领域金融支持的指导意见》，要求加快推进消费信贷管理模式和产品创新，改善优化消费金融发展环境。多部重要文件中都提到鼓励消费，以消费带动国家经济发展，这对消费金融的发展将起到极大的推动作用。

三是足够大的市场。当前在教育、家装、购物等众多的消费领域，消费信贷机构如雨后春笋一般大量涌现，可谓 “千树万树梨花开”。艾瑞咨询研究数据显示，2016年，中国消费信贷规模突破了22万亿元，同比增长19%，同时消费信贷在我国所有消费中的占比达到了46.8%，成为了我国消费的主流形式。以消费信贷为基础的消费金融产业，表现出如此强劲的发展动力，正成为一片新的蓝海。

二、接天莲叶无穷碧，映日荷花别样红

作为消费金融产品之一，信用卡起步最早，受众最广，目前市场最为普及。它自诞生以来就拥有刺激消费、拉动内需的天然属性，随着业务的不断拓展，在全球200多个国家，3 000多万商户，300多万个ATM和数万家银行实现了联网通用，形成了完整的产业链与庞大的市场规模，并广泛应用于餐饮、住宿、零售、公用事业等与居民生活消费息息相关的领域，通过提升客户服务质量、开展多样化优惠活动，成为了消费金融发展的一股重要的力量。

总结中国信用卡产业的发展，可以用“接天莲叶无穷碧，映日荷花别样红”来形容，这里的“别样红”可以从三个方面进行解释。

（一）产业规模持续递增

从发卡量来看，2008年，我国信用卡发卡量仅有1.4亿张，而到2016年

末为6.3亿张，8年复合增长率为21%。自2008年之后全国各家发卡行调整了发卡策略，风控要求更高，客户引入更审慎，逐步放慢了发卡速度，所以此处增长率指标较2008年之前已经有所放缓。

从交易量来看，2008-2016年，从2.1万亿元增长至25.4万亿元，涨了十几倍，8年复合增长率达到37%，这个数字剔除了银行的规模增长、GDP增长等因素，是在一个非常大的基数之上实现的快速增长。

从未偿信贷余额来看，由2008年的1 582亿元到2016年的40 600亿元，8年复合增长率为50%，这个速度反映出，信用卡是整个银行业中发展最迅猛的条线和产品，未来产业规模必将越来越大（见图6-1）。

图 6-1　2008—2016 年我国信用卡产业规模

（二）风控能力不断加强

自2008年至今，国内信用卡产业不良率[①]和损失率整体呈现大幅降低的走势。2009年受金融危机的波及，风险指标出现高峰，不良率3.96%，损失率3.13%，但是自2010年以来基本上平稳向下。尤其是2016年，在整体经济发展环境趋于严峻的形势下，信用卡产业不良率控制在1.74%，实在可圈可点。对比20世纪90年代美国经济持续20年的黄金时期，其信用卡不良率基本上在3%～5%，我国信用卡产业风险水平长期处于低位可控（见图6-2）。

① 不良率＝（延滞账户透支余额＋逾期半年未偿信贷总额）/未偿信贷余额，损失率＝逾期半年未偿信贷总额/未偿信贷余额。

图 6-2　2008-2016 年我国信用卡产业风险状况

（三）创收能力稳步提升

根据各家银行公布的年报数据，2012年，工商银行、农业银行、中国银行、建设银行、交通银行五家国有银行信用卡业务中间业务收入在全行业占比为12%，到2016年达到20%；六家上市股份制银行同一口径的这一数据，在2012年为26%，到2015年达到29%。股份制银行起步早并且是事业部建制，所以发展的较快一些，但是近两年，五家国有银行的发展速度也非常快。最终结果是，信用卡业务得到各家银行的普遍重视，在银行的业务条线中从边缘走向中央。

三、宝剑锋从磨砺出，梅花香自苦寒来

逆势增长的信用卡产业，正成为经济下行压力下我国消费信贷市场的生力军。从1985年我国开始发行第一张信用卡，到如今取得如此令人骄傲的成绩，究其原因，可以用“宝剑锋从磨砺出 梅花香自苦寒来”来解释。具体来说，我国信用卡产业之所以能够如此快速稳健的发展，与六个因素息息相关：技术创新、产品创新、服务创新、品牌推动、风控推动和内控推动。

（一）技术创新

伴随着技术的进步，信用卡产业在不断地革新发展。在国内发展早期，计算机系统尚不发达，无法实现联网联机，主要是离线交易。商户使用压

卡机将卡片上的卡号、姓名、有效期等信息复印到交易单上，并在上面说明该交易的授权号码、时间和金额，最后让持卡人确认，完成该笔交易。伴随着科技的进步和国家“金卡工程”的推行，我国银行卡跨行交易网络逐步建立，特别是中国银联成立后，大力推进在线交易，压卡机逐渐被淘汰了，信用卡产业从脱机交易真正走向了POS的联网联机交易时代。

在科技的推动下，信用卡的支付介质也发生了翻天覆地的变化，从最早的塑料卡，到后来的磁条卡、芯片卡，再到现在的指纹、二维码、声控、虹膜、人脸识别……目前多种新兴支付介质都在研究探索的道路上，未来一切皆有可能，至少五至十年支付介质必将是百花齐放，多元化发展。

在技术层面，各商业银行的数据处理能力也在不断提升，过去银行建立的数据仓库是静态的，储存方式是并行的，所以处理能力较差。现在包括信用卡条线在内的银行业都已摒弃了这种数据存储方式，比如光大信用卡尝试将大数据领域的Hadoop技术应用于银行IT系统建设，运算能力和运算速度得到了大幅提升。

（二）产品创新

产品创新要求以客户为中心，满足客户的多元化需求。作为居民进行支付结算和消费信贷的首选工具，信用卡更应该成为可以融合到各个领域、给用户带来全方位体验的多重载体。基于这一理念，各发卡行近年来以“场景化”和“跨界”为着力点，对客户支付需求进行精细化区分，建立更贴合客户需求的营销渠道，并通过跨界融合，牵手第三方企业，开发跨界创新型信用卡产品，形成层次鲜明、个性突出的产品体系，实现了客户消费需求与信用卡产品服务的无缝对接。

（三）服务创新

服务是检验业务品质的关键。客户对信用卡全方位的需求，可以细分为五个层次。第一个层次也是最基础的金融服务需求是支付结算和消费信贷；第二个层次是安全需求，包括失卡保障、防伪政策、交易密码提醒等；第三个层次是沟通需求，除了柜台，还有网银、微信、电话等渠道与客户进行交流互动；第四个层次是尊重需求，要求信用卡推出增值服务和个性化优惠，让客户感受到实惠和满足；第五个层次也是最高层次，自我实现需求，通过慈善和文化活动等让客户实现更高境界的人生价值。

近年来各行围绕客户需求不断推陈出新，努力为持卡人提供快捷、安全、专业的信用卡服务。例如光大信用卡独家推出了集五个层次为一体的五星级客户服务体系，实现了大规模客户的精准化个性服务，并成为国内首家同时获得ISO27001信息安全质量认证和ISO9001质量管理认证的银行机构。

（四）品牌推动

品牌是商业银行在推广自身形象的过程中，根据发展战略定位所传递给社会大众的核心概念。良好的品牌形象可以吸引社会公众，提升客户的体验度和归属感。为完善营销模式，创造更大的品牌价值，各发卡行持续开发具有高附加值的品牌功能，推出针对不同消费群体的丰富多彩的市场活动，打造全景化信用卡营销体系。任何围绕客户的生活需求，无论是吃饭、唱歌还是洗车、购物，信用卡的优惠都无处不在，触手可及。特别是伴随人民币国际化和“一带一路”战略的深入推进，近几年信用卡产业积极探索与跨境商业和服务资源的整合，努力“走出去”，是世界范围内打造中国信用卡的强势品牌。

（五）风控推动

为保障信用卡能够最大限度地发挥其消费信贷服务功能，强大的风控能力是必不可少的，各发卡银行在加快业务发展的同时始终高度重视风险管理。一方面，从客户用卡安全角度出发，持续加强用卡安全体系建设，努力提升客户的安全用卡意识，保障客户的知情权和资金安全，为客户提供全方位的用卡安全保障；另一方面，建立从贷前客户引入、贷中管理到欠款催收的全流程的信用卡风险管理体系，提高风控技术水平，增强过程管理能力，特别是探索大数据技术在信用卡风险识别、计量和控制方面的应用，为信用卡产业的发展壮大保驾护航。

（六）内部推动

内控管理是当下许多金融企业容易忽略，但其实非常重要的一个方面。为确保信用卡业务安全、有效、稳健运行，各商业银行不断加强内控合规管理体系建设，逐步完善内控合规管理措施，持续有效提升自身的内控合规管理水平。以光大银行为例，信用卡中心从国际上引入五个部委发布的企业内控管理指引，制定了内控管理矩阵，主要从内部环境、风险评估、控制活动、信息与沟通、监督五个方面进行企业内部控制，切实防范和化解经营风险，取得了显著的成效。

四、等闲识得东风面，万紫千红总是春

消费金融时代的大门已经逐步开启。历经三十年积淀与磨砺的中国信用卡产业正在快马加鞭，努力扛起消费金融的大旗。展望消费金融发展的前景，将是“等闲识得东风面，万紫千红总是春”。

所谓“等闲识得”，是因为消费金融的盈利空间很大。从客户风险等级和消费金融产品收益组成的二维象限来看，客户从低风险到高风险，收益从低到高，这其中有很大的发展空间。在低风险低收益领域，抵押贷款客户风险低，收益也低，但同时由于银行的按揭贷款资金成本也低，所以银行可以存活。风险收益相对较高的，对应的是信用卡客户，主要是白领或者上班族；风险收益更高的客群，对于容忍度低的银行不适合，但是P2P等消费信贷机构可以实现收益覆盖成本。所以客户群很广阔，盈利的空间也很大（见图6-3）。

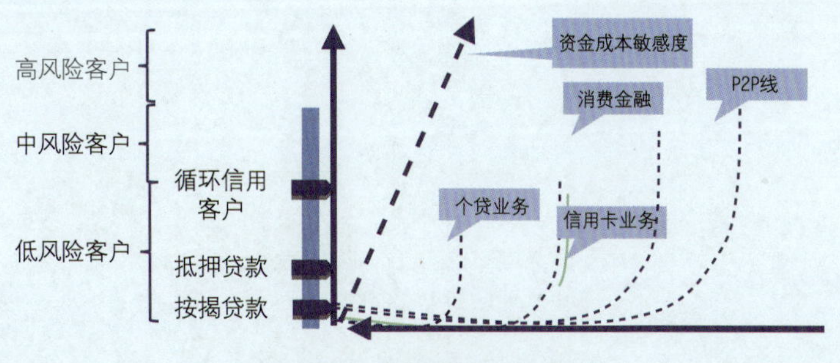

图 6-3　消费金融盈利模式

消费金融未来前景广阔，毋庸置疑。但对于产业各方主体应该怎么做，主要把握好以下三点：第一，以人为本。任何产品都是为人服务，这是初衷，也是宗旨。不能只考虑利益，做事要有情怀，最重要的还是客户体验。为客户提供良好的客户体验“方得始终”。第二，拥抱科技。消费金融服务数亿客户，小额分散是风控的重要法则，在这种背景下怎样做大做强，只有靠科技。尽可能利用新技术，新方法，以机器作业代替人工作业。第三，共享共赢。单打独斗无法成长壮大，只有跨界融合才能开创美好的未来，每个企业要选择一个自己最擅长的领域和方式不断成长，然后与各方合作共享实现共赢。

驱动消费金融引擎，引领金融普惠发展，需要业界的共同努力。一支独放不是春，万紫千红春满园！愿产业各方精诚合作，携手并进，共同开创消费金融的春天。

作者：戴兵

原中国光大银行总行工会工作委员会副主任兼信用卡中心总经理。□

2017

BLUE BOOK
ON THE DEVELOPMENT OF CHINA'S BANK CARD INDUSTRY

中国银行卡产业发展蓝皮书

（附件）

附表一：我国银行卡业务数据

表 1　2013—2016 年国内银行卡业务数据

	2013年	2014年	2015年	2016年
银行卡累计发卡量（亿张）	42.1	49.7	56.1	63.7
借记卡累计发卡量（亿张）	38.3	45.1	50.9	57.4
信用卡累计发卡量（亿张）	3.8	4.5	5.3	6.3
银行卡人均持卡量（张）	3.10	3.63	4.09	4.62
借记卡人均持卡量（张）	2.82	3.29	3.72	4.16
信用卡人均持卡量（张）	0.28	0.33	0.39	0.46
银行卡活卡量（亿张）	30.9	33.6	36.9	41.8
借记卡活卡量（亿张）	28.4	30.6	33.3	37.3
信用卡活卡量（亿张）	2.5	3.0	3.6	4.5
银行卡交易笔数（亿笔）	476.0	595.7	852.3	1 154.7
借记卡交易笔数（亿笔）	103.5	126.2	154.6	177.1
信用卡交易笔数（亿笔）	47.8	60.5	77.5	89.3
银行卡交易金额（万亿元）	524.8	580.3	614.8	743.6
借记卡交易金额（万亿元）	507.5	560.6	593.1	718.2
信用卡交易金额（万亿元）	17.3	19.7	21.7	25.4
银行卡卡均交易金额（元）	124 575	116 761	109 590	116 735
借记卡卡均交易金额（元）	132 489	112 797	105 722	125 122
信用卡卡均交易金额（元）	45 259	43 301	41 028	40 317
社会零售总额（万亿元）	23.8	26.2	30.1	33.2
受理商户数量（万户）	763.5	1 203.4	1670	2 067.2
受理银行卡POS机数量（万台）	1 063.2	1 593.5	2 282.1	2 453.5
ATM数量（万台）	52.0	61.5	86.7	92.4

表 2　2013—2016 年境外银行卡业务数据

	2013年	2014年	2015年	2016年
受理市场（个）	142	148	150	160
受理商户（万户）	1 200	1 430	1 720	2 020
ATM数量（万台）	110	117	125	133

附表二：2016 年我国银行卡产业大事记

表 1　2016 年银行卡产业大事记（按时间排序）

序号	时间	事件
1	2月18日	“银联云闪付”正式开通支持Apple Pay服务
2	3月14日	国家发展改革委、中国人民银行联合下发《关于完善银行卡刷卡手续费定价机制的通知》，涉及调整政府定价管理范围、方式，取消商户行业分类定价，实行借、贷记卡差别计费等多项内容，从总体上较大幅度降低了费率水平
3	3月29日	“银联云闪付” 正式开通支持Samsung Pay服务
4	4月5日	中国人民银行发布《支付结算违法违规行为举报奖励办法》，建立了支付结算违法违规行为举报奖励制度
5	4月15日	中国人民银行发布《关于信用卡业务有关事项的通知》，从推进信用卡利率市场化、减少信用卡息费规则相关行政干预、优化信用卡预借现金服务、规范信用卡交易信息、保障持卡人合法权益等方面作出制度安排
6	6月6日	中国人民银行会同银监会发布《银行卡清算机构管理办法》，在机构设立、业务专营、交易处理、信息传输、资金清算、基础设施管理、金融信息安全、反洗钱和反恐怖融资等方面提出了明确要求
7	6月13日	中国人民银行印发《关于进一步加强银行卡风险管理的通知》，要求强化银行卡信息的安全管理、加大银行卡互联网交易风险防控力度、切实防范磁条卡伪卡欺诈交易风险、严格落实各项规定，加大督查处罚力度
8	6月23日	中国支付清算协会发布《非银行支付机构标准体系》，规划了未来五年乃至更长一段时间我国支付机构所需标准，对支付机构经营管理、产品研发、客户服务、行业管理和信息化建设具有基础支持作用
9	6月30日	继东北亚区域理事会、东南亚及南太区域理事会之后，银联国际将第三个区域理事会设立在远东欧及中亚区域，以推动区域银联卡业务发展，更有力地支持“一带一路”战略实施
10	7月	中国工商银行成为全球最大信用卡发卡银行

续表

序号	时间	事件
11	7月6日	银联国际联合首批合作伙伴在上海共同宣布“优计划”上线，这是全球首个由银行卡组织推出的开放式跨境营销服务平台
12	7月15日	中国工商银行率先在银行业推出工银二维码支付
13	8月1日	由财政部、中国人民银行联合试点，中国银联联合商业银行共同推出的单位公务卡在全国首发，江苏省预算单位率先启用
14	8月29日	全国信息安全标准化技术委员会发布24项与信息安全相关的国家标准，其中《信息安全技术具有中央处理器的IC卡嵌入式软件安全技术要求》和《信息安全技术具有中央处理器的IC卡芯片安全技术要求》从硬件和软件方面对IC卡芯片安全做了最新的要求
15	8月31日	“银联云闪付”正式开通支持Huawei Pay服务
16	9月1日	“银联云闪付”正式开通支持Mi Pay服务
17	9月6日	银行卡刷卡手续费正式下调。借记卡、贷记卡差别计费。借记卡费率降低为不超过交易金额的0.35%，单笔收费13元封顶；贷记卡费率不超过0.45%，不实行单笔收费封顶
18	9月23日	最高人民法院、最高人民检察院、公安部、工业和信息化部、中国人民银行、银监会等六部门联合发布《关于防范和打击电信网络诈骗犯罪的通告》，自2016年12月1日起，个人通过银行自助柜员机向非同名账户转账的，资金24小时后到账；同一个人在同一家金融机构只能开立一个I类银行账户，在同一家非银支付机构只能开立一个III类支付账户
19	9月30日	中国人民银行印发《关于加强支付结算管理 防范电信网络新型违法犯罪有关事项的通知》。《通知》包括加强账户实名制管理、加强转账管理、加强银行卡业务管理、强化可疑交易监测、健全紧急止付和快速冻结机制、加大对无证机构的打击力度、建立责任追究机制等七大方面内容
20	9月30日	中国支付清算协会依托支付清算综合服务平台，上线运行了银行卡收单外包机构登记及风险信息共享系统、风险事件协查管理系统，并优化完善了行业风险信息共享系统，首批106家会员单位已接入系统
21	10月12日	中国银联与亚洲支付联盟（Asian Payment Network，APN）7家会员机构达成芯片卡标准授权合作。标志着中国金融技术标准“走出去”获得新突破
22	10月13日	中国人民银行会同13部委制定并印发了《非银行支付机构风险专项整治工作实施方案》，坚守支付中介的定位和职能，同时清理整治无证机构，遏制市场乱象，优化市场环境

续表

序号	时间	事件
23	11月9日	中国人民银行下发《中国金融移动支付 支付标记化技术规范》行业标准，提出了支付标记化技术的基本架构，规定了应用支付标记化技术的系统接口、安全、风险控制等要求
24	11月25日	中国人民银行发布《关于落实个人银行账户分类管理制度的通知》，重申并完善了个人账户分类管理机制
25	11月29日	中国人民银行印发《关于做好ATM改造工作的通知》，督促各银行做好ATM改造工作。改造后，通过ATM转账资金将在24小时后到账
26	12月12日	银联二维码支付标准正式发布
27	12月14日	交通运输部下发《关于应对ETC银行联名卡存在被盗刷风险的紧急通知》，要求推进使用与银行卡账户关联却分离的联名卡，暂停或取消发行“二合一”ETC联名卡
28	12月20日	平安银行、招商银行、微众银行等40多家金融机构和科研院所联合发起中国（深圳）Fintech数字货币联盟和中国（深圳）Fintech研究院
29	12月29日	中国人民银行、国家发展改革委、教育部、公安部、财政部、商务部、税务总局、工商总局、质检总局、银监会、证监会、保监会、外汇局、最高人民法院等十四部门联合印发《关于促进银行卡清算市场健康发展的意见》
30	2016年末	支付清算协会发布《有关单标识外币卡、双币卡政策具体内容》，要求银行停止新发双标识信用卡。在卡面上同时印有银联和Visa、Mastercard等国际卡组织标识的双标信用卡将逐步退出市场

表 2 2016 年国内商业银行借记卡大事记（按银行排序）

银行	类别	事件
中国工商银行	产品	发行国内首张II类户实体借记卡
	服务	1. 组建远程运维团队——让更多客户体验到银行主动服务 2. 多渠道网点预约服务——实现即到即办 3. 排号服务——实现远程取号
	其他	云闪付借记卡发卡量超过200万张
中国农业银行	产品	发行了低碳生态卡、金穗靓卡、金辉福寿卡、京津冀协同卡等多款主题特色卡和风格不同的多种卡面
	服务	推出了Apple Pay、HCE等新型支付功能
	荣誉	1. 荣获中国银联“2016年银联卡推广突出贡献奖” 2. 荣获中国银联“2016年银联卡跨行交易突出贡献奖” 3. 荣获中国银联“2016年银联卡营销活动优秀奖”
	其他	发行了低碳生态卡、金穗靓卡、金辉福寿卡、京津冀协同卡等多款主题特色卡和风格不同的多种卡面
中国银行	产品	投产与Visa和MasterCard合作的EMV国际借记卡产品
	服务	1. 推出借记卡自动触发中银E贷，实现借记卡线上线下消费、ATM取现/转账实时贷款功能 2. 推出借记卡二维码支付功能，实现借记卡二维码消费、转账功能，实现B2C、C2C扫码支付
	荣誉	获得由中国银联颁发的“2016年银联产品合作奖”
中国建设银行	产品	1. 推出建行支付品牌——龙支付，打造融合多技术、覆盖全场景的支付结算品牌 2.重点针对旅游市场，推出“龙行随享”系列借记卡产品，包括国旅龙卡、途牛龙卡、同程龙卡、旅游一卡通等针对农村地区发放联名卡，享受存款、取款、转账、缴费等手续费减免，办卡免收工本费，免收小额账户管理费和免收首年年费等优惠
	服务	2016年12月，建设银行基于互联网思维搭建了“裕农通”普惠金融服务平台，打通金融服务最后一公里，为农村客户打造集存、贷、汇、缴、投于一体的"村口银行"
	荣誉	获得银行业协会颁发的“2016年业务发展奖”“优秀成员单位奖”

续表

银行	类别	事件
交通银行	产品	推出太平洋沃德十周年纪念借记卡，提升太平洋沃德财富管理品牌影响
	服务	1. 面向网银证书客户推出定向转账服务 2. 推出小额免密免签维护功能
中信银行	产品	推出II类户实体借记卡，支持升降级功能
	服务	1. 面向借记卡客户提供“智慧柜台远程核身”“银警协作”等服务 2. 面向借记卡贵宾客户推出免费权益类增值服务、自付费平台类增值服务
中国光大银行	产品	推出可根据代发客户活跃度和存款贡献度，动态调整手续费优惠的“阳光薪悦卡”
	服务	
	荣誉	在全国妇联中国妇女发展基金会——“母亲水窖”15周年总结会荣获“母亲水窖忠诚伙伴”荣誉称号
华夏银行	产品	1. 针对出国金融客群，推广华夏龙行五洲卡 2. 无锡地区发行具有地铁应用功能的苏芯卡，鞍山分行发行公交应用的鞍山市民卡等特色产品
	服务	青岛、武汉、南京等地上线ETC业务系统
	荣誉	中国银行业协会2016年度评奖中荣获“2016年银行卡业务创新奖”
	其他	1. 1月，借记卡HCE移动支付项目正式投产上线 2. 3月，借记卡Apple Pay移动支付项目正式投产上线 3. 10月，开通借记卡小额免密免签业务
广发银行	产品	1. 发布中国人寿—广发银行联名借记卡——“国寿—广发”鑫福卡 2. 推出“自在卡”，为中老年客群提供综合性的金融服务解决方案
	服务	8月，移动金融服务平台问世，全年共在各网点部署超过500部设备
平安银行	产品	针对客户的支付与消费习惯特点开发借贷记账户合一IC卡——账通IC卡
	服务	1. 推出光子支付，客户可以在无卡、无网络的情况下使用手机进行无额度限制的支付 2. 启动零售“客户之声”管理机制：通过前线微信群、邮箱、NPS调研、客户满意度调研等多种渠道收集客户声音，通过定期检视、过程追踪、痛点改善的闭环管理，优化前后端流程管理，提升终端客户体验 3. 推动“厅堂一体化”重点项目，提升网点客户体验

续表

银行	类别	事件
平安银行	荣誉	“教育行业综合金融服务平台”（校园卡）及“平安橙子”（平安互联网账户）在《银行家》杂志社主办的“中国金融创新奖”评选活动中分别荣获“十佳金融产品创新奖”及“年度十佳互联网金融创新奖”
招商银行	产品	1. 4月，正式发行滴滴出行联名卡 2. 11月，发行波奇宠物网联名卡 3. 12月，发行芒果TV联名卡
	服务	1. 5月，一网通支付正式上线滴滴出租车 2. 10月，刷脸取款上线 3. 12月，手机银行5.0、摩羯智投发布
	荣誉	1. “深圳金融电子结算中心2016年度创新奖”评选活动中，“一网通支付项目”获评“2016年度创新奖”一等奖 2. 中国支付清算协会网络支付应用工作委员会和移动支付工作委员会评选“2016优秀案例”，招商银行“手机取款——移动金融解决方案”获得“客户体验奖”
上海浦东发展银行	产品	1. 8月，推出女性客群专属女神卡，产品集新理念、新工艺、新体验于一体 2. 浦发云取款上市，使用浦发云闪付可以在ATM上取现 3. 江网校联名卡全国首发，并推出“新贵客户计划”
	服务	1. 上线信用卡客户网点激活配发借记卡营销，在客户办理信用卡激活时，触发提升柜员为客户配发借记卡 2. 全面开通微信渠道预约办卡服务,首创抢靓号、免排队等功能
	荣誉	1. 女神卡“小蝶”荣获国际制卡商协会依兰奖独特创新奖 2. 2016年银联卡风险培训优秀组织奖
兴业银行	产品	1. 推出兴业银行首张石化行业应用金融IC卡——“兴业银行中石化联名卡” 2. 面向贵金属收藏或投资爱好者发行主题借记卡——藏卡借记卡
	服务	1. 全面推广了“厅堂智能服务营销一体化系统”，实现了厅堂客户全流量统计管理、与微信O2O平台的天地对接、柜面办理业务的精细化统计管理等功能 2. 自主研发推出盲人专用ATM
	荣誉	“兴油卡”荣获珠海市银行业协会“第七届银行业金融创新奖”，信息时报评选的金狮奖2016年度最受欢迎“加油”卡

续表

银行	类别	事件
中国民生银行	产品	1. 全面推广条码支付收单产品，实现“一码多付”、受理终端聚合支付，促进收单方式多元化、线上线下融合化发展 2. 10月，推出业内首创的“安全账户”产品，由客户通过手机银行等渠道自助设定交易时间、地点、金额、渠道等交易控制，实现了对个人账户支付风险的有效管控
	服务	1. 6月，推出银行智能业务机器人1.0版，学名“ONE”，兼具厅堂迎宾、引导分流、业务咨询、业务处理、产品营销等功能 2. 12月，推出新一代自助银行，成为同业首家在ATM上线理财、基金等财富产品销售功能的银行 3. 推出互联网移动收单开放平台，以便捷方式推动支付服务与行业应用服务的融合发展，提升商户服务水平和效率
	荣誉	在《金融理财》2016年度金貔貅奖中荣获“年度财富银行”大奖 荣获中国银行业协会颁发的“银行卡行业优秀成员单位奖” 荣获中国银联颁发的“2016年银联通道建设优秀奖”
	其他	1. 联合中国银联及人工智能公司，依托智能手表“Ticwatch”推出的“Ticpay”闪付功能 2. 12月，开通借记卡小额免密免签业务
中国邮政储蓄银行	产品	1. 与中国集邮联合发行绿卡通集邮联名卡，方便集邮客户办理邮票预订和零售等业务，开拓了集邮产业链与金融行业的联动模式 2. 与中国邮政集团公司电子商务局联合发行邮政农村电商联名卡，惠及广大农村电商用户，助力农村电商快速发展 3. 在中国妇女发展基金会的领导下发行优丝带联名卡，支持开展“母亲小站”女性创业公益项目，实现对女性创业点对点支持和女性金融的精准扶贫
	服务	1. 下发《中国邮政集团公司 中国邮政储蓄银行关于支持邮政农村电商发展，加大“助农通”终端布放的通知》，要求各省邮政分公司和邮储银行各分行进一步加大“助农通”终端在邮政农村电商的布放 2. 作为首批支持苹果“Apple Pay”的银行之一，于2016年2月18日起，对社会公众推出“云闪付－Apple Pay”借记卡服务
	荣誉	1. 荣获中国银联颁发的客户服务协作奖 2. 在中国银行业协会举办的“第三届银行卡专业委员会突出贡献评选活动”中获得“银行卡行业优秀成员单位奖”
	其他	6月，绿卡借记卡发卡量突破8亿张

续表

银行	类别	事件
北京银行	产品	1. 10月，推出京津冀旅游卡 2. 12月，推出加载市政交通一卡通功能的交通互助服务卡
	服务	1. 7月，完成北京市残联助残券变卡工作 2. 11月，推出“悦行国际”出国金融综合服务体系
	荣誉	荣获北京银监局授予的“金融知识进万家”活动标兵单位称号、中国银行业协会授予的“金融知识万里行”活动“最佳成效奖”
北京农商银行	产品	1. 面向京津冀三地居民发行“京津冀农银通卡”， 2. 与北京市平谷区人民政府合作发行“凤凰惠农一卡通”，为北京市享受煤改清洁能源补贴的农村地区居民提供专属服务
	服务	1. 全面启动北京市65岁以上老人养老助残卡的推广工作 2. 客服中心设立消保投诉专线
	荣誉	1. 在北京国际金融博览会上，“京津冀农银通卡”荣获“2016年创新金融服务奖” 2. 荣获2016年中国银行业协会第四届优秀客服中心评选最高荣誉——“先进示范单位”奖，成为全国农信系统唯一获此殊荣的单位
上海银行	产品	1. 4月，发行上海敬老卡 2. 5月，发行百联联名卡 3. 9月，发行上海千人计划联名卡
	服务	1. 9月，上线银联小额免密免签业务 2. 9月，开展“金融知识普及月”活动
	荣誉	荣获中国银联颁发的2016年度“银联卡业务规则推广突出贡献奖”、“上海地区银联卡发卡创新突出贡献奖”和“上海地区银联卡支付创新突出贡献奖”
	其他	1. 1月，完成借记卡反欺诈处理机制标准化 2. 9月，累计发卡量突破900万张
南京银行	产品	1. 6月，发行无锡地铁IC卡 2. 6月，发行国内首款多功能、可穿戴智能支付设备智e鑫
	服务	1. 9月，上线银联小额免密免签业务 2. 开展“金融知识普及月”活动
	荣誉	1. 中国银联2016年银联云闪付推广先锋奖 2. 中国银联2016年银联卡业务最具潜力奖 3. 中国银行业协会2016年银行卡业务创新奖

续表

银行	类别	事件
南京银行	其他	上线手机支付PAY
江苏银行	产品	1. 2016年6月，江苏银行与江苏省团委共同推出“江苏银行融创青春——青年志愿者联名借记卡”，作为识别志愿者身份的借记卡 2. 2016年7月，江苏银行无锡分行面向社会公众发行加载地铁行业应用的“无锡融享地铁IC借记卡”
	服务	加大借记卡行业应用功能开发，无锡分行配合当地城市智慧化建设推出地铁卡应用，并取得较好开卡业绩
	其他	1. 3月，银联HCE云闪付上线 2. 9月，开展“金融知识普及月”活动 3. 12月，银联IC借记卡开通闪付联机小额快速支付服务功能
渤海银行	产品	1. 在苏州地区推出加载公交地铁应用的“苏芯卡” 2. 在徐州地区推出加载社保应用的社保IC卡
	服务	4月，推出智能客服系统，形成了自助应答+人工的服务模式
	荣誉	1. 荣获中国银行业协会银行卡专业委员会颁发的“2016年银行卡业务创新服务奖” 2. 荣获中国银联颁发的“2016年中国银联移动支付业务合作优秀奖”
	其他	1. 1月，加入银行业协会银行卡专业委员会 2. 10月，推出APPlyPay支付产品 3. 11月，推出IC卡小额免密免签业务
浙商银行	产品	1. 全面推进私人银行业务体系建设，推出私人银行卡 2. 浙商银行与天水市人民政府合作发行天水伏羲联名卡 3. 浙商银行联合山东省慈善总会面向各界爱心企业、爱心人士发行山东慈善卡
	服务	1. 1月，正式发布新版手机银行（2.0版）和“财市场”金融服务平台 2. 推出“专车接送，来浙理财”
	荣誉	1. 2016年中国金融机构金牌榜上，浙商银行荣获金融时报与社科院授予的“2016年度最佳零售业务创新银行” 2. 2016年中国电子银行金牌奖上荣获“2016年移动创新应用奖”
	其他	1. 2016年，浙商银行在移动支付应用领域相继推出了HCE、Apple Pay等云闪付产品 2. 2016年1月，浙商银行再次推出了为客户提供投资理财、流动性管理等服务的一站式金融服务平台——“财市场”

表3　2016年国内商业银行信用卡大事记（按银行排序）

银行	类别	事件
中国工商银行	产品	1. 7月，推出了覆盖线上线下和O2O支付全场景的工银二维码支付产品
中国工商银行	产品	2. 7月，与香格里拉酒店集团合作，联合中国银联、Visa、万事达卡推出酒店类联名信用卡——工银香格里拉信用卡
中国工商银行	产品	3. 11月，推出Visa和万事达卡品牌的“1+1”芯片公务卡
中国工商银行	服务	1. 6月，全行范围内开展“工银e生活”和“商户之家”互联网服务平台推广
中国工商银行	服务	2. 9月，推出汽车类信用卡手机端服务平台——工银爱（I）车卡平台
中国工商银行	荣誉	2016年度，荣获《环球金融》杂志“中国最佳个人信用卡”、《投资者报》“年度最具互联网基因信用卡银行”“年度最具领先信用卡银行”等三十余项奖项
中国工商银行	其他	1. 4月，在纽约成功发行信用卡，成为首家在美国自主发行信用卡的中资商业银行
中国工商银行	其他	2. 6月，在全国率先挂牌成立商户发展中心
中国农业银行	产品	1. 面向房贷客户发行专属产品——靓居信用卡
中国农业银行	产品	2. 与各地交通管理部门合作发行车主系列产品——农行ETC信用卡
中国农业银行	服务	1. 推出“周六我最大”品牌活动，以APP专区为主，搭建游泳健身、餐饮美食、线上百货、亲子乐园等线上线下特惠生活圈
中国农业银行	服务	2. 9月，自主研发智能POS产品上线
中国农业银行	荣誉	1. 2月，漂亮升级妈妈信用卡荣获《投资者报》最受用户喜爱的信用卡评选“最受用户喜爱的女性信用卡”
中国农业银行	荣誉	2. 12月，尊然白金信用卡荣获Visa卡组织颁发的“2016最佳消费表现高端卡”
中国农业银行	荣誉	3. 12月，“小积分 大梦想”活动获得“第三届中国青年志愿者服务项目大赛全国银奖”
中国银行	产品	1. 联手新东方集团、Visa和中国银联为有出国留学规划的学生家庭打造长城环球通新东方联名信用卡
中国银行	产品	2. 与腾讯视频推出腾讯视频联名卡，
中国银行	产品	3. 针对初入职场的年轻客户推出都市缤纷白金卡
中国银行	产品	4. 限量发行里约奥运会全币种芯片卡
中国银行	服务	持续打造“惠聚中行日”“环球精彩 一卡尽享”“中银海淘”和“无处不分期，越分越有礼”四大品牌营销体系
中国银行	服务	以优商网络、积分商城、聪明购电商、码券商城为平台，以APP移动客户端、为入口加速构筑“互联网+”增值服务生态圈

续表

银行	类别	事件
中国银行	荣誉	1. 获得凤凰网颁发“年度最佳创意银行信用卡中心” 2. 移动支付业务获得中国支付清算协会颁发的“推广价值奖”
	其他	1. 11月，在瑞士苏黎世举办长城环球通自由行信用卡精彩欧洲版发布会 2. 推行消费金融中心和特色支行经营管理模式，在全国共建立消费金融专营机构666家，开展专业化经营与服务
中国建设银行	产品	1. 携手腾讯研发以游戏电竞为主题的“龙卡腾讯游戏信用卡” 2. 面向有境外消费需求的中高端客群研发推出符合国际EMV标准的全球热购信用卡 3. 研发推出以家庭成员为单位的龙卡家庭挚爱信用卡 4. 引入万事达卡最高等级World Elite（世界之极）服务平台，研发推出全球智尊卡（万事达版）
	服务	1. 推出首张具有开关功能的网络信用卡——龙卡e付卡，为客户提供优质的网络支付体验 2. 举办2016年高端商户金融峰会，启动“建设银行消费金融生态圈”，携手37家全国知名商户共同打造合作共赢的消费金融生态体系
	荣誉	1. 荣获亚洲卡用户组织颁发的“最佳金融创新奖” 2. 荣获中国银联颁发的“银行卡风控合作突出贡献奖”
	其他	1. 9月，累计发卡量突破9 000万张 2. 11月，分期贷款余额突破2 100亿元
交通银行	产品	1. 1月携手华润万家隆重推出了以“一卡在手，大有甜头”为主题的交通银行太平洋华润万家信用卡，并在深圳首发 2. 6月，携手中国国际航空推出交通银行国航凤凰知音信用卡 3. 12月，联合视频网站优酷推出优酷联名信用卡
	服务	1. 2月，全新移动应用——“买单吧”APP正式上线 2. 6月，境外服务功能“综合出境报备”全新上线
	荣誉	1. “移动服务平台”项目荣获中国人民银行颁发的2015年度银行科技发展奖二等奖 2. 荣获中国银联颁发的2015年度“银联卡业务规范先进奖”“银联卡跨境营销推广奖”“银联卡差错争议业务优秀奖”“银联卡风险联动机制共建优秀奖
	其他	1. 11月，信用卡在册卡量突破5 000万张

续表

银行	类别	事件
中信银行	产品	1. 发行“中信万事达钛金信用卡”，荣获万事达卡国际组织颁发的“境外消费明星产品” 2. 7月，发行权益自选的白金信用卡 “中信银行PLUS白金信用卡” 3. 8月，推出借贷合一卡产品“中信易卡”，该卡的发行，标志着借贷合一卡产品平台正式完成 4. 10月，“中信百度金融联名信用卡”全网首发
	服务	针对年轻精英有车一族推出i白金系列产品之“i白金+信用卡产品”，为商旅有车高价值客户渗透并提供最优用车服务体验，同年实现加油金现金返还业务系统上线
	荣誉	1. 5月，获得中信信用卡“Visa亚太区风险防范大奖” 2. 7月，中信京东白条联名信用卡获得国际数字商业创新协会颁发“2016全球数字商业创新大奖ECI Awards产品创新类金奖”
	其他	1. 1月，信用卡电销专线4000895558顺利升级，树立起信用卡电销专线统一400号码标识 2. 9月，推出品牌日活动“919信运日”，将每年9月19日打造成中信信用卡客户专属节
中国光大银行	产品	1. 3月，携手京东金融推出白条联名信用卡 2. 11月，携手途家网联合推出“光大途家联名信用卡” 3. 11月，联手日本旅游企业JTB集团中国公司推出光大JTB逸游信用卡
	服务	11月，与北京第四范式科技有限公司联合成立“光大信用卡——第四范式人工智能实验室”
	荣誉	1. 3月，在中国银行协会银行卡专业委员会2015年度奖项评选中荣获“2015年度银行卡业务突出贡献奖” 2. 5月，在凤凰网主办的“金凤凰2015年度金融评选”中荣获“年度最佳服务奖”
	其他	1. 4月，发卡量突破3 000万张 2. 10月，信用卡年度交易额再次突破1万亿元
华夏银行	产品	1. 12月，推出首张无实体电子信用卡——华夏E-PAY卡 2. 与北京速通公司合作发行华夏ETC信用卡
	服务	1. 1月，上线信用卡网上申请业务 2. 8月，微信银行新版本和移动端网上申请业务正式上线

续表

银行	类别	事件
华夏银行	荣誉	1. 1月，在中国银联颁发的2015年差错宣贯执行奖项中荣获“优秀综合奖” 2. 5月，在中国银行业协会举办的2015年度奖项评选活动中荣获“2015年度银行卡业务年度创新奖”
	其他	1. 6月，承办召开中国银联2016年差错争议业务研讨会，17家银行代表参加会议 2. 7月，上线教师贷、医生贷、公务员贷等易达金系列子产品
广发银行	产品	1. 6月，携手山东航空共同推出“凤凰知音”山航广发联名信用卡 2. 12月，携手中国人寿发布“国寿广发联名信用卡”
	服务	1. 12月，推出一款包含运动、健康、公共交通和NFC非接支付等功能的智能穿戴支付手环（G-Force手环），除了有强大的便捷支付、公交应用、运动健康功能外，更拥有全国首创的“空中发卡”、公交卡“空中充值”和“行走步数换积分”三大新技能 2. 进一步探索银行信息安全管理新理念，从过去“事后补救”为导向的纠错型管理模式向“事前预防”为导向的预防管理模式转变，建立第三方信息安全管理体系
	荣誉	1. 12月，广发臻尚白金卡荣获《南方都市报》主办的金砖奖金融行业年度评选的“最受消费者喜爱信用卡”大奖 2. 11月，中国银行业第四届优秀客服中心评选中获得“综合示范单位奖”和专项奖“价值贡献奖”，凭借“Guangfa-go智能服务”和“客户Facetime—大数据时代客户标签画像”揽获两项“优秀创新奖”
	其他	1. 分期2016年拨贷量突破1 800亿元 2. 12月，与中国人寿共同推出保险电销项目
平安银行	产品	1. 5月，平安由你信用卡上市发行 2. 8月，平安银行金管家联名卡上市 3. 11月，携手汽车之家发布联名信用卡
	服务	1. 4月，平安信用卡新APP上线 2. 12月，平安信用卡财神节品牌活动上线
	荣誉	1. 9月，反欺诈实时授权决策系统荣获“人行年度科技创新发展三等奖” 2. 4月，荣获“2016飞客旅行奖·最受常旅客喜爱的创新白金信用卡”奖
	其他	1. 4月，与美国运通达成高端信用卡战略合作协议 2. 10月，与国际著名金融行业资讯服务公司FDC第一资讯（中国）签署代理银行业务合作协议

续表

银行	类别	事件
招商银行	产品	1. 7月，推出滴滴联名信用卡，并同步推出纪念款滴滴声音卡 2. 9月，全新上线NBA联名信用卡，推出30支球队珍藏版卡面 3. 10月，首发美国运通Blue全币种国际信用卡
	服务	1. 2月，开通Apple Pay申请，申请量同业领先 2. 4月，推出掌上生活APP定制化智能服务产品体系——“掌上小招1.0”
	荣誉	1. 1月，“胡润百富”发布《2016中国千万富翁品牌倾向报告》，招商银行信用卡十二度蝉联中国千万富豪“最青睐的信用卡” 2. 6月，获得2016年度亚洲银行家“中国最佳信用卡产品”大奖。
	其他	1. 8月，信用卡官方微信绑定用户数突破2000万 2. 11月，信用卡官方客户端“掌上生活”绑定用户突破3000万
上海浦东发展银行	产品	1. 9月，推出浦发银行梦卡之“铝”系列 2. 12月，与巴塞罗那足球俱乐部联手推出“浦发—巴萨梦之队卡”
	服务	1. 5月，推出全新系列消费金融产品——“梦享贷”，旗下共十一款产品 2. 11月，推出智能防盗卡片——“小浦红盾”用于屏蔽高频智能卡无线信号
	荣誉	1. 4月，“梦”卡系列两款产品——3D卡“梦想家”和金属卡“江南”，分获素有“制卡界奥斯卡”之称的依兰奖（ELAN）独特创新奖第一、第二名 2. 第二次荣获“第一财经金融价值榜”年度信用卡品牌大奖
	其他	1. 4月，对旗下十大主打信用卡产品进行了全面升级 2. 10月，浦发信用卡全面完成核心系统的优化升级
兴业银行	产品	1. 3月，与中国石化在广东地区联合推出联名卡——“兴油卡” 2. 11月，与乐视体育合作推出“兴业银行乐视体育联名信用卡”
	服务	1. 10月，作为上海国际马拉松系列赛事的荣耀赞助商、官方合作伙伴和唯一指定合作银行，二度支持为上马赛事提供的全面服务 2. 11月，携手武汉通有限公司举行发布会，宣布加载武汉通公交地铁应用功能的移动支付手环正式投放武汉市场
	荣誉	“兴油卡”荣获珠海市银行业协会“第七届银行业金融创新奖”，《信息时报》评选的金狮奖2016年度最受欢迎“加油”卡
	其他	1. 5月，获得由移动支付网主办的2015年度“金松奖”移动支付行业“最佳可穿戴产品奖” 2. 11月，荣获《投资者报》“2016年度最佳成长信用卡银行”

续表

银行	类别	事件
中国民生银行	产品	1. 5月，与百度外卖联合发布“民生百度外卖联名卡” 2. 8月，新版民生银行女人花卡正式面世发行 3. 与美国最大的网购返利网站Ebates.cn联合推出海淘返现信用卡-民生Ebates联名信用卡
	服务	9月，再次成功中标外交部12308呼叫中心项目（2017—2019）的建设与运营外包合同
	荣誉	1. 3月，喜获2016年“中国消费市场行业影响力品牌（产品）”称号 2. 11月，“第四届中国银行业优秀客户服务中心评选”活动中，连续两届蝉联“综合示范单位奖”，并获“优秀创新奖”
	其他	12月，与全球最大返利的网站Ebates在京举行战略合作签约仪式，双方就联名卡发行、海淘平台等事项达成战略合作
中国邮政储蓄银行	产品	1. 1月，发行生肖邮票主题信用卡——《丙申年》生肖信用卡 2. 7月，与中国邮政速递物流联合发行EMS联名信用卡 3. 发行鼎雅白金卡，具备资费减免、专属客服、专属积分等金融增值服务以及保障类、出行类、酒店类和境外类等十多项非金融增值服务
	服务	1. 1月，启动POS终端实现银行卡非接支付功能 2. 上线小额免签免密业务，并开通支付宝快捷小额免短信验证功能
	荣誉	1. 11月，中国电子商务协会客户联络中心专业委员会、中国客户联络中心行业发展年会组委会颁发2016年度中国客户联络中心行业质信双保障示范单位 2. 12月，荣获2016领航中国年度评选杰出信用卡创新奖
	其他	1. 2016年末结存卡量达到1 200万张，在发产品60余款，涵盖旅游、美食、交通等多个领域 2. 2016年末交易总额达4 500亿元，客户活跃度不断提升
北京银行	产品	发布猴年生肖白金信用卡
	服务	10月，整合七种第三方快捷支付渠道及银联HCE等五种“云闪付”渠道，创立“京彩智付”品牌
	荣誉	1. 12月，荣获银联数据服务有限公司颁发的“2016年度行业信息化标杆企业奖” 2. 11月，在《投资者报》“2016最佳信用卡评选”活动中 “大爱信用卡”荣获“2016年度最具社会责任信用卡银行”奖

续表

银行	类别	事件
北京银行	其他	2月，累计新户突破200万户，累计推出信用卡产品34款，涵盖旅游、交通、购物、女性等多客群多领域
北京农商银行	产品	1. 发行凤凰国际信用卡和奥运信用卡产品 2. 上线小额免签免密业务 3. 面向都市白领高端客户推出福瑞信用卡
	服务	1. 上线信用卡微信银行，开通信用卡网申渠道 2. 针对高端白金信用卡打造了五大“悦享”系列全新增值服务
	荣誉	凤凰国际信用卡获得2016年度“Visa中国区域银行营销实践奖”
上海银行	产品	1. 5月，推出财富级高端客户专属产品——银联标准钻石信用卡 2. 9月，推出针对年轻客群主打分期特色的创新产品——O2主题信用卡 3. 12月，推出打造精致和品质生活的特色产品——enjoy主题信用卡
	服务	作为首批支持Apple Pay、Huawei Pay、Mi Pay和IC卡小额免密免签功能的银行，实现上述支付方式在信用卡端的应用
	荣誉	荣获银联“2016年度银联卡产品合作创新奖”
	其他	1. 2016年末累计发行突破400万张，累计信用卡客户突破300万户 2. 2016年信用卡分期付款全年交易额突破100亿元
南京银行	服务	为中高端客户提供丰富多样的增值服务，如白金卡高额失卡保障、1元机场候机等
	荣誉	1. 荣获中国银联2016年度“银联云闪付推广先锋奖” 2. 中国银联2016年银联信用卡业务成长奖
江苏银行	产品	10月，正式推出e融信用卡
	服务	1. 4月，消费金融与信用卡自动化审批系统正式上线 2. 5月，与微众银行合作开发个人小额纯信用循环消费贷款——“微粒贷”业务正式推出
	荣誉	3月，获得中国银联颁发的“2015年度银联信用卡业务活跃奖”
	其他	1. 3月，正式发行私人银行信用卡 2. 4月，消费金融与信用卡苏州分中心正式成立并对外展业

续表

银行	类别	事件
渤海银行	产品	5月，推出Visa品牌全币种单标信用卡产品——凤凰国际信用卡
	服务	1. 4月，信用卡专项分期业务正式投产上线 2. 11月，支付宝快捷支付功能正式投产上线
	荣誉	获得2016年中国国际金融展“金鼎奖”
	其他	1. 1月，信用卡正式对外发卡，信用卡手机银行等功能同步上线 2. 5月，信用卡发卡量突破1万张 3. 6月，信用卡分期付款交易额突破亿元
浙商银行	产品	1. 推出Visa奥运系列卡 2. 推出私人定制卡 3. 与游海俱乐部合作发行海钓主题联名卡——游海联名卡
	服务	1. 推出权益转让服务 2. 推出海外退税小秘书服务
	荣誉	获得中国银行业协会颁发的“2016年银行卡业务创新奖”
	其他	1. 9月，首次承办中国银行业协会银行卡专业委员会三届二次工作会议 2. 11月，推出个人客户双卡（信用卡、借记卡）联动申请业务

附表三：国外银行卡业务数据

表 1　2015 年全球前 30 位信用卡发卡机构（按未偿余额排名）

排名	发卡机构	中文名称	所在国家或地区	未偿余额（10亿美元）
1	JP Morgan Chase	摩根大通	美国	130.24
2	Bank of America	美国银行	美国	99.76
3	American Express	美国运通	美国	98.33
4	Capital One	第一资本	美国	82.03
5	Citibank	花旗银行	美国	81.83
6	ICBC	中国工商银行	中国	64.59
7	Discover	发现卡	美国	57.90
8	China Construction Bank	中国建设银行	中国	57.77
9	China Merchants	招商银行	中国	48.23
10	Bank of China	中国银行	中国	41.40
11	Bank of Communications	中国交通银行	中国	40.41
12	Wells Fargo	富国银行	美国	35.41
13	China Agricultural Bank	中国农业银行	中国	34.21
14	U.S. Bank	美利坚合众银行	美国	34.09
15	China CITIC	中信银行	中国	27.07
16	Barclays	巴克莱银行	英国	26.24
17	China Minsheng	中国民生银行	中国	25.46
18	China Guangfa	广发银行	中国	23.46
19	Barclays	巴克莱银行	美国	23.04

续表

排名	发卡机构	中文名称	所在国家或地区	未偿余额（10亿美元）
20	Ping An Bank	平安银行	中国	22.75
20	ItauUnibanco	巴西联合银行	巴西	22.32
21	China Everbright Bank	中国光大银行	中国	18.49
22	USAA	美国汽车协会联合服务银行	美国	18.47
23	Mitsubishi UFJ Nicos	三菱日联日本信贩	日本	17.15
24	Shanghai Pudong Dev.	上海浦东发展银行	中国	17.10
25	Synchrony Financial	原GE零售银行	美国	17.04
26	Shinhan Card	新韩卡公司	韩国	15.69
27	Itau Unibanco	艾涛巴西联合银行	巴西	14.78
28	Lloyds Banking Group	劳埃德银行集团	英国	14.00
29	TD Bank Group	加拿大多伦多道明银行	加拿大	13.64
30	Banco de Venezuela	委内瑞拉银行	委内瑞拉	13.05

注：① 数据来源：the Nilson Report 1098 期。

② 数据日期为 2015 年 12 月 31 日，美运和发现卡数据不包括第三方发卡机构。

表 2　2015 年全球前 30 位收单机构（按消费交易笔数排名）

排名	收单机构	中文名称	所在国家或地区	消费交易笔数（百万笔）
1	Vantiv	—	美国	17 667.1
2	JPMorgan Chase	摩根大通	美国	17 058.8
3	Bank of America	美国银行	美国	14 439.3
4	First Data	第一资讯	跨国集团	11 660.8
5	Worldpay	—	跨国集团	10 581.6
6	Citi Merchant Serv.	花旗商户服务	跨国集团	7 550.4
7	Cielo	—	跨国集团	6 279.4
8	Global Payments	环汇公司	跨国集团	5 752.5
9	Elavon	—	跨国集团	5 540.7
10	Chase Commerce Sol.	大通商务解决方案	美国	—
5	Worldpay	—	跨国集团	9 734.0
6	Citi Merchant Serv.	花旗商户服务	跨国集团	7 160.8
7	Cielo	—	跨国集团	5 755.2
8	Elavon	—	跨国集团	5 435.0
9	Global Payments	环汇公司	跨国集团	5 283.3
10	Sberbank	俄罗斯联邦储蓄银行	俄罗斯	5 329.6
11	Barclays	巴克莱银行	英国	4 596.1
12	Heartland Payment Sys.	哈特兰支付系统	美国	4 277.5
13	Nets	—	跨国集团	4 071.3
14	Rede	热得	巴西	4 028.1
15	BC Card	BC卡公司	韩国	3 994.8
16	Moneris Solutions	—	加拿大	3 792.0
17	Wells Fargo	富国银行	美国	3 378.9
18	China UMS	银联商务	中国*	3 127.5

续表

排名	收单机构	中文名称	所在国家或地区	消费交易笔数（百万笔）
19	Credit Mutuel CIC	国民互助信贷银行	法国	2 873.9
20	Group Credit Agricole	法国农业信贷银行	法国	2 542.0
21	Swedbank	瑞典银行	跨国集团	2 272.7
21	Heartland Payment Sys.	哈特兰支付系统	美国	3 799.2
22	BBVA	西班牙对外银行	跨国集团	2 119.0
23	BehpardakhtMellat	—	伊朗	2 081.3
24	KB Kookmin Card	—	韩国	2 065.6
25	ANZ	澳新银行	跨国集团	1 873.1
26	JCB	—	日本	1 706.8
27	Parisian E–Commerce	—	伊朗	1 550.4
28	Asan Pardakht Persian	—	伊朗	1 460.9
29	Commonwealth Bank	澳大利亚联邦银行	澳大利亚	1 424.7
30	Groupe BPCE	人民—储蓄银行集团	法国	1 423.6

注：① 数据来源：the Nilson Report 1095 期。

② * 包括其他国家交易在内。

表3　2015年全球前30位POS终端生产商

排名	生产商	中文名称	所在国家或地区	台数
1	Ingenico	银捷尼科	法国	9 800 000
2	VeriFone*	惠尔丰	美国	5 961 000
3	Fujian Newland	新大陆	中国	5 511 300
4	PAX Technology	百富科技	中国	4 175 180
5	BBPOS	—	中国香港	2 953 502
6	SZZT Electronics	证通电子	中国	2 645 500
7	Shenzhen Xinguodu	新国都	中国	1 392 594
8	Dspread Technology	蓝德环保科技	中国	1 080 000
9	New POS Technology	华智融	中国	1 069 112
10	Castles Technology	虹堡科技	中国台湾	1 018 000
11	Bitel	—	韩国	884 050
12	Hangzhou Sunyard	杭州信雅达	中国	807 005
13	Spire Payments	—	英国、西班牙	757 500
14	Centerm	升腾	中国	713 978
15	First Data*	第一资讯	美国	628 000
16	CyberNet	思渤科技	韩国	594 950
17	Spectra Tech.	瑞柏科技	中国香港	420 250
18	Shenzhen Justtide	深圳九思泰达	中国	324 000
19	Aisino(was Vanstone)	爱信诺	中国	315 219
20	Yarus	—	俄罗斯	288 700
21	Equinox Payments	—	美国	222 300
22	Bluebird	蓝鸟	韩国	205 031
23	You Transactor	—	法国	164 000
24	UIC	—	中国台湾	163 575

续表

排名	生产商	中文名称	所在国家或地区	台数
25	Worldline	源讯科技	比利时	151 951
26	Kwangwoo I&C	韩国光宇	韩国	122 000
27	Panasonic	松下	日本	120 000
28	SK M & Service Co	—	韩国	110 000
29	Linkwell Telesystems	—	印度	103 568
30	Shenzhen Kaifa Tech.	深圳长城开发公司	中国	101 700

注：① 数据来源：the Nilson Report 1095 期。
② 排名首位的 Ingenico 数据包括福建联迪。